基督教文化研究丛书

主编 何光沪 高师宁

九编 第 **16** 册

传真道于中国
——赫士及华北神学院百年纪念文集（第一册）

刘平、赵曰北 主编

花木兰文化事业有限公司

国家图书馆出版品预行编目资料

传真道于中国——赫士及华北神学院百年纪念文集（第一册）
／刘平、赵曰北 主编 -- 初版 -- 新北市：花木兰文化事业有
限公司，2023〔民112〕
序6+ 目4+238 面；19×26 公分
（基督教文化研究丛书 九编 第16册）
ISBN 978-626-344-231-3（精装）
1.CST：神学教育 2.CST：文集 3.CST：中国
240.8   111021875

ISBN-978-626-344-231-3

9 786263 442313

基督教文化研究丛书
九编 第十六册   ISBN：978-626-344-231-3

传真道于中国
——赫士及华北神学院百年纪念文集（第一册）

本册主编 刘平、赵曰北
主　　编 何光沪、高师宁
执行主编 张　欣
企　　划 北京师范大学基督教文艺研究中心
总 编 辑 杜洁祥
副总编辑 杨嘉乐
编辑主任 许郁翎
编　　辑 张雅淋、潘玟静　美术编辑 陈逸婷
出　　版 花木兰文化事业有限公司
发 行 人 高小娟
联络地址 台湾235 新北市中和区中安街七二号十三楼
　　　　 电话：02-2923-1455 ／传真：02-2923-1452
网　　址 http://www.huamulan.tw 信箱 service@huamulans.com
印　　刷 普罗文化出版广告事业
初　　版 2023 年 3 月
定　　价 九编 20 册（精装）新台币 56,000 元

传真道于中国
——赫士及华北神学院百年纪念文集（第一册）

刘平、赵曰北 主编

编者简介

刘平，男，1969 年生，哲学博士。曾在加拿大英属哥伦比亚大学维真学院（Regent College at UBC，2000-2001）等地进修，美国加州大学贝克莱分校（UC at Berkeley，2004-2005）、美国协同神学院（Concordia Seminary at St. Louis）、英国牛津大学（Oxford University，2007）、美国西敏神学院（Westminster Theological Seminary at Penn.，2012）、香港汉语基督教文化研究所（2013，2017）、加拿大英属哥伦比亚大学维真学院（2015）以及香港中文大学（2016）访问学者。现为复旦大学哲学学院宗教学系教授，主要研究领域为犹太教、圣经学、汉语神学等。担任中国宗教学会理事、山东大学教育部犹太教与跨宗教中心（教育部重点人文社科基地）兼职研究员。曾在《世界宗教研究》、《道风》、《维真学刊》、《犹太研究》《世界宗教文化》等学术刊物发表各类论译文、中英文 50 余篇，出版（合）译著 10 部、专著 6 部、书评集 1 部。代表性（合）译著：《圣经正典》（上海人民出版社，2008）、《犹太政治传统》（第一卷，2011，华东师范大学出版社）；代表性专著：《建构中的汉语圣经学》（2014，香港）。开设"《圣经》精读"等十门课程。

赵日北，男，1973 年生，山东省滕州市第一中学语文高级教师，兼任滕州市善国文化研究会会长、枣庄学院客座教授。著有《高中语文名作助读》、《读书最好是吟诗》、《历史光影中的华北神学院》、《岁月深处的华北弘道院》，主持编撰《古滕十进士诗文译注》、《滕州古籍珍本集成》、《善国文化》等书刊。曾获得枣庄市优秀教师、山东省优秀课程资源一等奖、山东省教师诗词讲解大赛一等奖、齐鲁文化之星等荣誉。2021 年 10 月，被山东省委组织部、省人社厅联合授予高层次人才"山东惠才卡"。

作者简介

1. 贺爱霞，博士，山东神学院教师。
2. 胡冰冰，教师，河南科技大学。
3. 吴大光，教授，中国台湾中国文化大学。
4. 王广超，教授，中国科学院大学。
5. 郭建福，博士，副教授，山东省滨州学院。
6. 郭世荣，教授，内蒙古师范大学。
7. 赵日北，高级教师，山东省滕州市第一中学。
8. 王真光，作家，济南铁路局退休干部。
9. 刘平，博士，教授，复旦大学哲学学院宗教学系。
10. 赫士（Watson Hayes，1857-1944 年），传教士，美北长老会，曾任华北神学院首任院长。
11. 何赓诗（Martin Hopkins，1889-1964 年），传教士，美南长老会，曾任华北神学院教授。
12. 张学恭（1898-1960 年），1924 年毕业于华北神学院，曾任华北神学院院长。
13. 李既岸，1927 年毕业于华北神学院，曾任南京莫愁路教堂牧师。
14. 张业宏，1928 年毕业于华北神学院。

15. Charles Y. Feng，传教士，美北长老会，曾任华北神学院教授。

16. 谢鸿范，牧师，1938 年毕业于华北神学院。

17. 苏佐扬（1916-2007 年），牧师，香港《天人之声》杂志创办人，1937 年毕业于华北神学院。

18. 孙汉书（1918-2003 年），1943 年毕业于华北神学院，曾任华北神学院（无锡）教授、金陵协和神学院教务长、江苏省基督教协会副会长。

19. 龙厚昙（1927-2017 年），1948 年毕业于华北弘道院，曾任山东省滕州市书院小学教务主任。

20. 王德龙，博士，副教授，安徽省淮北师范大学历史文化旅游学院。

21. 姚西伊，博士，教授，美国马萨诸塞州戈登－康威尔（Gordon-Conwell）神学院。

22. 刘诗伯，博士，中南神学院退休教师。

23. 许宏，博士研究生，独立记者、学者，美国亚特兰大埃默里（Emory）大学历史系。

24. 陈小勇，副秘书长，福建省福州市基督教三自爱国运动委员会。

25. 洪海若，教师，山东省枣庄市第十六中学。

26. 鄂淑华，1934 年毕业于华北神学院，现居江苏省连云港市海州区。

27. 王牧天（1931-2020 年），特级教师，曾任山东省滕州市教育局教研室主任。

28. 马多，作家，广东创启集团。

29. 鞠忠武，记者，山东省滕州市《滕州日报》社。

30. 张宝云，教授，中国台湾国立台湾师范大学。

31. 王真光，作家，济南铁路局退休干部。

32. 王政民，教会历史爱好者，传统教会思考者，自由撰稿人。

33. [加拿大]毛大龙（A. Donald MacLeod），教授，加拿大多伦多丁道尔（Tyndale）神学院。

34. 李海恩，客座教授，韩国 CBTS。

35. 王维洲，博士，北京燕京神学院教师。

36. 高深，博士，副教授，山东省枣庄学院文学院。

37. 严锡禹，教授，南京金陵协和神学院。

38. 赵晓阳，博士，研究员，中国社会科学院。

39. 于力工（1920-2010 年），牧师，曾任新加坡神学院首任院长。

40. 边云波（1925-2018 年），传道人。

41. 胡承斌，退休教师，华东师范大学第三附属中学。

42. 张恩如，高级教师，青岛市第十九中学。

43. 陈丰盛，博士，牧师，浙江省杭州市基督教会思澄堂。

44. 张子兰，牧师，河北省邢台市南和区盘石堂。

45. 闫顺利，主任牧师，河北省邢台市南和区盘石堂。

46. 吴津，博士研究生，暨南大学文学院历史系。

47. 孙秋菊，主日学教师，山东省淄博市博山区基督教会。

48. 王亚拿，义工，江苏省南京市莫愁路教堂图书室。

提　要

2019 年是华北神学院建立 100 周年。2022 年是赫士来华工作 140 周年，也是山东神学院迁址滕县并易名华北神学院办学 100 周年。本书编著的目的是期冀以此书纪念赫士这位伟大的先行者及华北神学院先贤。本书分为三个部分：第一部分以华北神学院创办人赫士的生平及思想为中心；第二部分聚焦于华北神学院的办学历史、办学理念以及代表性人物的思想；第三部分从赫士著述中选取三本代表性的著作即《耶稣实录讲义》、《司牧良规》、《罗马书注释》影印出版，因此可以管窥赫士在基督教中国化上所取得的成就。全书所选文章集学术研究与文学回忆于一体，将历史文献与当代探索相结合，期望尽可能由此给 21 世纪汉语读者提供一幅较为完全的图景，借此在进入过往的历史之同时，也能有力地把握住未来的不确定性。

本书获得 2021 年度教育部哲学社会科学研究后期资助项目"中国教会大学遗存选考"(项目批准号：21JHQ034）资助

本书献给
献身于近现代中国高等教育的传教士

Rev. Watson M. Hayes, D.D.

晚年的荣誉道学博士、荣誉法学博士赫士[1]

---

1 [美]郭显德（Hunter Corbett）等：《美国长老会山东差会工作记录（1861-1913 年》（*A Record of American Presbyterian Mission Work in Shantung Province, China, 1861-1913*），未见出版机构，1914 年，第 2 版，第 86-87 页之间插图。——编者

华北神学院教学楼，于蜀贤先生提供

2019 年是华北神学院建立 100 周年，2022 年是赫士来华工作 140 周年，也是山东神学院迁址滕县并易名华北神学院办学 100 周年，谨以此书纪念赫士这位伟大的先行者及华北神学院先贤："已过二十世纪以来，千千万万宝贵的性命、心爱的奇珍、崇高的地位以及灿烂的前途，都曾'枉费'在主耶稣身上。对这些爱主的人，祂是全然可爱，配得他们献上的一切。他们浇在主身上的不是枉费，乃是馨香的见证，见证祂的甘甜。"（"中文恢复本"《马太福音》26：8 注释 1）。

"基督教文化研究丛书"总序

何光沪 高师宁

　　基督教产生两千年来，对西方文化以至世界文化产生了广泛深远的影响——包括政治、社会、家庭在内的人生所有方面，包括文学、史学、哲学在内的所有人文学科，包括人类学、社会学、经济学在内的所有社会科学，包括音乐、美术、建筑在内的所有艺术门类……最宽广意义上的"文化"的一切领域，概莫能外。

　　一般公认，从基督教成为国教或从加洛林文艺复兴开始，直到启蒙运动或工业革命为止，欧洲的文化是彻头彻尾、彻里彻外地基督教化的，所以它被称为"基督教文化"，正如中东、南亚和东亚的文化被分别称为"伊斯兰文化"、"印度教文化"和"儒教文化"一样——当然，这些说法细究之下也有问题，例如这些文化的兴衰期限、外来因素和内部多元性等等，或许需要重估。但是，现代学者更应注意到的是，欧洲之外所有人类的生活方式，即文化，都与基督教的传入和影响，发生了或多或少、或深或浅、或直接或间接，或片面或全面的关系或联系，甚至因它而或急或缓、或大或小、或表面或深刻地发生了转变或转型。

　　考虑到这些，现代学术的所谓"基督教文化"研究，就不会限于对"基督教化的"或"基督教性质的"文化的研究，而还要研究全世界各时期各种文化或文化形式与基督教的关系了。这当然是一个多姿多彩的、引人入胜的、万花筒似的研究领域。而且，它也必然需要多种多样的角度和多学科的方法。

　　在中国，远自唐初景教传入，便有了文辞古奥的"大秦景教流行中国碑颂并序"，以及值得研究的"敦煌景教文献"；元朝的"也里可温"问题，催生了民国初期陈垣等人的史学杰作；明末清初的耶稣会士与儒生的交往对话，带来了中西文化交流的丰硕成果；十九世纪初开始的新教传教和文化活动，更造成了中国社会、政治、文化、教育诸方面、全方位、至今不息的千古巨变……所有这些，为中国（和外国）学者进行上述意义的"基督教文化研究"提供了极其丰富、取之不竭的主题和材料。而这种研究，又必定会对中国在各方面的发展，提供重大的参考价值。

就中国大陆而言，这种研究自 1949 年基本中断，至 1980 年代开始复苏。也许因为积压愈久，爆发愈烈，封闭越久，兴致越高，所以到 1990 年代，以其学者在学术界所占比重之小，资源之匮乏、条件之艰难而言，这一研究的成长之快、成果之多、影响之大、领域之广，堪称奇迹。

然而，作为所谓条件艰难之一例，但却是关键的一例，即发表和出版不易的结果，大量的研究成果，经作者辛苦劳作完成之后，却被束之高阁，与读者不得相见。这是令作者抱恨终天、令读者扼腕叹息的事情，当然也是汉语学界以及中国和华语世界的巨大损失！再举一个意义不小的例子来说，由于出版限制而成果难见天日，一些博士研究生由于在答辩前无法满足学校要求出版的规定而毕业受阻，一些年轻教师由于同样原因而晋升无路，最后的结果是有关学术界因为这些新生力量的改行转业，后继乏人而蒙受损失！

因此，借着花木兰出版社甘为学术奉献的牺牲精神，我们现在推出这套采用多学科方法研究此一主题的"基督教文化研究丛书"，不但是要尽力把这个世界最大宗教对人类文化的巨大影响以及二者关联的方方面面呈现给读者，把中国学者在这些方面研究成果的参考价值贡献给读者，更是要尽力把世纪之交几十年中淹没无闻的学者著作，尤其是年轻世代的学者著作对汉语学术此一领域的贡献展现出来，让世人从这些被发掘出来的矿石之中，得以欣赏它们放射的多彩光辉！

2015 年 2 月 25 日
于香港道风山

编者序

刘　平

　　在近现代中国基督教史上，有一位传教士被严重忽视，以至于似乎被彻底遗忘了。这位传教士参与建设中国内地第一所教会大学登州（今蓬莱）文会馆以及在此基础之上而形成的齐鲁大学，创立中国第一所省立大学——山东大学堂（Shandong College），创建中国北方最具影响力的新教保守派高等神学教育机构、有中国西敏神学院之称的华北神学院（North China Theological Seminary），创办山东第一家报纸《山东时报》（*Shandong Times*），最早提倡星期日休假制度（Sundays off），最早将 X 射线介绍给中国，最早在登州建立内地乡村邮政……。这位传教士来自美国宾夕法尼亚州（又译"片司非捏省"）。他的中文名字是赫士（又称"海牧师"、"黑牧师"，Watson McMillen Hayes，1857-1944 年）。

　　赫士是位于纽约的美北长老会（Presbyterian Church of North America，PCNA）的长老会海外传道会（Board of Foreign Missions of the Presbyterian Church）来华教育传教士，集教育家、自然科学家、汉语圣经学家、汉语神学家、报刊家于一身，1857 年 11 月 23 日出生于美国宾夕法尼亚州的默瑟郡（Mercer County，Pennsylvania），父母为赫大卫（David Hayes，1832-1865 年）和赫华玛丽（Margaret Jane Wayson Hayes，1828-1921 年）。赫士的父亲在美国内战期间被杀，留下四个子女——两个儿子、两个女儿。赫士排行老二。因此，赫士自幼家境贫寒，寡母无法承担子女的教育费用。母亲以抓阄的方式让兄弟两人中一人读书，另外一位务农。最终，赫士有机会于 1879 年在宾夕法尼亚州新威尔明顿的威斯敏斯特学院（Westminster College，New Wilmington）毕业，完成高等教育，获得文学士学位。赫士踏入社会后的第一份职业是教师。他在默瑟郡兰卡瓦诺克镇的蛙镇书院（Frogtown School，Lachawannock Township）从教两年。教书育人的工作此后伴随赫士的一生。之后，他入读匹兹堡市威斯敏斯特的美西神学院（Western Theological Seminary，Westminster，Pittsburgh），接受神学教育，1882 年毕业。在此期间，1881 年 11 月，赫士与班花布撒拉（Sarah Black，？-1882 年）订婚。但是，非常不辛的是，未婚妻于次年早春，因肺结核去世。赫士就读神学院期间，正逢著名的加尔文主义保守派神学家华菲德（Benjamin Breckinridge Warfield，1851-1921 年）任教。赫士的神学思想深受其影响。赫士从神学院毕业后，再次从教，在宾夕法尼亚州坎农堡的杰弗逊学院（Jefferson Academy，Canonsburg）工作。1882 年 7 月 5 日，赫士与 1881 年由美北长老会海外传道部任命为来华传教士的杨美吉（Margaret Ellen Young，1857-1947 年）结婚。他们一生育有三个子女。8 月 15 日，赫士接受按立，同年 9 月 28 日偕新婚夫人航海梯山前往中国，11 月 3 日抵达登州，此后前后在华工作长达 62 年。赫士是一位博学而务实的人。来华之前，为了将来的传教工作之实际需要，他学习建筑，接受牙科及药学培训。出生于农夫家庭的赫士更是饲养家禽家畜的家常里手。

Watson, Father, Ernest, and Margaret, circa 1908.

赫士夫妇与长子及次子，次女早夭，约 1908 年[1]

---

1 [美]玛格丽特·霍利斯特（Margaret Hollister）：《在中国的传承：一部回忆录》（*Inheriting China : A Memoir*），Washington: Eastern Branch Press，2010 年，第 293 页。

赫士颇具语言天赋，来华后数年间精通汉语，另外来华前精于西方古典语言，其中包括拉丁语、希腊语。他对伦理学（又作"道德学"）及理化诸学科均有研究。在办学理念上，他与同会的先驱传教士狄考文志同道合。赫士来华后先在登州文会馆从事教学工作（1883-1895 年），后接狄考文任文会馆馆长之职，自 1895 年至 1901 年履职。在文会馆期间，他积极将西方现代科学与中国文化相结合，使用中文开设的课程涵盖两类。第一类是"算学"、"天文学"、"地质学"、"理财学"、"心理学"、"伦理学"、"基督教教义"、"圣经学"等现代自然及人文社会科学类课程。第二类是中国历史、四书五经等国学类课程。他在执教以及治理学校之同时，致力于编译、创作中文教科书工作。其一生总计出版 26 本中文教材，涵盖自然科学、神学、圣经学，为近现代中国高等教育教材建设立下汗马功劳。此外，他来华 11 个月之后就走出校园和传教士大院，在山东的栖霞、蓬莱、黄县、掖县等地巡游传道，建立山东长老会教会。在此期间，1891-1895 年，赫士先后兼任上海广学会书记、会长，协定化学名目，声闻日彰。1899 年，赫士担任中华教育会副会长，参与教会学校教科书的编辑、出版工作。1900 年，因其杰出成就，母校威斯敏斯特学院授予他荣誉道学博士学位（Doctor of Divinity）。此后 1913 年，易名为华盛顿—杰斐逊学院（Washington and Jefferson College）的母校授予他荣誉法学博士学位（Doctor of Laws）。

1900 年，文会馆因义和团运动而停办。次年，慈禧太后下诏变法，颁谕各省兴办大学堂。1901 年，赫士应山东巡抚袁世凯（1859-1916 年）邀请，率领文会馆美籍教习 4 人、早期毕业生教习 9 人、新毕业生 8 人、汉文教习 2 人，赴省城济南，按照登州文会馆的办学模式，仅用一个月时间就完成创建山东大学堂。受之鼓舞，慈禧颁发诏令，命各省立即仿照山东举办新式学堂。恢复办学的文会馆学生因此供不应求，领有毕业凭照效力于教界学界者以三百数，踪迹所至，遍 16 行省。学堂一切新学的教授章程，均出自赫士等人的筹划安排，使用的教材和各项制度部分仿照文会馆制度。1901 年底，山东大学堂经考试首批招生 100 名，举行开学典礼，建成全国推行新政改革、第一所省级官办大学堂，也是中国第一所实行星期日休假制度的学校。赫士被聘为西学总教习（teaching affairs principal，1901 年），受到清政府嘉奖。

1901 年底，赫士因反对在山东大学堂尊孔而离校，之后在山东芝罘（今烟台）、潍县（今潍坊）的教士馆即神学院担任教习。1906 年，山东青州共和道学堂建立，赫士任总教习（1906-1919 年），致力于神学教育工作。1907 年，赫士在山东潍县创办女子神学院。1915 年，赫士应邀至南京在金陵神学院任教。1917 年，广文大学由潍县西迁济南南关，更名齐鲁大学，赫士任齐鲁大学神科主任。

1919 年夏，因行政以及反对神学自由主义即现代派等原因，赫士被迫辞职，离开齐鲁大学。18 名来自山东长老会的神学生与他共进共退，一同离校前往潍县。同年年底，赫士在美北长老会山东差会的支持下，另立门户，在潍县创办山东神学院（1919-1922 年），出任院长。1922 年，山东神学院迁入津浦铁路沿线的山东省滕县北关外长老会大院，易名华北神学院(1922-1952 年)，赫士继续担任院长。华北神学院与新民学校（1929 年改为华北弘道院，抗战后改为私立弘道中学）共用一个校园，但是各自独立办学。在苏北地区传教的美南长老会江北区差会后加入华北神学院。华北神学院由美国长老会人士领导和任教，但它不分宗派，为所有中国新教教会培训骨干。华北神学院的教职员来自中、美等国，中国教授中曾担任正副院长者有贾玉铭（1880-1964 年）、丁立美（1871-1936 年）、张学恭（1898-1960 年）、丁玉璋（1895-1975 年）。在神学院迁入新址之同年，华北神学院附属女子圣经神学院建立。赫士进一步推展中国本土女子神学教育工作。

1941 年太平洋战争爆发后，年迈的赫士夫妇被日军拘押于潍县乐道院集中营。华北神学院处于半停顿状态。当日军要挑一部分人去和盟军交换战俘时，赫士在被挑选之列。但是，赫士平静地说："我已经 80 岁了，让更年轻的人获得自由吧。"此时，他的身边还站着他的妻子赫杨美吉及生于登州的长子——赫约翰（John David Hayes，1888-1957 年）。他放弃国际红十字会（International Red Cross）主持下的美日两国"交换俘虏计划"（Prisoners Exchange Project）的机会，和他的家人选择被囚，甘愿受苦。1944 年 8 月 2 日，赫士因糖尿病逝于集中营内，享年 87 岁。他与次女赫爱莲（Agnes Irene Hayes，1891-1897 年）安睡在潍县大地中。一年后的 1945 年 8 月 12 日，美军解放集中营。他的儿子赫约翰走出集中营之后继承父业，在华从事传教工作，直至 1951 年以间谍罪被捕，坐监 10 个月后，被驱逐出华。赫士的爱妻赫杨玛吉于 1947 年元月 21 日在新威尔明顿去世。赫士创办的华北神学院于 1946 年初在江苏徐州复校（原址位于今王陵路 57 号徐州市文化艺术学校）。1948 年底，因内战，华北神学院再度南迁苏南无锡梅园前。1949 年，校务停顿。

1952 年，在中国高等教育校系调整的高潮中，华北神学院和华东地区其他十所神学院联合组成南京金陵协和神学院。但是，赫士所开创的华北神学院并未在中华大地上消失。1991 年圣诞节，华北神学院在中国台北市正式复校。宝岛台湾将赫士等先贤殚精竭虑所推展的中国本土神学教育活动继续延展下去。

2022 年是赫士来华工作 140 周年，也是山东神学院迁址滕县易名华北神学院办学 100 周年。为此，本书编者希冀以此书纪念这位伟大的先行者及其对中国本土教育特别是神学教育所作出的杰出贡献。本书分为三个部分：第一部分以华北神学院创办人赫士的生平及思想为中心；第二部分聚焦于华北神学院的办学历史、办学理念以及代表性人物的思想；第三部分从赫士著述中选取三本代表性的著作影印出版，因此可以管窥赫士在基督教中国化上所取得的成就。这三本书分别为：青州神道学堂撰：《耶稣实录讲义》（*Expository Life of Christ*），[美]赫士（W. M. Hayes）编辑，Printed at the University Press, Weihsien，1912 年第 2 版；[美]Thomas Murphy：《司牧良规》（*Pastoral Theology. The Pastor in the Various Duties of His Office*），青州神学校校撰，[美]赫士（W. M. Hayes）翻译、改编，上海：广学会，1916 年改正再版；[美]赫士译著：《罗马书注释》，上海：广学会，1924 年。它们是赫士在汉语圣经学以及教牧学领域辛勤耕耘结出的三颗果子。全书所选文章集学术研究与文学回忆于一体，将历史文献与当代探索相结合，期望尽可能由此给 21 世纪汉语读者提供一幅较为完全的图景，借此在进入过往的历史之同时，也能有力地把握住未来的不确定性。本书以赵曰北编辑、印制的《一个世纪的回响——华北神学院建校 100 周年纪念文集》为基础，重新编排、补充论文而成。本书选录部分已经出版的文章，其中大部分已经获得版权。由于时间久远、联系困难等因素，极少数文章无法获得版权，在此特别说明。本书会一一标出已出版文章的出处，并在此致以谢意。若有版权问题，请作者与本书编者联系。本书编辑出版的文章，其中的观点不代表编者以及出版社，一切文责由作者负责。本书编者对文章中的基本失实之处作出修改，部分加上注释予以说明。

本书在编辑以及出版过程中，得到海内外朋友的大力支持，在此特别对苏格兰的宋继合，我的学生李浩、胡雅婷、黄欢，花木兰出版社的编辑朋友以及老友胡永胜、苗光明致以谢意，他们默默的协助以及无私的帮助让本书得以最快的速度出炉，让编者有机会自豪地说：2022 年的疫情没能阻挡我们对历史的记忆以及对献身中国的传教士表达感恩之情！

目

次

第一辑　赫士：其人其思

新酒觅新瓶——赫士探索
中国本土神学教育之路径

贺爱霞

  赫士是一位在清朝来华的美国传教士和教育家。他作为美北长老会的宣教士，通晓自然科学，极具语言天分，亲身见证登州文会馆、山东大学堂以及齐鲁大学的发展和变迁，也是华北神学院的创办者和灵魂人物。他和狄考文同事过，被清朝内阁总理大臣袁世凯[1]聘用，得清政府信任嘉奖，在教育方面有着难以磨灭的成就。然而，学者对他的杰出贡献却是异乎寻常地惜墨；即或齐鲁大学的校史里面对赫士也只是轻描淡写，研究他的作品更是寥寥可数。与赫士先后来山东的同一宗派背景的著名的宣教士，就如倪维思（John Livingstone Nevius，1829-1893 年）、狄考文、郭显德（Hunter Corbett，1835-1920 年）、李提摩太（Timothy Richard，1845-1919 年）等大多有传记流传后世，[2]但赫士却

---

1 袁世凯（1859-1916 年），字慰廷，号容庵，河南人。清末民初重要的军事家、政治家、外交家、北洋新军领袖，对近代中国包括政治、经济、军事、教育等方面的现代化以及汉族传统文化的恢复作出过重要贡献，是中国警政、中国司法现代化的奠基人，对中华民国的成立起到关键作用。曾任清朝内阁总理大臣、中华民国临时大总统和中华民国大总统等职。参维基百科，袁世凯。

2 倪维思夫人（Helen Sanford Nevius）：《传道模范倪公维思事略》，简称《传教模范》，上海美华书馆，1897 版；*Our Life in China*，New York：Robert Carter and Brothers，1868 年；*The Life of John Livingston Nevius*：*For Forty Years a Missionary in China*，New York：Fleming H. Revell，1895 年等中英文著述传世。介绍他们夫妇到中国初期在华经历和事业，亦纪录美国北长老会传教士早期在登州、烟台一带的活动情况。倪维思夫人曾用中文写成《梅莫氏行略》，上海：美华书馆，1875 年版，介绍了梅理士夫人的生平。丹尼尔·W.费舍（Daniel W. Fisher）：《狄考文传：一位在中国山东生活了四十五年的传教士》，关志远等译，桂林：广西师范大学出版社，2009 年；*Calvin Wilson Mateer*：*Forty-Five Years a Missionary in Shantung, China*，

一直默默沉寂在历史中，仿佛成为"历史上看不见的人"。[3]现在山东大学医学院校园内，有为纪念狄考文而建立的物理楼"考文楼"，为纪念柏尔而建立的化学楼"柏尔根楼"，且依然保存完好，但是对于曾立下汗马功劳的赫士却没有该有的纪录痕迹。即或是论到山东大学堂的初创，也只是一笔带过。可以说，过往的记载对他呈现出很大程度的忽视，以至于我们对这位投身中国神学教育乃至官办教育六十二载的赫士博士十分陌生。事实上，其在教育方面的探索，尤其是在神学教育本土化的努力，与当今中国基督教开展中国化研讨不乏相通之妙，不应该被忽视。2019年恰逢华北神学院诞辰100周年，笔者就目前搜集到的碎片化的相关记载做一个基础性的梳理，尝试从赫士的生平信息、著作以及经营华北神学院的过程中挖掘其神学教育理念。

一、关于赫士的研究状况

目前关于赫士的生平十分零碎，主要散见于以下几处：《文会馆志》收录的《赫士先生行年事略》一文中的寥寥数笔："先生姓赫氏，名士，美国片司非捏省人也。生于纪元一八五七年。……三十九岁任文会馆监督，设立山东时报，大有裨益于我国。四十五岁应项城袁抚聘，在历下裁成学堂事件，创办山东高等学堂，任总教习。"[4]西方神学院的目录册提供了一个不够完整的生平索

Philadelphia: Westminster Press，1911年，作者丹尼尔·韦伯斯特·费舍博士为美国汉诺威学院院长，也是狄考文在大学和神学院时的同窗好友和终生知己，站在资深学者和教育家的高度对狄考文作了全面而深入的介绍。连警斋编：《郭显德牧师行传全集》，上海：广学会，1940年，内含郭显德逝世二十周年特辑。狄考文的妇人狄邦就烈（Julia Brown Mateer）也有传记流传后世。狄乐播（Robert Mccheyne Mateer，1853-1921）：《中华育英才：狄邦就烈传》（*Character-Building in China: The Life-Story of Julia Brown Mateer*）（Fleming H. Revell Company，1912年），郭大松译，北京：中国文史出版社，2009年。苏慧廉：《李提摩太在中国》，关志远等译，广西：广西师范大学出版社，2007年。作者作为李提摩太的亲密朋友和同事，从大量鲜为人知的历史事实出发，为我们提供了解李提摩太及其所处历史的独特视角，同时也使我们对晚清治下的中国社会和百姓的困苦生活有感同身受的了解。李提摩太：《亲历晚清四十五年：李提摩太在华回忆录》，李宪堂、侯林莉译，天津：人民出版社，2005年。

3 刘家峰：《"理解变革的中国"：在华传教士的中国情怀与观察（1949-1969）——以贝德士文献为中心》，刊于《广东社会科学》，2014年第5期。

4 王元德、刘玉峰：《赫士先生行年事略》，收录于王元德、刘玉峰编：《文会馆志》，传记卷一，潍县广文学校，1913年，第15页。需要注意的是编者刘玉峰将1895年、1901年这两年的事情说成是赫士39岁、43岁时发生的，显然是根据中国民间计算年龄之法，以"虚岁"方式表达年龄。

引，对赫士 1924 至 1944 年间的经历未包含在内。[5]《主日学时报》(*Sunday School Times*) 刊登了纪念赫士在华 50 年 (1882-1932 年) 的侍奉简历，却没有关于赫士人生最后十年的活动情况。[6]山东师范大学郭大松教授在《中国第一所现代大学登州文会馆历史回眸》中，仅用数百字介绍了作为登州文会馆第二任馆主的赫士 (1895-1901 年)，肯定其著述"为山东乃至中国高等教育的发展，做出了有益的贡献"，也提到赫士曾协助袁世凯"按照文会馆模式，不到两月时间就办起了山东大学堂"。[7]对赫士生平信息论述较为详细的当属山东滕州一中的老师赵曰北的新作《历史光影中的华北神学院》[8]。作者主要根据华北神学院的历史沿革介绍了赫士的工作，但是对赫士著作内容尚未展开研究。

美国哥顿—康威尔神学院 (Gordon-Conwell Theological Seminary) 的教授姚西伊在《为真道争辩——在华基督新教传教士基要主义运动 (1920-1937)》一书中其中一章谈到华北神学院的历史背景，并简单提及赫士的教育理念，基本上采取师当理 (C. Stanley Smith) 对华北神学院的定位，将华北神学院形容为"基要主义的大本营"，[9]而在另一篇文章《传教士与中国现代化关系的嬗变——以赫士为例》中，作者从传教士与中国近现代化进程的关系嬗变宏观背景下，论到赫士作为"保守派"，其传教生涯中在教育事工方面的变化。[10]加拿大天道神学院 (Tyndale Semianry) 教授毛大龙 (A. Donald Macleod) 发表的一篇

5　*General Biographical Catalogue The Western Seminary of the Presbyterian Church 1827-1927*, Pittsburgh: Western Theological Seminary，1927 年，第 201 页。

6　C.E. Scott: A Great Missionary's Fifty Years in China, *Sunday School Times*，1933 年 6 月 10 日，第 388-389 页。

7　《中国第一所现代大学登州文会馆历史回眸》，登州文会馆研究会，第 18 页，郭大松教授分享的电子稿。

8　赵曰北编：《历史光影中的华北神学院》，香港：中国国际文化出版社，2015 年第 2 版；苏格兰：汉塞尔出版社，2017 年第 3 版。

9　C. Stanley Smith: *The Development of Protestant Theological Education in China in the Light of the History of the Education of the Clergy in Europe and America*, Part II, Shanghai: Kelly and Walsh, Ltd.，1941 年，第 87 页。转引自姚西伊：《为真道争辩——在华基督新教传教士基要主义运动 (1920-1937)》，香港：宣道出版社，2008 年，第 135 页。

10　姚西伊：《传教士与中国现代化关系的嬗变》，收录于《基督宗教研究》，北京：宗教文化出版社，第 493 页。文中常出现"保守派神学院"、"保守派神学教育大本营"，视赫士为"保守派神学最有力的阐发者"(第 495 页)，同时又认为"赫士日益明显的基要派倾向"(第 495 页)。不同于《为真道争辩——在华基督新教传教士基要主义运动 (1920-1937)》中对其的界定。

文章《赫士与华北神学院》旨在澄清以往普遍存在的对华北神学院的误解，证明其独立办学并非为了制造分裂，而是迫不得已，其师资力量不但不单薄，而且比较雄厚，信仰传统也属于正宗改革宗，而非狭隘的基要主义。[11]这些澄清均有益于客观认识赫士以及华北神学院。那么究竟赫士在建立这些教育机构及神学院方面，有没有对自身的信仰传统有清晰的界定？这是需要深入探讨的问题。

赫士的孙女玛格丽特·霍利斯特（Margaret Hollister）撰写的《在中国的传承：一部回忆录》，其中有一节论到赫士的成长背景以及在山东传道的生活简介。[12]该回忆录提供了认识赫士生活化的一面。位于耶鲁大学神学院（The Yale Divinity School）图书馆特藏室、费城长老会档案馆（The Presbyterian Historical Society）以及美国国会图书馆（Library of Congress）中赫士孙女捐赠的家族文献，[13]均有助于了解并勾勒赫士的生平思想及工作。另外在十九世纪末乃至二十世纪上半叶出版发行的杂志、报刊，如：《教务杂志》、《真光》、《田家》、《通问报》等零星刊载了一些关于赫士的信息，也是不可忽视的中文材料，这些数据均有助于认识赫士博士。

二、赫士的生平信息

1857 年 11 月 23 日（清咸丰七年十月初八）赫士出生于美国宾夕法尼亚州默瑟县（Mercer County, Pennsylvania）。1882 年 9 月 28 日（清光绪八年）他偕夫人玛格丽特（Margaret Ellen Young, 1857－1949，中文又叫赫美吉）开始离美，出发奔赴中国宣教工场。[14]日本军国主义在偷袭珍珠港事件以后，对在华的外国人进行严控。赫士与其妻子曾一起被关押在山东潍县集中营（1943）。1944 年 8 月 2 日赫士在集中营病逝，享年 87 岁。

---

11 A. Donald Macleod: Watson Hayes and the North China Theological Seminary, edited by Bruce P. Baugus: *China's Reforming Churches*, MI: Grand Rapids, 2014 年。

12 Margaret Hollister: *Inheriting China: A Memoir*, Washington: Eastern Branch Press, 2010 年。

13 "Hayes, Hollister, and Kerman Families Papers"，该集子位于华盛顿国会图书馆手稿部（Manuscript Division, Library of Congress, Washington, D.C.）的号码：MSS85747，时间跨度自 1826-2012，包括 6000 条目，是 Hollister 家族 2013 年捐赠。

14 Biographical Record of W.M. Hayes, Presbyterian Historical Society, Phila.. Also see "Ms. Watson Hayes", MSS85747 Box 6-10, Library of Congress.

（一）来华前的知识储备及坎坷情路

据赫士孙女 Hollister 的回忆录，赫士的求学路并非一帆风顺，特别是赫士小时候家境贫寒，其父亲（David Hayes）1865 年丧命于美国的南北战争，留下包括赫士在内的四个不足八岁的孩子。[15]一位寡母扶养两子两女成长，其艰辛可想而知，经济上的窘况致使她无法供养所有孩子接受高等教育。有一次，她将赫士两兄弟（William and Watson）叫到院子里苹果树下，用长短不一的稻草做签让他们抽，长签表示继续接受教育，短签则需要打理农场。结果赫士抽取了长签，有机会接受教育，后来成为知名学者，操着流利的拉丁文、希腊语和中文的传教士。而他的兄弟则留在家里继续打理农场。当然赫士求学过程并非易路，缺衣少鞋酷暑易度，宾夕法尼亚的寒冬就特别难熬。赫士于 1879 年毕业于威斯敏斯特学院（Westminster College，New Wilmington）；同时毕业的共三女十二男，其中九人成为宣教师。[16]刚毕业的赫士于同年紧接着就读匹兹堡的美西神学院（Western Seminary, Pittsburgh），期间经历了人生的大喜大悲。当时他和同班一漂亮女生萨拉·布莱克（Sarah Black）坠入爱河；女生是赫士家附近农场主的女儿，双方且于 1881 年 11 月订婚。正当两位热恋中的青年计划同赴中国宣教之时，萨拉于 1882 年早春不幸染肺炎去世。赫士倍受打击，陷入极度伤痛中，险些未完成学业。但是，对宣教的热忱以及信仰的执著，令赫士最终坚持修读完课程，并以优异成绩毕业。赫士从此一生都携带着萨拉的照片，直到临终前才授意儿子处理好，并且向妻子玛格丽特（Margaret Young）表达自己的爱意。[17]赫士就读期间，正逢华菲德（Benjamin Breckinridge Warfield）在神学院担任教职。[18]赫士在三年神学装备中深受其影响，坚定、保守的长老宗信仰体系深印赫士的生命中。除了语言、神学、哲学方面的装备，为要成为中国的一名优秀宣教士，赫士还接受了一系列实践方面的装备，例如

---

15 Margaret Hollister: *Inheriting China: A Memoir*，第 278 页。

16 Margaret Hollister: *Inheriting China: A Memoir*，第 278 页。

17 Margaret Hollister; *Inheriting China: A Memoir*，第 279-280 页。

18 华菲德（Benjamin Breckinridge Warfield, 1851-1921 年），他于 1879 年按立圣职，曾任马里兰州巴尔的摩第一长老教会的助理牧师，后任教于美西神学院，即现今的匹兹堡神学院。自 1887 至 1921 任教于普林斯顿神学院，在一些保守的长老会眼中，他是最后一位伟大的普林斯顿精神的神学家，1929 年开始委身于威斯敏斯特神学院（又译"西敏神学院"）及正统长老会教会。参 "W.B.Warfield"，著有：*The Inspiration and Authority of the Bible*，Phillipsburg, N.J.: Presbyterian and Reformed Pub., 1948 年；*Faith and Life*, Edinburgh, Carlisle, Pa.: Banner of Truth Trust, 1974 年。

学习建筑学、制作板条、使用混凝土，甚至他可以独立建造一间房屋。对于饲养家禽他也具备诸多经验，同时他也接受了牙科以及药学方面培训，这为他后来在山东的宣教工作打下了良好的生存基础。

再者，在十九世纪的海外宣教工作中，不允许男宣教士单独前往，意味着必须是已婚男士。此时，正好另一位农场主的长女，玛格丽特走进了赫士的人生。玛格丽特不但具有奉献精神，而且倾慕赫士已久，更可贵的是她已经接受了作为海外宣教士应有的培训，并且于 1881 年 6 月受美北长老会差遣准备赴中国宣教。因此，她与赫士于 1882 年 7 月 5 日结婚，同年 9 月 28 日启程，11月 3 日两人抵达山东省登州地区（即现在的蓬莱），开始了长达六十二年的中国宣教之旅。

（二）在华六十二载漫漫教育之路

1. 狄考文的"左右手"[19]

1882 年赫士抵达山东登州，追随狄考文并以其为榜样，潜心苦学中文并了解中国文化。天资聪颖、极具语言天分的赫士在很短时间内就开始在登州文会馆教授天文学、地质学、数学、物理等科目。早在 1890 年代初，他们即根据文会馆的现状规划了发展前景，计划开设应用科学方面的研究生课程。1891至 1895 年间赫士先后兼任上海广学会书记、会长，首创"化学"学科名词，"参与过翻译化学和统一化学名词的工作，即广学会出版的《协议化学名目》"。[20]在狄考文成功将小学乃至大学的现代教育体系移植中国的过程中，赫士显然成了狄考文身边不可多得的左膀右臂。尤其在办学问题上赫士许多方面与狄考文意见完全一致，其博学多才，能力多面，也深得狄考文信任。1895年赫士接任文会馆馆主。他继承狄考文的办学传统与思路，课程设置中西并重，课程内容亦不断丰富完善，包括天文、地理、物理、历史、科学、中国经典、基督教文学等等，学校日趋规范、严谨，学生不仅国学扎实，西学精通，且具有很好的动手和实验能力。因此，高产、高质量的毕业生几遍十六行省，在 200 多所学校任教，一时供不应求。[21]赫士还利用课余时间大量走访山东各

---

19 "He was in effect president of the first Christian college in that country, and in Watson Hayes he had a man who became, as the students put it, his left and right hands." See Irwin T. Hyatt, Jr.: *Our Ordered Lives Confess: Three Nineteenth-Century American Missionaries in East Shantung*, Harvard University Press Cambridge, MA and London, 1976 年，第 183 页。

20 顾长声：《传教士与近代中国》，上海：上海人民出版社，1991 年，第 237 页。

21 王元德，刘玉峰：《文会馆志》，广文学校印刷所，1913 年，第 4 页。

县及农村，到访栖霞、蓬莱、黄县、掖县等地，和当地人亲密接触，深入了解民生，用于因地制宜的教学需要。难怪狄考文在 1896 年 2 月 8 日给美国长老会差会部的信中提到："现在学校的领导及主要日常工作都是赫士博士负责，让我感到非常欣慰的是学校的命运掌握在一个很有能力的人的手中。"[22]另外，赫士在此期间参与了编写教科书的工作，并且大多是自然科学方面。尤其是引进新的科学发现，"X 射线是 19 世纪重要的物理发现，由赫士最先介绍到我国……他在《光学揭要》中简述了 1895 年德国科学家伦琴（1845-1923 年）发现 X 光和它的特性、用途。书中他称 X 光为'然根光'，并注'虽名为光，亦关于电，终难知其属于何类，以其与光略近，故权名为光。'"[23]赫士在文会馆服侍期间还创办了山东境内第一份中文报纸《山东时报》(*The Shantung Times*)，并在通商口岸之外设立第一个邮局，便于与各地加强联系，之后迅速被其他地方效仿。[24]1898 年 10 月 22 日召开的山东传教士大会，曾高度赞扬赫士在办报纸开启民智方面的杰出贡献。[25]

总而言之，赫士在登州文会馆从事教学工作 18 年，他把科学和技术视为帮助中国人走出迷信，开阔视野的工具，更是福音事工的预备工作，为中国现代科技教育做出了不可磨灭的贡献。狄考文的三弟狄乐播曾如此评价赫士："赫士夫妇十八年高效、有价值的服侍是登州文会馆最幸运之事，其中有六年时间担任杰出馆长。"[26]直到 1901 年，赫士受聘参与山东大学堂的创立，开始投入精力和热情在中国的官办教育系统中发挥作用。

2. 袁世凯办学堂的重要"参谋"

甲午战争的惨败让中国人从睡梦中惊醒，救亡图存提上历史日程。在文化

22 丹尼尔·W·费舍（Daniel W Fisher）：《狄考文传——一位在中国山东生活了四十五年的传教士》，关志远等译，桂林：广西师范大学出版社，2009 年，第 134 页。

23 曹增友：《传教士与中国科学》，北京：宗教文化出版社，1999 年，第 143 页。

24 *The North China Daily News*, Monday, November 14, 1932, p.10.也可参考 Charles E. Scott: A Great Missionary's Fifty years in China, *The Sunday School Times*，1933 年 6 月 10 日，第 75 卷，第 23 期，第 388 页。

25 Resolved, That the missionaries attending this present Conference express their high appreciation of the Rev. W. M. Hayes 'effort to enlighten the Chinese Christians through the newspaper called the Shantung Times（Shih Pao），that we heartily commend the paper as a medium of useful information and encourage the enterprise by our personal endeavour to secure a much wider introduction of the paper among the Christians of Shantung.

26 Robert McCheyne Mateer: *Character-building in China: The Life-story of Julia Brown Mateer*, Fleming H. Revell，1912 年，第 55-56 页。

教育方面，光绪皇帝发布了书院改学堂的上谕："人才为政事之本，作育人才，端在修明学术……除京师已设大学堂，应行切实整顿外，着各省所有书院，于省城均改设大学堂，各府及直隶州均改设中学堂，各州县均改设小学堂，并多设蒙养学堂。"[27]山东省第一个官办大学堂就是在此背景下创办。由于袁世凯曾在登州逗留过，熟悉登州文会馆的办学情况，于是邀请赫士参与山东大学堂的筹办。赫士爽快应承并率领文会馆六位基督徒教师和学生于1901年7月抵达济南，完全按照登州文会馆的模式和规章，同年11月山东大学堂就正式开办。[28]袁世凯曾于1901年11月4日（光绪二十七年九月二十四日）上奏光绪皇帝，在奏章中推荐赫士担任大学堂总教习时，曾提到"该洋人品行端正，学术渊通。曾在登州办理文会馆多年，物望素孚，实堪胜任。"[29]可见袁世凯对赫士评价极高。在《遵旨改设学堂酌拟试办章程折》中可以初步了解赫士在大学堂担任的职务和指责，可谓位高权重。总教习相当于院长，负责"择聘教习、核定课程等事。所有堂内教习、学生、司事、夫役人等，概归管辖并会同总办经历学堂一切应办事宜。"[30]虽然对于究竟何人拟定"中国最早的大学章程"，学界尚有争论，[31]但其中崔华杰的考证比较有说服力。他根据义和团运动研究

27 朱寿朋编：《光绪朝东华录》，四，北京：中华书局，1984年，总第4791页。

28 Isaac T. headland: *China's New Day: A Study of Events that Have Led to Its Coming*, West Medford, MA.;1912年，第108页。Charles Hodge Corbett: *Shantung Christian University*, Cheeloo，第71-72页。

29 《订美国人赫士充大学堂总教习片》（光绪二十七年九月二十四日，即1901年11月4日）："课士之道，师范最难。方今风气尚未大开，兼通中西学问之人，殊不多觏，而已译各种西书，泛杂鲜要。学者任便涉猎，既难望其能自得师，且各种西学，有非身亲其境，不能考验得实者，必须延聘洋人，为之师长以作先路之导。但各国洋人，类多骄骞不受铃制。惟美国人心地和平，其在华年久者，往往自立学会，传授生徒，多翼中国之振兴。现由臣访订美国人赫士派充大学堂总教习，该洋人品行端正，学术渊通。曾在登州办理文会馆多年，物望素孚，实堪胜任。"天津图书馆、天津社会科学院历史研究所编：《袁世凯奏议》，上，天津：天津古籍出版社，第340-341页。

30 《遵旨改设学堂酌拟试办章程折》，光绪二十七年九月二十四日，即1901年11月4日，第一章学堂办法，第七节、第九节，天津图书馆、天津社会科学院历史研究所编：《袁世凯奏议》，上，天津：天津古籍出版社，第322页。

31 《山东大学百年史》第六页载："他（袁世凯）还拟订了《山东大学堂章程》……对于如何创办省城大学堂作了十分详尽的规定"；霍旭东发表在《山东大学学报》（1991年第4期）的文章《山东大学堂的筹建和成立》，认为：该章程或出自学堂首任监督李于楷之手，并说其"充分吸取了南洋公学、京师大学堂以及有关办学堂所有议论的有效成分。"

的重要史料《筹笔偶存》，发现有明确记载"所有学堂暂行试办章程亦即系海总教习与袁抚彼此商定"。[32]此章程强调"大学堂首贵崇实""其教法以四书、五经为体，以历代史鉴及中外政治、艺学为用"，在当时"中学为体，西学为用"的教育框架下，设立许多西学课程，重视体育运动，为当时书院改学堂提供了详实可行的范本，奠定了中国近代高等教育的管理制度，也深得当时清朝政府的嘉奖与肯定。清政府还要求各省"立即仿举照办，勿许宕延"。[33]因此，上谕所到之处纷纷仿效山东办学经验，争来聘请文会馆毕业生为教习。一时间，文会馆学生呈现供不应求的局面。"领有毕业凭照效力于教界学界者以三百数，踪迹所至，遍十六行省"。[34]

随着清末民初中国教育体制的建立，文会馆贡献不容忽视，赫士自然功在其中，并且他还上书清廷，仿照世界惯例实行星期日休假制度，被清廷采纳。这通常被看成是基督教"安息日"理念的体现和胜利。[35]这也是赫士终生引以为自豪之处，他也经常和自己的亲人分享这一成果。[36]至此，他改变了当时中国十天一个休息日的休假惯例。

当然，山东大学堂主要课程仍是强调中国的传统文化的学习。学堂开始的第一门课即是经学，在礼仪上，尊孔崇道。学堂条规规定："课士之道，礼法为先，而宗圣尊王尤为要义。"每月朔望之日，由教习率领学生叩拜孔孟，宣讲孔孟之道，"诸生环立敬听，听毕向教习三揖，诸生各相向一揖"。每逢孔子生辰，"均须齐班行礼，以志虔恭"。对此，以赫士为代表的基督徒老师无法接受学堂硬性规定师生对孔子的顶礼膜拜，纷纷辞职。[37]赫士和差会之间1902年4月22日至6月23日的书信中也有提及赫士和山东大学堂办学倾向之间的张

---

32 崔华杰：《登州文会馆与山东大学堂学缘述论》，刊于《山东大学学报》（哲学社会科学版），2013年第2期，第126-131页。《筹笔偶存：义和团史料》，北京：中国社会科学出版社，1983年，第646页。《山东大学堂章程》，分学堂办法、学堂条规、学堂课程及学堂经费4章，共计96节，对于如何创办省城大学堂做了十分详尽的规定。

33 朱寿朋编：《光绪朝东华录》，四，总第4784页。

34 王元德，刘玉峰：《文会馆志》，第4页。

35 Hayes Memorial Minute, 2; Hayes Jubilee, 2.

36 笔者于2016年12月9日在美国华盛顿采访99岁赫士的孙女玛格丽特亦有提及让赫士感到自豪的礼拜天休息的建议被清朝政府采纳，玛格丽特至今仍然保留有清政府赐予赫士的一件红色袍子，作为赫士当时参与官办教育的工作服。

37 Isaac T. Headland: *China's New Day*, Boston, Mass.:Frank Wood，1912年，第108-109页。AHC 951.41 H343c, BU Special collection.

力。[38]中国人民大学清史研究所的张研所著《原来袁世凯》也论到，由于袁世凯过于重视孔孟之道，赫士终与袁不欢而散。[39]

实际上，赫士曾于1902年发表文章阐明外籍教师不能容忍山东大学堂的举措，认为强制性要求山东大学堂的师生祭拜孔子十分不妥。赫士在此主要关注的焦点并非反儒，而是认为官立大学强逼学生以及西籍教员参加祭孔违背了信仰自由选择的原则。[40]这也凸显出赫士完全站在西方的角度观察中国的教育政策。他试图希望自己的声音能引起官方某些程度上的妥协，但他深知要官方妥协的可能性微乎其微，而他又有自身信仰原则的坚守。因此，他被逼处于信仰自由受制于中国传统祭孔文化之夹缝中。同时代的林乐知（Young John Allen，1836-1907年）也在《万国公报》上也发表文章表达了与赫士相同的观点。[41]山东巡抚周馥针对以赫士为首的对山东大学堂祭拜孔子规条的批评声音，给予了响应。他绕过信仰自由选择的探讨，而是直接指出中国人祭祖拜孔与西方人专拜上帝是所见不同，不能强人从己。同时，周馥也尖锐指出传教士不允许入学教民祭孔，倒有使教民自绝于非教民之嫌。[42]

---

38 Film Ms11, vol.113, in Yale Divinity School（YDS）1902.4.22, "Situation in the Provincial College, Students required to worship Confucian Tablets. We cannot conscientiously remain. Six Christians teachers and myself will withdraw in a body. Asking for re-appointment as a missionary." 1902.6.23 letters: "His status in the Government University. If he leaves this will be welcomed back to Mission work. His status with the Board "Detached service for the present".

39 杨敏：《寻访〈山东大学堂章程〉》，刊于《中国新闻周刊》，2011.11.14往事栏目，第82页。

40 W. M. Hayes: Intolerance in Chinese Schools, *The North-China Herald and Supreme Court & Consular Gazette* （1870-1941）；Mar 12, 1903, ProQuest Historical Newspapers: Chinese Newspapers Collection，第475页。

41 美国监理会传教士林乐知1902年5月在广学会主办的《万国公报》上，发表一篇题为《论山东大学堂条规之关系》的文章。其中直指山东大学堂要求师生参加祭孔的规条是肇祸之根基，贻害无穷。"大学堂所定章程，虽无禁阻教会字样，但定例逼人拜奉先师，即有拒敌教会之意。其意以为从教之华人，如欲入学以图上进，必当弃绝教会，而后可以同享利益。嗟乎！执此意以立学堂，不啻立肇祸之根基矣"。林乐知：《论山东大学堂条规之关系》，《万国公报》，第160册，1902年5月。

42 "西教禁拜偶像之例，以为祖先可不祀，孔圣可不拜，专拜上帝乃为专一，乃合教规，此西人之见也。中国祭祖先拜孔圣，通国人心所同。今日不祀不拜，则教人忘其祖先，轻我孔教，人心不服，公愤难容，此中国人之见也。""今各省设立官学堂，胥听教民一体入学，国家本未歧视。而贵总教习必欲教民不拜孔圣，不但违背学堂章程，事体不合，且恐嗣后民教畛域益因而显分矣。"李刚己编：《教务纪略》，卷四，跋，南洋官报局，1905年，第1-3、11页。

最终，赫士坚决提出辞呈，放弃了当时权高位重的总教习的职务，离开了自己曾热心参与，并立下汗马功劳的官办山东大学堂，之后赫士退隐在山东芝罘、潍县等地旅行布道，并颇受欢迎。总体而言，直接宣教或以宣教为目的的教育是他一直努力，并为之奋斗不息的事业。笔者认为，身处教学一线的赫士可能已经意识到通过官办教育有效解决中国人的信仰问题过于漫长，于是，他自主收窄自己的工作范畴，直接转入神学教育的领域。

3. 神学教育系统的践行者

早在 1902 年，赫士离开山东大学堂之后就已经多次与差会联系，表达自己愿意倾心投入神学教育事工中。[43]而当时山东境内青州设有神道学堂，之后于 1917 年和广文学堂、医道学堂合并成山东齐鲁大学的一部分。[44]在整个齐鲁大学创办的过程中，赫士作为见证人亲历其间。自 1904 至 1917 年间赫士开始于青州府投身神学教育，在 1904 年的《华北日报》(*The Northern China Daily News*)专门登载了关于赫士担任神学教授的消息，对赫士的能力和丰富经验大加赞赏。[45]在此期间，赫士花大量精力编写神学教育教材，其编著《耶稣实录讲义》、《司牧良规》、《教会历史》等作品均多次再版。狄乐播在 1904 年写给差会的信中，曾经高度赞扬赫士在神学教育方面的恩赐，甚至直接称赫士本身就是一座神学院。[46]1916 年赫士升为齐鲁大学神科的院长。[47]然而，齐鲁大学

---

43 1902.12.8Hayes wrote the letter: "His future service. The many different offers he has had. Board to decide. Leavingit up to the Mission. Inclined to Theological teaching". Film Ms11, Reel C, InYDS.

44 登州文会馆迁潍县后，与英国浸礼会合作，吸收了浸礼会办的广德书院(Tsingchow High School，1894 年建成)高级班学员，改名为"广文学堂"，又称"广文大学"(Shantung Union College)。下设：宗教教育系、中文及文学系、自然科学系、数学系、哲学与历史系；附设物理化学实验室，天文观测台，均为狄考文在登州文会馆时的设施。

45 *The N.-C. Daily News*, Wednesday，1904 年 12 月 21 日，第 5 页。

46 YDS. 狄乐播(Robert McCheyne Mateer，1853-1921)生于美国，是著名传教士狄考文的三弟。狄考文被誉为"十九世纪后期最有影响的传教士教育家"，曾在山东登州创办近代第一所教会大学登州文会馆。狄乐播作为美北长老会派往中国的传教士，于 1881 年随哥哥狄考文来华。在登州接受两年的中文学习后，前往潍坊潍县，和妻子狄珍珠(Medge D. Mateer)一起在当地建立起著名的乐道院。1921 年 9 月 5 日，传教近 40 年的狄乐播在潍县逝世。参 zhi.wikipedia.org，2017.7.11.

47 A.Donald Macleod: Watson Hayes and the North China Theological Seminary, Bruce P. Bauggus edited: *China's Reforming Churches*, Grand Rapids, Michigan，2014 年，第 60 页。

创办初期，各差会之间不断磨合，无论从行政决策、话语权抑或是神学思想均存在很大的不同，自由神学和保守思想的碰撞日益尖锐，赫士作为保守神学观点的代言人，不满意自由派神学思想的泛滥，屡屡显出担忧并提出批评。当然，除了神学思想上与自由派的不可调和，还有其他因素，如奚尔恩（John J. Heeren，1875-1941年）就曾指出："由于文理、医、神三科合并到济南成为一个大学所产生的国家的、神学的、人事的、行政的各方面困难，使赫士带着十八名长老会的神学生，离开了山东基督教大学（即）齐鲁大学，赫士和这些神学生于1919年9月在潍县长老会院内，继续他们的神学课程。"[48]因此，当时有观点认为，赫士的离开对齐鲁大学来讲是巨大损失，意味着大学失去了"全中国最好的神学老师"。[49]尽管对于赫士而言，已经有开办教育的丰富经验，但对于即将面临退休的年龄（62岁）仍选择白手起家创办神学院，的确需要勇气和魄力，不得不说是赫士骨子里对信仰的执著，促使他开始了新的神学教育之旅，而华北神学院自然成了赫士的"老来得子"，备受赫士珍爱。

4. 本土神学教育探索者

根据赫士的描述，"华北神学院创始于一九一九年秋，彼年因与齐鲁神科管理及道旨意见不同，长老会学员情愿退出，教员亦分离，同到潍县，另立神学。那时教员三位，学员十八位。"[50]赫士与道雅伯（Albert. B. Dodd）和衣兴林教士以及退出齐鲁大学神学院的十八名学生构成了一个有别于大学神学院的一个独立神学院。他们自1919年9月离开齐鲁大学，在潍县创办山东神学院，后于1922年9月迁至滕县北关。至于选择搬迁到滕县，主要是考虑到接近江苏的美南长老会，便于一起合作办神学院。[51]当时的生源来自不同省份，也吸引了不同的差会参与支持发展神学教育，因此，易名为"华北神学院"。

---

48 John J. Heeren: *On the Shantung Front: A History of the Shantung Mission of the Presbyterian Church in the U.S.A. 1861-1940 in Its Historical, Economic, and Political Setting*, New York: Board of Foreign Missions of the Presbyterian Church in the United States of America, 1940年。

49 So described to John A. Fitch of Yantai（Chefoo）（JAF）to Arthur Judson（AJB）（1856-1963）General Secretary of the Presbyterian USA Board of Foreign Missions（1895-1929），6 October 1919（Presbyterian Historical Society, Philadelphia, Board Secretaries'Files（PCUSABS）RG82-20-8.姚西伊：《为真道争辩——在华基督新教传教士基要主义运动（1920-1937）》，第140页亦有提及。

50 赫士：《十年经过》，刊于《华北神学院年刊》，南京：灵光报社，1930年。

51 1882-1932 The Celebration of The Fiftieth Anniversary of Dr. Hayes' Missionary Service in China, PHS SPP33 P.6.

在华北神学院三十三年的发展历程中（1919-1952 年），赫士作为首任院长（1919-1933 年），也是功成院长，其本人长老宗的信仰背景深远影响了华北神学院的办学走向和教育风格。他除了要抵御现代派神学的渗透影响，还要与中国的儒家传统进行互动和批判。究竟为中国教会培养什么样的传道人，是赫士从未放弃思考的问题。他吸取过往在教育领域的经验教训，特别是他对狄考文 1872 至 1874 年间在登州办过一神学班的成果表示质疑，对培养的 12 名学生不够满意，甚至认为是失败的，因为"其中有一些人成了布道员，但不善于布道，当牧师也并不热心。儒教的旧瓶不能有效地用来装基督教的新酒"。[52]

因此，赫士以基督教为新酒，开始了探索寻找装盛新酒的新瓶。他认为智慧的神学教育是要培养出比现代派神学院校更棒的毕业生担任教会牧职，当然，这也是作为反击现代派影响的重要策略。[53]赫士始终坚信自身携带的信仰系统适合中国教会发展的需要，对中国年轻一代的基督徒有深深的吸引力。他首先强调华北神学院永不培养贬低基督、怀疑福音的人。[54]他之所以强调此点，在于他要和当时在大学神学院系统有着广泛影响的现代派神学划清界线。其次，赫士坚持采用中文授课，英文只是作为辅助，并且在课程设计上力求广泛而又不失去焦点，课程内容包含天文、地理、历史、物理、中国经典、社会研究、基督教文学等等，不同的科目均服务于直接宣教的目标。第三，他根据所处环境，认定为中国教会培养基层传道人为己任，走出一条和大学神学院不同的实践教育之路，充分照顾到中国农村地区的福音需要，培养能胜任基层艰苦环境中的教会人才。赫士经常把那些在城市大机构工作的"精英"传教士，以及在基层艰苦环境中奋斗的教牧人员加以区分和比较。[55]他极力主张不能因为

---

52 W. M. Hayes: Theological College, *Record of American Presbyterian Mission in Shantung Province, China*，*1861-1913 年*，第 90 页。

53 Letter of W. M. Hayes to Swarthmore Church, 15 May 1933.

54 Letter of W. M. Hayes to Swarthmore Church, 4 January 1930, PCUSABS, RG82, 41-20, PHS, Phila. 另参姚西伊：《为真道争辩——在华基督新教传教士基要主义运动（1920-1937）》，第 149 页。

55 Letter of W. M. Hayes to Swarthmore Church, 19 November 1927.转引自姚西伊：《为真道争辩——在华基督新教传教士基要主义运动（1920-1937）》，第 154 页。"真正推进天国实现的并不是那些拿着高薪，穿戴整齐，在所谓的委员会中（不是在实际工作中）身居高位、发号施令者，而是那些像保罗那样不畏艰辛的人。像保罗一样，他们当中不少人也是极有才干的。而某些来自美国的访问者因看到他们破衣垢面，而把他们与那些大学里外表入时却毫无用处的年轻人相比，称他们是'此等人'这种肤浅的判断招致了义愤。他们忘记了，正是那些被耶路撒冷的博

养大的教育机构而剥夺了本该用于基层直接的福音布道工作的人力和财力。同时，赫士于 1922 年开办女子圣经学校，并引导其逐渐和神学院合并。"到 1927 年，神学院当时有 130 男生、51 位女生在册就读，学生来自全国 13 个省以及韩国，他们接受神学教育之后回去从事教会牧养工作，已经有 500 多毕业生奔赴各地从事牧养工作，硕果累累。"[56]在赫士的精心经营下，华北神学院被国内外看作是为中国教会培养保守思想教牧人员的大本营。而作为学富五车的功成老院长以及妻子在师生员工中也赢得了极大的尊敬，每逢他们生日之际，总能经历带有浓郁中国特色的生日派对。[57]特别是 1932 年华北神学院的师生精心策划庆祝赫士在华工作 50 年以及结婚 50 年的纪念活动，并成立了一个至少 10，000 美元的基金，用于帮助中国的同工，激励校友继续深造以及加强同母校的亲密联系。[58]

传教士在滕县火车站，赫士位于第三排右四，1936 年，贺爱霞提供

士们轻视的'无知的小民'与耶稣一道被选作他的使者，结果证明他的选择是正确的。"

56 The North China Theological Seminary, RG82 Scott Paper Box1-050688, PHS, Phila. A Great Missionary's Fifty Years in China, *The Sunday School Times*，1933 年 6 月 10 日，第 388 页。提到有 134 位男同学。

57 "Valued Teacher's Birthday" Dr. W. M. Hayes Reaches Seventy-seven From Our Own Correspondent Tenghsien, Shan. Nov.24.（*The North-China Herald*, December 5, 1934），371.《通问报》，1936 年 12 月第 48 号，紧要教务，第 12 页也有记载。

58 Martin A. Hopkins: 1882-1932 The Celebration of the Fiftieth Anniversary of Dr. Hayes 'Missionary Service in China, PHS SPP33, Phila, 2.

赫士在世的最后人生阶段是在日本人设在潍县的集中营度过。珍珠港事件爆发后，日军向包括美国在内的西方国家宣战，并且将生活在华北地区的西方侨民（包括北京、天津、徐州、济南、烟台、青岛、滕州等地）集中关押在潍县乐道院。集中营中的赫士由于年岁已高，身患糖尿病，外加饮食营养严重不良，他于集中营时间不久便生命垂危。尽管之前在国际红十字会的帮助下，赫士有透过交换战俘离开集中营的机会，但被赫士婉言谢绝，执意将生存的机会留给年轻人。[59]于是，在中国生活了六十二载的赫士博士于1944年8月2日在集中营告别人世，距离1945年8月17日乐道院被解放仅相距一年。

在赫士以及后继者贾玉铭、张学恭、丁玉璋等经营下，华北神学院的学生以艰苦朴素、"耐劳可钦""灵力富强，口才灵活"收获良好口碑。[60]师生热忱布道，贴近基层信众的举措，时常为当时的《通问报》跟踪报道。华北神学院的毕业生不断成为中国教会的中坚力量，其影响力逐渐突破山东省的地域之限，辐射面已广及各个省份乃至于东南亚一带。

三、赫士的著／译作品

（一）著／译作品之简介

对于赫士的作品至今不但未见系统的研究，甚至连他的作品的数目和名称都说法不一。根据《基督教新教在中国百年宣教工作》记载，赫士已经有八卷自然科学译著相继出版。[61]在介绍赫士作品时，研究者往往给出了不同的数字，且大多仅仅是数字而已。根据刘玉峰的统计，认为"时至1912年7月，赫士总共有十本著作：《对数表》、《声学揭要》、《热学揭要》、《光学揭要》、《天文揭要》、《天文初阶》、《是非学体要》、《救世略说》、《使徒史记》、《诸教参考》

---

59 韩同文编：《广文校谱》，青岛师专，1993年，第20-21页。"我快九十了，又有严重的心脏病和糖尿病，我的志愿就是为中国的教育事业献身，还是让我葬在为之献身的异国吧。"

60 《华北神学布道热忱》，刊于《通问报》，1935年11月第46号第1667回。

61 *A Century of Protestant Missions in China*（*1807-1907*），The Century Conference Historical Volume edited by D. Mac Gillivray Christian Literature Society for China, Reprinted by Chinese Materials Center, INC. Sancisco 1979年，第394页。"Philosophy of the Plan of Salvation（原文印刷错误 Savation），The Apostolic Age, Introductory Ethics, Elementary Astronomy, Logarithmic and Traverse Tables, Heat, Light, Acoustics"。

等书。"[62]郭大松认为赫士编译 24 种；[63]姚西伊则给出两个数字，一是在《为真道争辩——在华基督新教传教士基要主义运动（1920-1937）》认为有 26 本，[64]而在《传教士与中国现代化关系的蝉变——以赫士为例》一文中，提到赫士"翻译编写的科学与神学教材达三十七本之多。"[65]赫士孙女 Hollister 也认为赫士出版有 26 卷科学类、数学、神学等方面的著作。[66]毛克礼先生认为赫士一生翻译并编写科学及神学教材，成为当时最优秀的宣教士之一。他一生勤奋笔耕，撰写了包括原著及翻译作品 37 卷之多。[67]笔者根据中国山东、上海、南京、北京以及香港浸会大学图书馆、档案馆，以及美国的耶鲁大学、哈佛大学、普林斯顿大学、国会图书馆以及费城长老会档案馆的数据搜集，对赫士的作品进行了简单梳理，有的著作以上下编或卷一、卷二出现，但可以肯定的是赫士的著译作品不少于 37 种。[68]赫士涉猎多个领域，博学多闻，也善用理性。

62 赵曰北编：《历史光影中的华北神学院》，苏格兰：汉塞尔出版社，2017 年第 3 版，第 120-121 页。

63 "教学、布道之余，赫士笔耕不辍，配合教学需要，编译《天文揭要》、《声学揭要》、《热学揭要》、《光学揭要》等著述二十四种，为山东乃至中国高等教育的发展，做出了有益的贡献"。载自《中国第一所现代大学登州文会馆理事回眸定稿——纪念馆用》，第 18 页。

64 姚西伊：《为真道争辩——在华基督新教传教士基要主义运动（1920-1937）》，第 145 页。

65 "The Rev. Watson McMillen Hayes, D.D., LL.D. Memorial Minutes," Adopted October 16, 1944, by the Board of Foreign Missions of the Presbyterian Church in the U.S.A., Yale Divinity Library, File No. RG08; "Chronology of Family Influences and Contacts," Yale Divinity Library, File No. RG08. 参姚西伊：《传教士与中国现代化关系的蝉变——以赫士为例》。

66 Margret Hollister: *Inheriting China: A Memoir*，第 283 页。"Eventually Watson published twenty-six scientific, mathematical, theological and exegetical books: logarithmic tables, astronomy and physics texts, a life of Christ, works on apostolic history, systematic theology, sociology, and evolution. He was joint editor of a commentary on "New Critical and Expository Commentary on the New Testament in Chinese, and helped in the revision of the Chinese Presbyterian Hymnal, Confession of Faith, Book of Discipline and Catechism."

67 W. P. Fenn: *Christian Higher Education in Changing China 1880-1950*, Grand Rapids: Eerdmans，1976 年，第 29 页。A. Donald Macleod: Watson Hayes and the North China Theological Seminary。

68 其中宗教类著作包括：《诸教参考》、《耶稣实录讲义》、《教会历史》上下卷、《司牧良规/宣道良规》、《以弗所书注释》、《使徒历史》、《保罗达罗马人书新注释》、《信道揭要》、《教义神学》上下编、《希伯来书注释》、《约翰书信释义》、《救世略说／救世之妙》、《伦理学导论》、《是非学体要》、《基督的生活》、《宣道学》、《教会的规则与术语》、《新约圣经注释的新评鉴》、《中国长老会圣诗》修订版、《忏悔》、他早期在登州文会馆翻译出版的自然科学课程的教科书，多是根据中国学生的现实需要，对原著进行了增补和删减，许多内容开中国近代科技教育之先河，其在中西文化的交流以及教育体制的介绍、引进等作出了不可抹煞的贡献。《天文揭要》无论从组织结构还是内容及表达方式均堪称佳作。在当时发行广泛的《教务杂志》，就曾经跟踪报道并充分肯定赫士在自然科学方面的贡献。[69]其中不少著作，例如《光学揭要》、《声学揭要》、《热学揭要》、《对数表》等就曾多次再版，成为当时登州文会馆普及物理知识，构建物理实验室的有益助力。

后来随着中国教会内基要派与现代派日益扩大的矛盾，火药味也渐趋浓厚。赫士逐渐淡出在通识教育上的投入，而是专门从事保守的神学教育。他着手为神学院学生编写的一些教科书，例如《诸教参考》、各卷《圣经》注释、《耶稣实录讲义》、《教会历史》、《司牧良规》[70]等均反复再版，有的甚至达至八、九版之多。这些著作被广泛采用，其生命力、影响力显而易见，也可以说，这些教材深深影响了中国基层教会的特质。

（二）著／译作之评析

赫士勤于笔耕，著作等身，涉猎广泛。在此重点评析赫士在神学教育方面的代表著作，尝试明晰其神学教育之努力方向。尤其是他为神学院编写的诸多教材中，《司牧良规》、《教义神学》[71]是具有广泛影响的两部作品。不难发现，

《教义教理问答》、《洗礼略论》、《西敏小要理问答》。自然科学作品包括《天文初阶》、《天文新编》、《热学揭要》、《光学揭要》、《天文揭要》、《声学揭要》、《对数表》、《计算日食的方法》、《天文入门》，根据《中西教会报》连载刊登的赫士作品至少有《地学要旨》、《石学略论》、《地学略论》、《商业革命史》。赫士编：《司牧良规》，山左、谭述铭、刘延廷校润，上海：广学会（1911 初版；1916 再版）。原著为美国的教牧慕尔腓（Thomas Murphy，1816-1890 年）的 *The Pastoral Theology, The Pastor in the Various Duties of His Office*，Philadelphia,.Presbyterian Board of Publication, In the Office of the Librarian of Congress, at Washington，1877 年。

69 *Chinese Recorder*，1894 年 8 月，第 8 期，第 395 页。*Chinese Recorder*，1901 年 6 月，第 6 期，第 303 页。

70 赫士编：《司牧良规》。

71 赫士编译：《教义神学》，上编，上海：广学会，1930 年；下编，上海：广学会，1931 年。另外的版本是经过胡鸿文整理：《教义神学》（语体本），台北，1991 年，其中含有张之宜的《赫士博士略传》。主要是根据十九世纪浸信会背景的学者史特朗（Augustus Hopkins Strong, 1836-1921）的 *Systematic Theology: A Compendium designed for the Use of theological Students*，Valley Forge, Pa.: Judson Press，1907 年。以及曾任教于美国普林斯顿神学院半个世纪之久的赫治查理（Charles Hodge,

赫士在取其原著精华的基础上，加上自己对中国教会的认识，针对中国教会的现实需要，尽量做到"量体裁衣"，提出了比较适切中国人的教育品味的理念，即对心的培养、对大脑的装备以及对实践的重视。特别以培养以及操练学生的虔德为首要，形成以知、情、志为主线的教育构图。

1.《司牧良规》

赫士在山东青州教授神学期间的著作《司牧良规》强调作为教牧人员应该具备的素质，同时也指出传道人预备讲章之法。赫士根据原著，同时又兼顾中华教会当时的现实处境进行改编，其中第八版则以《宣道良规》为书名。

原著为 *The Pastoral Theology. The Pastor in the Various Duties of His Office*，作者慕尔腓（或作墨菲，Thomas Murphy，1816-1890 年）毕业于普林斯顿神学院，后作为富兰克福德长老会的资深牧师，有长达半个世纪的卓有成效之牧会经验。根据 1900 年刊登的关于他的讣告记载，他曾以富兰克福德长老会为根据地拓展了至少二十一个堂会，其最著名的作品当数此本《教牧神学》。[72]

该书引论部分是关于"教牧学之本原"。原著提到六个方面，赫士将最后的两方面合并为"时势之变迁"。此处显然是赫士根据中国教会的实际处境做出了调整，添加了对当时中国教会的认识以及所面对的挑战，特别提到中国当时面对进化论、现代派神学思潮以及中国民间迷信色彩的挑战。也许对赫士而言，《教牧神学》对教牧同工，尤其是年轻的教牧人员的帮助和提醒是毋庸置疑的，因此，他省去了原作者对学习教牧学的必要性的长篇说明，而是直奔主题，谈及一些极具实际可操作性的教牧具备的装备，以及教牧身份的定夺等等。赫士还将原文的第十章以及十一章合并，尤其是省略以及淡化了长老会作为一个宗派组织拓展福音的相关议题。从某种意义上，赫士深知教制的形成和发展与当地文化密切相关，任何美北长老会或西方其他宗派的教会体制以及运行模式在中国未必可行。因此，赫士在编译这些作品时，并没有特别强调自己的宗派特色，而是更看重宗派间的和平共处、求同存异：

1797-1878）：*Systematic Theology*, Michigan: WM. B. Eerdmans Publishing Company Gand Rapids，1952 年。

72 Alfred Nevin: *The Presbytery of The Log College*; *The Cradle of the Presbyterian Church In America*, Philadelphia: Presbyterian Board of Publication，1889 年，the newspaper cutting was pasted the cover inside page. 粘贴在此书的内页有讣告。

为教牧者，若显极度纷争自是之心，而于教众之道德，便有损伤，故宜彼此忍耐，以求和睦。……在与人不合者，则郁然不乐，而难获其福，以其满有嫉妒怨恨也。为谋之事，每见与人不合者，纵其所谋，实为善举，然多无人赞成，惟睦而有德之人，凡其所谋为者，众皆乐于相助。本会教牧，与他会交往，宜尚和平。[73]

因此，赫士在《司牧良规》编译过程中强调了"以和为贵"的总原则。尽管慕尔腓原著洋洋洒洒五百多页，赫士将其浓缩成一百三十四页的薄书，或者说是一个摘录的《教牧神学》，但其中不乏赫士自身思考的轨迹。他亲自操刀，以实用为主，砍掉一些他当时认为不需要的内容，可谓是一种急于教授中国本土教牧的一些最基本规范的良苦用心。很遗憾的是他砍掉的一些内容也不乏重要的信息，例如原著者曾列出了长长的教牧必读的书单也被赫士过滤掉，也许他考虑到中国教会的现实发展状况，以及当时的语言限制，中国本土教牧要进一步探究教牧原理尚需要一段时间。原著强调的教牧学习希伯来文以及希腊文的重要性也被赫士略去。好在赫士在后来的华北神学院的课程设置中注意到语言的重要，并且将其列为可选读的课程。不得不说，赫士在编译教材的过程中拒绝了好高骛远，主要是采取处境化的、现实的路向。

2.《教义神学》

赫士在华北神学院任教期间完成了两卷本的《教义神学》，其主要参考了曾在美国普林斯顿神学院任教达半个多世纪的赫治查理（Charles Hodge, 1797-1878 年）的经典之作《系统神学》（*Systematic Theology*）[74]以及作为十九世纪浸信会神学教育的中流砥柱史特朗（Augustus Hopkins Strong, 1836-1921 年）的《系统神学》。在此需要说明的是，在赫士眼中，"教义神学"与"系统神学"二词互用，并未将两者区分对待。

严格说来，赫士的《教义神学》可谓史特朗的《系统神学》（*Systematic Theology: A Compendium Designed for the Use of Theological Students*）[75]的翻版。不过值得注意的是，赫士编译过程中，他省掉了史特朗版本的第七篇关于教会学以及圣礼方面的内容。在对待西方基督教宗派间不同传统和观念时，赫

---

73 赫士编：《司牧良规》，第 131 页。
74 Charles Hodge: *Systematic Theology*。
75 Augustus Hopkins Strong: *Systematic Theology: A Compendium Designed for the Use of Theological Students*。

士往往采取规避或暂时搁置的取态，同时他也将自己的独立思考以及观点以"注"的形式在书中出现，其思考直接或间接促成中国保守的系统神学的思维模式。

在此不得不提赫士在《教义神学》中关于末世论千禧年观点在实践层面所面对的挑战。传统意义上讲，大致存在三种观念：是前千禧年派（或千禧年前派，Premillennialism）、后千禧年派（或千禧年后派，postmiliennialism）和无千禧年派（Amillennialism）。[76]赫士基本上持无千禧年派的立场，并且对于末世论保持不过度解释的态度，充分尊重其玄妙之处。他在解释《启示录》20：

---

[76] 前千禧年派（Premillennialism）："Millennium"一字源自拉丁文 mille（一千）及 annus（年）。Premillennialism 的前缀 pre 意为"之前"，因此，"前千禧年"的意思是基督会在千禧年之前再临地上。有时前千禧年派的人会被称为"千禧年主义者"（chiliasts），其英文源自希腊文 chilioi，意思是"一千"。前千禧年派的基本信念为：1. 基督会在末世圣徒被提的时候再临，与众圣徒一同在地上作王一千年。当然，前千禧年派的人对于被提及大灾难之间的关系也存在不同的看法。2. 在千禧年中，以色列国会经历到上帝赐给亚伯拉罕和大卫的，就是以色列国土、子民（后裔）和主权（宝座）的应许。3. 现在的教会并未实现神赐给以色列国的应许。后千禧年派（postmiliennialism）。其英文的前缀 post 意思是"之后"，后千禧年派认为基督会在千禧年之后再来。即：1. 教会不是国度，但教会会借着传扬福音将国度（一个乌托邦、基督化的境况）带到地上。有些自由派的神学家则相信，千禧年会透过人类的努力及自然的演进而逐渐实现。2. 千禧年国度时期，基督不会在地上，他只会统治人的心灵，并且在千禧年之后再临地上。3. 千禧年不是实指一千年，而是指一段时间。4. 教会承受神在属灵上赐给亚伯拉罕和大卫的应许，而不是以色列。此观点在十九世纪比较普遍，贺智（Charles Hodge）、石威廉（William Shedd）、华菲德（B.B. Warfield）、贺得治（A.A. Hodge）、史特朗（A.H. Strong）等多持此观念，但随着两次世界大战的爆发，战争带来的灾难摧毁了此乐观的理想。（殷保罗《慕迪神学手册》）无千禧年派（Amillennialism）。其英文的前缀 a 意为"无"或"没有"，此派并不否定基督的再来，而是否定字面意义解释一千年统治，认为基督不会实际在地上统治一千年。认为，上帝的国度就是现今教会的时代，世代结束后，永世就开始，中间不用有一个"千禧年"。基于这个理由，无千禧年派提出一个字眼，"实现的千禧年"（realized millennialism），来说明他们并不否定千禧年，不过是相信千禧年已完全在今世实现。其基本信念为：1. 神的国存于基督两次降临之间，因为基督现正在天上掌权，他不会在地上掌权一千年，"我们现正处于千禧年中"。2. 国度可能是指地上的教会（奥古斯丁的观点，现在罗马大公教会仍持守这观点）或是天上的圣徒（华菲德的观点）。故此将来基督不会在地上掌权，而一千只是个象征数字，实指一段很长的时间。3. 上帝赐给以色列国土、子民、宝座的应许，现在由教会的信徒以属灵的方式来实现。4. 上帝对以色列的应许是附有条件的，以色列国不能达到顺服神的要求，那些应许便转移给教会。5. 基督现正坐在大卫的宝座上统治万民，撒但现正在基督两次降临之间被捆绑。

4-6 关于末世论的经文时，直言"此乃经之玄而又玄，任何解释，皆难圆到，惟人当以经之明言解其玄，不当以玄而强解明言。"[77]与赫士持相同观点和立场的还有美国廿世纪二三十年代深具有影响力的人物基要派代表人梅钦（John Gresham Machen，1881-1937 年）。[78]他们均在极力维护《圣经》无误论基础上，持守无千禧年观。

　　然而，正是在此问题上，华北神学院华人老师以及学生与赫士之间出现了不同观念的碰撞。据华北神学院的校友胡鸿文观察，华北神学院的师生绝大多数为千禧年前派。[79]贾玉铭甚至将千禧年的问题当作是有无信仰根基的试金石。他的两部专著《拔摩异象》以及《来世观》[80]均强调了前千禧年派的观点[81]，并且直接将此观点与圣经观紧密关联，认为"千禧年之道，（前千禧年派）可为全部圣经的密钥，果能于此道的确详明，其于全部圣经信仰，可不问而知"；"人若不信千禧年，他对于圣经的眼光如何？何以说若是一个全信圣经的人，他就不能不信这千禧年的道理呢？"[82]显然，在千禧年的问题上，赫士在华北神学院成了绝对的"少数派"。这也是贾玉铭后来和持无千禧年观点的赫士无法调和，最终导致两者分道扬镳。但不容否认，以贾玉铭为代表的华人教牧的著作和思考，大都是在赫士搭建的神学框架下进行。

四、赫士的神学教育理念

　　根据相关数据记载，到 1911 年，在华的传教士只有不到一半的人仍在从事直接布道工作。[83]而以赫士为首的保守派传教士举起反对现代派神学、世俗化（Secularization）的大旗，扎根华北神学院的教育。在二十世纪二三十年代中国主要的神学院中，华北神学院招生人数名列前茅，并且在办学方针和内容上以保守派神学为主线。当赫士被问及神学院学生入学数量突飞增长的原因，

77　赫士编译：《教义神学》，第 576 页。

78　D.G. Hart: *Defending the Faith: J.Gresham Machen and the Crisis of Conservative Protestism in Modern America*, Baltimore: John Hopkins University Press，1994 年。转引自 Roger Olson:《基督教神学思想史》，第 608 页。

79　赫士：《教义神学》，语体本，胡鸿文译，台北，1991 年，第 435 页。

80　贾玉铭：《来世观》，收录于《神道学》，卷九，"来世篇"，1921 年。

81　"论基督复临之时日。教中信徒之意见未能一致。约言之。分二派。一谓耶稣复临在千禧年以前。一谓在千禧年以后。信耶稣复临者。大都不出此二派……此外亦有不信耶稣复临及千禧年者。兹不详述。"参贾玉铭：《来世观》，第 35 页。

82　贾玉铭：《拔摩异象》，南京：灵光报社，1928 年，第 205-206，215 页。

83　Latourette: *History of Christian Mission in China*，第 619 页。

赫士通常会强调几点：神学院符合上帝的神圣计划，坚持保守的神学教育，由中国教会主导，外国人也是由中国人选举而出。[84]而保守的神学教育在华北神学院的办学过程中主要体现在三个方面：对虔德的操练、对《圣经》的尊重以及对宣讲福音的热忱。可以说，这也是延续了登州文会馆的发展策略，即"无日不以宣道为目的"，道德其一，学识其二。

赫士针对中国作为农业大国的现实需要，采取务实朴素的教育方针，强调基督教教育应当培养那种准备到最需要的地方去生活的人，不论这是否会带来声名与利益，这些人准备忍受艰难困苦，也准备牺牲自己。赫士继而强调，为基督服务就是最崇高的事业，必须使这种精神转化成学生的自觉行为。[85]从而能完全委身于上帝神圣的事业。

（一）以虔德生命为首要

对赫士而言，为中国教会培养本土教牧人才，培养其"虔诚道德之心""专心于虔诚道德之事"一直是他清晰的构图。[86]上文已提到赫士在编译《司牧良规》过程中，不乏加上自己的思考，同时也为了迎合中国人的胃口，尤其在以孔孟之道为主导的齐鲁大地，将教牧人员在道德上的操守放置在首位。在《司牧良规》第二章开宗明义提出"教牧应有之道德、宜存之虔诚、与接人处世之规则、并如何遵守经训、则效救主、敬事天父、引迷亡之众归入主圈、赖天粱之养而得救耳。"[87]并且直言"虔德为教牧首要"[88]；"教牧所重，首在道德，其次莫要于道学。"[89]"才力可比之机器，学问则数据也，虔德其动力也，如善用之，益莫大焉"[90]赫士将 piety （"敬虔"或"虔德"）以及教牧对心的照看放在至关重要的位置。[91]从这个意义上讲，赫士的这种认识与中国儒家传统教导亦未相左。对学生个体生命的道心灵性的栽培一直贯穿于华北神学院的教育中，甚至不乏修道院的遗风！

---

84 Report of the North China Theological Seminary，1923-1924 年，第 2-4 页。SCP47，724。

85 Records of the Third Triennial Meeting of the Educational Association of China Held at Shanghai，1899 年 5 月 17-20 日，第 61 页。

86 赫士编：《司牧良规》，第 9 页。

87 赫士编：《司牧良规》，第 1 页。

88 赫士编：《司牧良规》，第 8 页。

89 赫士编：《司牧良规》，第 24 页。

90 赫士编：《宣道良规》，于汉清笔述，上海：广学会出版社，1919 年，第 9 页。

91 Thomas Murphy: *The Pastoral Theology*，第 37、39 页。

　　赫士在论到教义神学的概论以及界定部分时将史特朗版本的"与宗教的关系"（Relation to Religion）这一节，翻译成"教义神学与虔德的关系"，显然赫士将史特朗原著中的"宗教"（Religion）表达为"虔德"，[92]直接取其狭义，将"relegere"作为宗教的字根，即"虔德"（亦作"敬虔"，雅1: 26-27），有虔德之人即素所为有道德者也。[93]赫士在论及教义神学与虔德之关系时，认为"道学（即教义神学）与虔德同源而异流，盖道学乃人理心用于论神及神关于万有之道，所发有条有理之总念。虔德则论神与神关于万有之事理，感于个人及社会之功效也。"[94]同时，赫士也指出普遍存在的对虔德的谬解。他指出虔德并非仅仅具备《圣经》知识，而是需要在知识、情感以及意志等方面通力合作方成。他批评"高谈神学，知其精微，而道心竟虚乎"的现象。[95]

　　总之，赫士眼中的教牧人员需要多角度、多层面地进行培养与操练。仅仅凭三分钟热度，感性上的信仰不具有虔德的质量，没有来自对上帝的敬畏，就算不上真正的虔德。赫士同时指出虔德的修炼之法：即"以爱及诚顺服其恩主也……真虔德者须具知情志方可"。[96]赫士还强调内室灵修与书屋对于教牧而言是至关重要的两个地方，也是关照内心和武装大脑之必须。

　　赫士在《司牧良规》中曾指出"教牧之贵"：

　　　　一则设是职者，非他人，乃教会之元首，基督耶稣也……二则膺此职者，非营俗务，上而敬事创造宇宙、养育世人之真神，信仰舍身救世，审判天下之救主；下而败灭撒但之权，恶魔之势，在幽暗世界，预备光明天国，使凡信主者，得见主荣而享永福……此职之尊贵，非同人爵，此职之义务，非属尘世，只承天父之重托，经营天国之要务，是教牧者，以人而得天职，其尊贵盖何如也。[97]

　　华北神学院在培养教牧人才方面，尤其强调培养学生一种沉着、稳健的品格。赫士曾认为许多中国学生在困难面前畏畏缩缩，缺少果断和自信，如此将难以承担起教会牧养的责任。因此，在培养学生的自信、诚信以及对上帝神圣

92　史特朗（Augustus Hopkins Strong）：《系统神学》，萧维元译，香港：浸信会出版社，1958年，原序第12页。史特朗也认为"Religion"的字源是从"relegere"一字而来，原来意义是"敬虔遵守"（对神明的责任）。

93　赫士编译：《教义神学》，第18-19页。

94　赫士编译：《教义神学》，第18-19页。

95　赫士编译：《教义神学》，第19页。

96　赫士编译：《教义神学》，第20页。

97　赫士编：《司牧良规》，第5页。

使命的委身与责任感一直是华北神学院的努力。[98]当然，赫士也真诚道出"教牧之难"，即一难在教牧本身与常人无异，但身肩重职，敬天悯人；二则来自别人对教牧"克己益人之道、悔罪迁善之德"不理解以及嘲讽；三乃是来自灵界魔鬼的搅扰和阻碍；四是做工的果效甚微。[99]因此，赫士强调教牧人才不可缺乏吃苦的心志。可以说，华北神学院根据中国人口大多数是在条件有限的农村现实处境，因此对神学生加强了理论落地的实践培训，甚至将艰苦、朴素当作学生的必修课。后期贾玉铭曾进一步教导学生，不仅按着正意分解真理的道，还当有坚强的心志，具有三不怕的精神：不怕苦、不怕穷、不怕死，[100]并且以追求"跪行窄路"、与天父的亲近，"零距离"的信仰境界为美。[101]张学恭在报告中也提及神学院对灵修生活的重视，华北神学院强调虔敬的生活，每天早上五点半，一个祷告聚会平均有 40 或 50 名学生出席。除了每天确保有个人灵修时间，同时也有自早 8：10 到晚 9：00 轮流祷告的活动。[102]这些无形中塑造了华北神学院学生的灵命成长以及虔德生命的修养。在面对世俗化大潮的强力冲击下，华北神学院在培养学生虔德生命的努力不失为一股难得的清流。

（二）以《圣经》教导为根本

赫士除了强调虔德的重要，亦强调道学的紧要。"教牧所重，首在道德，其次莫要于道学。盖己则不知，何能教人。己则未确，何能坚人之信乎……教牧之学问亦最要也"，[103]也就是对人大脑的装备，尤其是强调科学知识的储备对教牧人员的重要。他始终相信科学的发现是印证上帝的智慧和真实。在赫士眼中，"明通科学可藉以开导人，于人不知有神之据，可引证据示之，使得见神之工作，皈依造化之主，又使之知万物非自然化生，亦非无中生有，乃有创造之主也。"[104]"教牧于科学等书，虽不必求成专家，亦不宜置之弗顾，甘居

---

98 Records of the Third Triennial Meeting of the Educational Association of China Held at Shanghai，1899 年 5 月 17-20 日，第 64 页。

99 赫士编：《司牧良规》，第 5-6 页。

100 朱淑琴：《回忆贾玉铭院长点滴》，《窄路上的背影》，自印材料，第 93 页。

101 王荣光：《我所钦佩的祷告勇士——追忆敬爱的贾玉铭牧师》，《窄路上的背影》，第 99 页。

102 Report of North China Theological Seminary, 1934-1935-H.K. Chang, Vice-president －RG82-26-7.

103 赫士编：《司牧良规》，第 24 页。

104 赫士编：《司牧良规》，第 41-42 页。

人下也。诸科学所论者，皆足显神之作为。顾教牧愈明通科学，愈知神之权能、智慧、慈爱之大。如谓不必务此，则不合经言矣。"[105]赫士鼓励教牧广学科学，但是需要掌握原则，"不可以此致累己心，然务求得其裨益，藉以广兴主道焉。"[106]赫士同样鼓励教牧广泛阅读，不可不阅报，要知道各处圣道之兴衰，并兴衰的原因。赫士认为学习教义神学的资格："一当有习练之心。二当有思悟之才及睿智。三当求知物理、心理、伦理诸科学之大纲。四若或能之，当尽己以学圣经原文。五当有爱神之心。六当有圣灵开导。"[107]

山东长老会在 1919 年潍县会议上，也曾针对齐鲁大学神学院提出"神学院的全体教师在教学上以圣经为信仰的最高准则"。[108]赫士、道雅伯和卜德生在 1924 年曾共同起草一份声明，论及"神学院无条件地批准中华圣经联会的神学立场……毫无保留地相信每个宗派的保守派基督徒所接受的圣经；即全部新旧约的六十六卷书。我们相信，其全部内容均是在圣灵的感动下完成，其中记录的历史是真是的，神迹确曾发生，预言也是确凿的，圣经的教训是信仰和生活独一无二的至高准则"[109]，并且华北神学院董事会成员和所有教职员，每年都必须签署声明认同以上告白。另外，华北神学院的院训主要取自《圣经》经文："你当竭力在神面前得蒙喜悦，作无愧的工人，按着正意分解真理的道。""万军之耶和华，不是倚靠势力，不是倚靠才能，乃是倚靠我的灵方能成就。"[110]实际上，早期宗教改革家一直强调"唯独圣经"（Sola scriptura），后来随着自由主义的兴起，才意识到有必要对圣经观做个清楚的交代。尽管马丁·路德和加尔文并未直接提出"圣经无误"这一观点，但他们均强调《圣经》的绝对权威不容忽略。加尔文的《基督教要义》中曾阐述"我在讨论别的以前，应当首先略为论及圣经的权威，不仅为了叫人尊敬圣经，也为了扫除一切疑惑。圣经既被公认是神的话，除非一个人毫无常识和人性，否则谁都不敢荒唐僭越，以

105 赫士编：《司牧良规》，第 41 页。
106 赫士编：《司牧良规》，第 42 页。
107 赫士编译：《教义神学》，第 32 页。
108 Resolutions Presented by the Chinese Delegates to the Joint Presbyterian Conference at Weihsien, 5 November 1919, PCUSAB, RG82, 20-5, PHS, Philadelphia.
109 North China Theological Seminary, The Printed Materials，第 3-4 页。
110 上海档案馆 U110-039，第 8 页。（校训分别取自《提摩太后书》2：15、《撒迦利亚书》4：6。后来在台北的华北神学院的院训除了包括以上两处经文，又加上了《马可福音》16：15-16 耶稣说：你们往普天下去、传福音给万民听，信而受洗的必然得救。）

致贬损那发言者的信实。"[111]赫士在其《教义神学》一书中也强调：

> 圣经系一灵之工作。一作书者众，始终相距之年代又远，然其全本之意义精神目的则一也。二圣经属德育或宗教之言，其在先者，无一使在后者反对，或废弃，盖皆组成符节之理也。三，圣经各卷，无论早出晚作，皆视当世他书饶有高尚之道德训言，至今犹为世人之先导，凡天下有将来希望之思想家，无不以圣经之训为本焉。四，圣经如此前后一致，非有天然以外之指导者，即无以解其异世而自由之人，如何能如此著作矣。[112]

至于《圣经》的记载，赫士坚持默感的观念。他一再强调默感的超自然特征："一、默感即圣灵之一种感力，非属自然之现象，或人渺茫之设想，乃圣灵在人心中之动作，其感力全属内部，不属外体。二、受默感者所著之书，非自为启示，乃启示者之记录，而启示初未完备，后斯渐入佳境。三、欲悉圣经所载，必须通前彻后合观之，不可寻节摘句断章取义，尤当求启示之灵作解。四、如此解释，则圣经记载其多寡，其教义，皆足成神旨意，令人知基督而得救。"[113]

赫士在《司牧良规》中强调教牧人员"察经"的重要，并且他认为"积日累年，虔德愈增，一生获益多矣。""教牧虽宜参阅他书，培养虔德，究不如圣经为要。""要之，牧师察经，乃为求增虔德，尤宜求示人作经之圣灵，用其意为导引也。"[114]上文已经提及，正因为华北神学院对《圣经》的重视和尊重，让诸多宗派备感安心，他们纷纷送学生到华北神学院深造。[115]

总体而言，以赫士为主导的华北神学院在对待《圣经》问题上坚持"唯独圣经"的原则，同时并不排斥考古学、地质学等探究。赫士本身对《圣经》的解释并未拘泥于字面，而是"从科学中取意"[116]。在对待《创世记》关于"日"的记载，赫士结合地理考据等相关知识，分析"日"字的不同用法，如果只是将"日"字和二十四小时划等号，则大错特错，因为日字屡次用来

---

111 加尔文：《基督教要义》，上册，第一卷第七章第一节，徐庆誉译，香港：基督教文艺出版社，1996 年，第 34 页。

112 赫士编译：《教义神学》，第 114-115 页。

113 赫士编译：《教义神学》，第 127-128 页。

114 赫士编：《司牧良规》，第 17 页。

115 North China Theological Seminary President's Report for 1933-1934-RG82-26-7.

116 赫士编：《宣道良规》，第 45 页。

包括一段时间。[117]当阅读《诗篇》第八篇、三十四节，涉及天文方面时，"可藉天文学以使人愈叹美，神顾念人类之恩"。在解释《诗篇》百三十九篇十四节时，赫士主张引用解剖学以显神之智慧筹划，也可用冶金学理解《玛拉基书》三章三节的信息等等，而对于《圣经》中一些比喻，则不可以强解，更不可"以人言作神命"。[118]

赫士善于应用地质学、天文学等学科为教导《圣经》开阔了视野。只是赫士在其著作中很少处理《圣经》各种不同译本之间的问题，也许是他考虑到中国的神学教育刚刚起步，没必要拔苗助长式探讨学术层面的文本考证。当然，同时期也存在另一种声音，例如影响及塑造圣约翰大学的卜方济，他给乐灵生（E. J. Rawlinson）的信中表达了"必须放弃诸如圣经字字出自神启以及其他形式的无谬误论的站不住脚的立场"。[119]

可以说，在二十世纪二三十年代的中国，面对现代派/新派的思潮，教会所办的学校亦难逃其广泛的影响。根据《通问报》的记载，教会学校"大多数的职教员，都是自命为新派的巢穴，所栽培的一般男女青年，多半成为怀疑圣经者，所谓信仰纯正的学校，真是凤毛麟角……"。[120]因此，在抵抗现代派影响之潮流中，以华北神学院为代表的保守派神学教育，自立院之初就是强调尊重《圣经》的立场，高举尊重《圣经》为最高权威之旗帜不失为一种负责任的明智之举。

---

117 赫士编译：《教义神学》，第143-144页。亦可见赫士编：《宣道良规》，第44页："如日字，有人观创世记一章所载，以此日字仅二十四小时之久，但参圣经他处，使知此字，更有意在，如言耶路撒冷之日，乃指耶路撒冷受罚之时，非仅指二十四小时而言也。""按地质学考究之地壳，第八层石厚数万尺，所存之活物遗迹甚多，且此层方见有鱼，若谓鱼在此段水淤石中能于二十四小时间生长如此其大，死葬如是其速，殊不易信。圣经用此日字，有时不只论二十四小时，五、八、十三节之日字，皆指地面未见太阳之时，其时云气浓厚，环括地球，与今之木土二星相若，所言一日，自非一太阳日也。"赫士编译：《教义神学》，第233页。

118 赫士编：《宣道良规》，第48-49页。"不为预言之题目，不可解作注经者所未知之端，如经中之喻有可用以指儒教者，但不可云，圣经原意是指儒教立言，盖原无其证据也。又如盛行之陋俗，亦勿得言其皆违神命，如裹足之俗，故属不美，设因此革其圣餐则大不宜，果尔，是以人言作神命矣。"

119 卜方济至乐灵生函，1921年6月14日，《圣约翰大学档案》，Q243-118，第55页。转引自徐以骅：《中国基督教神学教育史论》，桂林：广西师范大学出版社，2010年，第33页。

120 《中国笃信福音学生联合会第二届灵修大会》，刊于《通问报》，1935年8月第30号第1651回，第6-7页。

（三）以福音宣道为目的

对于赫士而言，他内心深处对宣道的热情一直是驱动他不断挑战环境的动力。他多次在书信中表达他渴望回到直接宣道工作的迫切需要。[121]因此，赫士在华北神学院期间一直秉持"宣道宗旨故为救人以荣神"[122]。

1922 年成立的中华全国基督教协进会，美国的美南与美北长老会、美南浸信会、美国信义会和门诺会等差会以及教会代表在华北神学院召开了中华基督教联合会大会，联合会则强调福音布道、传讲上帝的话语以及研习《圣经》在所有布道事工中应具首位。而当时出现的将宝贵的人力资源从直接布道事工撤出，从而导致机构化的现象显然是不明智的。[123]当时教会迫切呼声，认为基督徒至少有两大责任：（一）对外宣传福音；（二）对内保守福音。[124]华北神学院对学生的培训基本上响应了这一呼声，对内夯实《圣经》根基，对外热情宣道。

华北神学院在福音宣道的方式方法上作出了不少有意义的探索。华北神学院师生每个周日对周边农村和城市教会的牧养和照顾。学生通常自发组成诸多福音布道队，每一个布道团队中约有五六个成员，负责两三个村庄。在强调直接布道的同时，也与社会保持一定的互动，开展了以宣道为主导的社关服事。例如探访监狱，探访麻风病院等。经过师生的探访，狱中囚犯深得安慰。"这些人悔改信主，充满快乐，被释放回家，常为主作证，述说神在他们身上所行的奇事。"[125]

可以说，华北神学院在当时除了承担着以《圣经》为基础，为中国教会培养传道人的使命，还参与了一些社关服务事工，在关怀弱势群体等方面取得了一定的成绩。只是因华北神学院贯彻始终的教育理念就是直接布道高于一切。因此，参与社会服务及慈善事工只能算是布道事工中工具性、辅助性的存在。

---

121 June 9, 1901, Hayes "His relation to the College -Ask that his resignation be held up- mission urging this-had desire to go back to evangelistic work" Film Ms11, Vols. 113- 31, YDS.

122 赫士编：《宣道良规》，第 3 页。

123 A Challenge to Faith by Leaders in the League of Christian Churches, The China Fundamentalist，1930 年 4-6 月，第 8 页。

124 《中国笃信福音学生联合会第二届灵修大会》，刊于《通问报》，1935 年 8 月第 30 号第 1651 回，第 6-7 页。中国笃信福音学生联合会第二届灵修大会，王载、赵君影、丁蓝田、道雅伯、于子懿主讲。

125 张学恭（副院长）：《华北神学院一九三四至一九三五周年报告》，刊于《通问报》，1935 年 4 月第 20 号，第 10 页。

小结

赫士对信仰的执著与坚守是他整个生命的主色调。他的绅士风度、记忆力超群而又意志坚定的谦谦君子形象跃然纸上。他在华的六十二年，醉心教育事业，鞠躬尽瘁。史苪忱（Charles Ernest Scott，1876-1961 年）[126]曾在一篇纪念文章中以"一位宣教士、老师、作家、学者"以及"多才多艺的老师"来总结赫士的工作。[127]赫士花费大半生的时间在探索向中国人宣讲福音合宜的途径，他的热情执著以及深厚的信仰毋庸置疑。他也一直以自身承载的信仰传统为新酒，从未停止过寻求相应的新瓶，尽管在他看来"儒教的旧瓶不能有效地用来装基督教的新酒"[128]。在与中国儒家传统文化对话的过程中，赫士潜移默化地吸收了儒家文化的要素，为神学教育本土化进程贡献力量。特别是他在年近退休之时，聆听自己内心的声音创办华北神学院，作为赫士的"便雅悯"——老来得子，赫士倾注了所有的心血，也被认为是对中国教会最伟大的工作。[129]他根据以往的经验以及对中国现实处境的把握，开展的神学教育不失为一种务实、朴素的尝试。在赫士眼中，神学教育目标不是培养高高在上的人群，而是让学生在鲜活的世界中得到过硬的实践操练和本领。对赫士而言，最满意的不是公认的学术成就，而是依据基督精神塑造了很多生命得以更新的学生。华北神学院的毕业生吃苦耐劳，勇于委身教会的精神成了中国教会神学教育事工中的一个典范。

遗憾的是赫士自身的履历中，随着教育工作的逐渐收窄，与中国公立教育疏离，甚至淡出主流教育的舞台，也失去了更宽阔的影响力。他不止一次另起炉灶，其在他人眼中"自毁仕途"之举，让欣赏他的人无不扼腕痛惜。尽管他不是刻意追求分离，但他每一次人生拐点，总会有一些记忆被悄悄抹去；每一次分道扬镳总会有一些功绩被遗忘。当然，这也与赫士本身非攻击型性格、淡泊名利不无关系，也是他秉承道不同不相为谋的人生态度使然。不容否认，赫士是委身于中国神学教育的牧者型教育家，也是一位执着寻找能装下基督教"新酒"容器的探索者。

---

126 学院美国理事会执行秘书，是 1950 年代理事会的重要成员。参见赵曰北：《历史光影中的华北神学院》，第 55 页。

127 Charles Ernest Scott, D.D.: A Great Missionary's Fifty Years in China, *The Sunday School Times*，1933 年 6 月 10 日，第 388 页。

128 W. M. Hayes: Theological College, Record of American Presbyterian Mission in Shantung Province, China，1861-1913 年，第 90 页。

129 In Memorian Rev. Watson McMillen Hayes, D.D.LL.D, 1857-1944, Board of Directors, North China Theological Seminary. W. M. Hayes Biographical file, PHS, Phila..

Watson M. Hayes and the Indigenization of the Theological Education in China [1]

Alisa Ai Xia He [2]

Introduction

Shantung Province has been well-known as the birth-place of the great Confucius and his distinguished pupil, Mencius. In the nineteenth century, in the eyes of most missionaries, Shantung (Shandong) was the "Keystone Province of China" (Scott, 1933, pp.388-89). It was one of the key mission fields of the Northern Presbyterian Church, and the Shantung Mission became the largest and perhaps the most successful mission of the Presbyterian Church in China (Yao, 2003, p.140). Watson McMillan Hayes (1857-1944), a Northern American Presbyterian missionary, spent 62 years participating in the Chinese educational system. He especially devoted his life to focusing on the theological education in Shantung Province. He founded the North China Theological Seminary (NCTS) in 1919, separating it from Cheeloo University as a result of the theological controversy rooted between Fundamentalists and Liberals in the USA. Since then, NCTS grew from 18 students to more than 200 by the 1930's. It became one of the biggest seminaries in North China. The development of the NCTS cannot be understood

---

1 Published at *Christian Mind in the Emerging World: Faith Integration in Asian Contexts and Global Perspectives* (Cambridge Scholars Publishing, 2018).

2 Alisa He is a Lecturer at Shandong Theological Seminary, People's Republic of China since 2004, and presently working for the a Doctor of Theology at Hong Kong Lutheran Theological Seminary, HKSAR.

apart from the leadership of Hayes, the founding president of the seminary. NCTS was identified as the strong base of Fundamentalists in China. Among its staff, the most well-known ones included Watson Hayes, Albert Dodd（道雅伯）, Martin Hopkins（何赓诗）, Jia Yüming（Chia Yü-ming, 贾玉铭）an indigenized theologian, and Ding Limei（丁立美）, an evangelist and a revivalist. Among its graduates, the well-known ones include Yang Shao-tang（杨绍唐）, an evangelist, and Su Zuoyang（苏佐扬）, an overseas evangelist. Despite its obvious importance, incompatibly scanty research has been done on the seminary. NCTS has been mentioned by scholars in various books and articles on Chinese Church history, but regretfully very few serious studies have been done, except by Kevin Yao（姚西伊 Yao, 2003）, Zhao Yuebei（赵曰北 Zhao, 2017）and A. Donald Macleod（MacLeod, 2014）. One of the reasons may be its fundamentalist orientation as a seminary; other reasons could well be the lack of archival materials in China, or perhaps the fact that Hayes had always kept a low profile.

Kevin Yao's research has not been inclusive enough to cover Hayes' contemporaries, John Livingstone Nevius（倪维斯，1829-1893）and Calvin Wilson Mateer（狄考文，1836-1908）, who were influential on his educational thinking. On the other hand, Zhao Yuebei studied mainly the history of NCTS as an institution and had little to say about its educational mission and significance; whereas A. Donald MacLeod was simply trying to clarify three frequent misconceptions, namely:（1）that it was a "fundamentalist" school adhering to classic Reformed theology, but it was no more fundamentalist than either Warfield（the President's mentor）or Machen;（2）that the seminary came into being from the initiative taken by the students as well as the Shandong Presbyterians, and was not the result of divisive action by foreigners who split the Cheeloo theological faculty with their schismatic politicking; and（3）that NCTS expanded the curriculum, added a further year of study, and insisted on high academic standards for its graduates rather than being a low-quality institution which accepted anyone and was not intellectually reputable.（Macleod, A. Donald, 2014, pp.59-71）. Rather than repeating research of the above scholars here, I would like to move a step further and attempt to explore the global and local dialectics within NCTS. As a native of Shantung and a lecturer in today's Shandong Theological Seminary, it is my responsibility and commitment to attempt serious research on the topic. I am fortunate to have visited several important libraries and archives,[3] and have collected some important materials in this regard.

In this paper, I would like to explore how Hayes had helped the Seminary through the most difficult wartime years in China in the first half of the twentieth century to become an indigenized "unique institution"（Yao, 2003, p.139）, especially how Hayes had managed to develop it into the most influential conservative theological educational institution in China.

一、Life of Watson Hayes

Watson Hayes was born at Greenfield in Mercer County, USA on November 23, 1857. He studied at Western Seminary, Pittsburgh in 1879, when the well-known scholar Benjamin Breckinridge Warfield was teaching there. According to Macleod, "His three years with Warfield had a tremendous impact on him: he was steeped in the Westminster subordinated standards and was strongly Old School Presbyterian"（Macleod, 2014, p.61）. In the early spring of 1882 his classmate & fiancée Sarah died of pneumonia. As his grand-daughter recalled, "At the seminary he found his greatest joy and his greatest sorrow, and he never recovered from his loss"（Hollister, 2010, p.279）. It was fortunate that Watson Hayes could then meet Margaret Young who was to be an important person in his life（Hollister, 2010, p.281）. They were married shortly afterwards and on September 28, 1882 under the support of the Presbyterian Board, they immediately sailed for China. With his young missionary wife, he finally landed in Tengchow（now Penglai）, Shantung Province on November 3, 1882, where they would spend 62 fruitful years together in mission work. He wrote more than 30 textbooks, many of which are

---

3　Most of the firsthand information is stored in U.S.A. Besides several places on the Mainland such as Shandong（Shantung）Archive, Tengzhou Archive, Shanghai Library and Archive, and the library of East China Theological Seminary, other resources are found at Hong Kong Baptist University Special Collection, the library of The Chinese University of Hong Kong, the Yale Divinity School Library in Connecticut U.S.A, the Presbyterian Historical Society in Philadelphia, the Harvard-Yenching Institute, the Library of Congress in Washington D.C.; Chung Yuan Christian University in Taoyuan, Taiwan and the North China Theological Seminary in Taipei.

still used all over China[4]（Patterson Papers, ACC 129970, PHS, 1944）. They had three children: John, Agnes Irene, and Ernest（Hollister, 2010, p. 286）.

Before Hayes came to Shantung, there had been several missionaries serving there, for example, John Livingstone Nevius and Calvin Wilson Mateer（Hyatt, Jr., 1976, p.183）. They were forerunners, who brought the Christian gospel through education. For Nevius, "establishment of a theological school in China, for the training of native Christians for the sacred ministry, is a measure eminently practicable and desirable, and one which in the course of time will be productive of incalculable good to the cause of missions."（Nevius, H.S. Coan. 1895, p.237-238）. As a missionary in China, Nevius took up Venn-Anderson's "self-propagation, self-government, and self-supporting" principles.（Weber, 2000, p. 350）. He placed a strong emphasis upon the training of his converts to carry on their own Christian work, using their own resources. He re-thought about the methods of the Three-Self of the Western missionaries of his time, called for the discarding of old-style missions, and adopted the plan to foster a self-governing, self-supporting and self-propagating Christianity. The missionary principles adopted by Nevius later became known as the "Nevius Plan"（Ung Kyu Pak, 2005, p. 96）.

The Nevius Plan could be outlined as follows:

1. Christians should continue to live in their neighborhoods and pursue their occupations, being self-supporting and witnessing to their co-workers and neighbors.

2. Missions should only develop programs and institutions that the national church desired and could support.

3. The national churches should call out and support their own pastors.

4. Churches should be built in the native style with money and materials given by the church members.

5. Intensive biblical and doctrinal instruction should be provided for church leaders every year.（Nevius, H.S.C., 1895, p. 230）.

---

4 B.C. Patterson, "Dr. W.M.Hayes Reported Dead In Jap Custody" The Mercer Dispatch and Republican,（vol.55, No.48, February 4,1944）p.1-4. See, PHS ACC 129970 B.C. Patterson Papers.

Though the plan did not come to fruition immediately, Nevius, as the pioneer, had pointed out the new way to build an indigenized church and local theological education. Yet it seems that Hayes was the one who adopted this plan and made a great achievement.

Another important person who influenced Hayes deeply was Calvin Mateer. Hayes was Calvin Mateer's both left and right hand. Not only that, Mateer, as a senior missionary educator and founder of the Tengchow College, came to regard Hayes as his close and trusted successor. During the Tengchow College period （1882-1901）, Mateer upheld three educational principles that Hayes shared: Missionary education should be in the Chinese language, should be thorough and efficient, and should be Christian. (Hollister, 2010, p. 282.) Mateer, did not propose establishing a charity school. The students must be for the most part self-supporting. He would not teach in English, because he thought he would be soon overwhelmed with Chinese young men seeking to qualify themselves for service together with foreigners who were already coming in considerable numbers to the coastal cities. He thought that his young men must be educated for the service of their own people. （Chalfant, G.W., 1908, PHS RG360 Calvin Mateer）

In a sense, Hayes followed these principles all his life. Hayes was gifted in language learning. Under Mateer's direction, Hayes quickly became proficient in both the Chinese language and its culture. Moreover, Hayes had a very clear and quick mind and was an untiring scholar.

As a helper and collaborator of Mateer, Hayes helped Mateer to produce lots of scientific equipment needed in the school's laboratories, which was very important for the students to understand the physical world （Hollister, 2010, p. 283）. Soon, Hayes was teaching astronomy, geology, physics and mathematics at the college. In this period, Hayes translated and wrote some scientific and theological textbooks in Chinese. He did become a new strength to the faculty and became Tengchow College president in 1895.

Hayes was also gifted in other things. He edited the first local Chinese newspaper - Shantung Times （Shih Pao） and also established in Shantung the first post office outside the treaty ports. The post office was to facilitate the delivery of publications. The missionaries attending the Conference on October 22, 1898 expressed their high appreciation of Hayes was also gifted in other things. He edited the first local Chinese newspaper - Shantung Times（Shih Pao）and established in Shantung the first post office outside the treaty ports. The post office was to facilitate the delivery of his publications. The missionaries attending the Conference on October 22, 1898 expressed their high appreciation of Hayes 'efforts to enlighten the Chinese Christians through the newspaper and commended the paper as a medium of useful information（Records of the Second Shantung Missionary Conference at Wei-Hien, 1898, 1899, p. 5）. In a word, Robert Mateer, brother of Calvin Mateer, mentioned Hayes 'work and gave him high praise: "He（Hayes）is a theological seminary in himself"[5]（Mateer, R. M., 1904, Film 11 Reel C, in YDS）, "The college was most fortunate in the efficient and valuable service of Dr. and Mrs. Hayes, who for eighteen years were connected with it, Dr. Hayes served as its distinguished president for the last six years of that time"（Mateer, R.M., 1912, p. 56）.

二、Establishment of the Chinese Provincial University of Shantung （1901-1903）

Yuan Shikai（Yuan Shih-Kai，袁世凯）was the first president of the new Republic of China, and before that he was the governor of Shantung when Hayes was active there. In 1901, the year after the Boxer Rebellion, "Yuan Shikai and all the greatest officials of the past quarter of the last century, found that the old system of education was not good enough for them……They have adopted instead the very system that was brought to China by the missionaries, being taught to the people by the missionaries"（Isaac T. Headland, I.T., 1912, p.116）. In 1901 the Government of the Qing Dynasty ordered every province to start a university on Western lines. Yuan Shikai, as the governor of the province, was an ambitious man aware of Empress Dowager's interest in education. Since Hayes was revered in Shantung Province, Yuan Shikai invited him to open at Tsinan（Jinan）a Chinese Provincial University emphasizing Western learning. Hayes accepted the invitation and arrived in Tsinan in July 1901 with six Chinese Christian teachers. The Provincial University

---

5　The Letter of Mateer, R.M. Weihsien in Jan.11, 1904, Film 11 Reel C, YDS.

started operation in the following November. As a scholar, Hayes produced a curriculum that included the western sciences. He also offered the revision of the imperial educational system. Hayes made a requirement that the Christian Sunday should be observed as a rest day. This decision has had a great influence on the social life of the nation until today, since "it may not be generally known that it was through his influence that Sunday was made a holiday in the Chinese government schools"[6] （1944, Patterson Papers, ACC 129970, PHS）.

But in December Governor Yuan was promoted to the position of Viceroy of Chihli （Hopei）, and then difficulties began for the Christian students. The Chinese Director of the University required all students to participate in the ceremonies before the Confucian tablet. "The Chinese professors shall, on the first and fifteenth of each month, conduct their classes in reverential sacrifice to the most Holy Teacher Confucius, and to all the former worthies and scholars of the provinces" （Hayes, W.M., 1902, MS11 YDS）. One Christian student refused to participate because he considered the ceremony idolatrous. Then he was expelled. Soon Hayes and Yuan Shikai split. Hayes wrote an article to the editor of the "North-China Daily News" as a response, saying that such a requirement was in contradiction to the Christian position.

There is no place for the earnest man, professing Christian or not, in such schools at present. For Christian men there is the additional reason that they should not assist in what is antagonistic to Christianity······the present rigid requirements with regard to the Confucian worship will not only prevent Christians from attending it, but will become a strong reason against accepting Christianity among all who wish their sons educated in these Government schools （Hayes. W.M, 1903, p. 487）.

So Hayes and his Christian professors then resigned. He left Tsinan in 1903. He went to Chefoo to help with the Presbyterian theological class being conducted there.

---

6 B.C. Patterson, "Dr. W.M.Hayes Reported Dead In Jap Custody", The Mercer Dispatch and Republican, （vol.55, No.48, February 4,1944）p.1-4. See, PHS ACC 129970 B.C. Patterson Papers.

三、Promotion of Chinese Theological Education with Support from the Chinese Churches（1904-1944）

By the early decades of the twentieth century, the Chinese Presbyterian churches in Shandong had become quite strong, independent, and theologically conservative. The Chinese Christians took a special interest in the theological school as the institution was responsible for training their ministers. After leaving the Government service, Hayes was called by his Mission to take up theological teaching. As a new teacher, he would add new strength to their faculty. He accepted the appointment as Professor of the Theological College in Tsingchoufu, which was part of a scheme for a Protestant University in progress at that time for this province. His work in the preparation of some excellent Chinese textbooks and his interest in general educational work brought him to a well- deserved prominence.

After his second furlough, the theological part of the College at Weihsien was combined with that of the English Baptists at Tsingchoufu, where Hayes remained from 1904 till 1917. In 1917 the Theological Seminary was transferred from Tsingchoufu to Tsinan(Jinan), becoming the Theological Department of the Cheeloo University（Shandong Christian University）. However, Hayes taught just two years there because he was getting involved in the controversy between Fundamentalists and Liberals. He then was forced to leave. But like always, his aspirations in theological education never left him. He then sought to set up what was to become the NCTS. Meanwhile， the voice of Chinese churches was ignored by the governing body of Cheeloo University（Shandong Christian University）and they also became dissatisfied with the theological school of this University. As early as November 1919, Tsinan Chinese Presbytery had pointed out the reasons for withdrawal as follows:

I. The internal conditions of the University have been such that it hindered the growth of our theological students in Christian grace and spiritual knowledge;

II. The nature of much of the instruction by the associated Missions has not been satisfactory.

III. Under the present reorganization it is still less possible to guard our students from erroneous teaching, because other Missions favoring radical/liberal teaching are to be admitted to the Union, and with power to appoint professors and share in the control（Resolutions, 1919, pp. 20-28）.

Owing to the controversy between Fundamentalists and Liberals in the USA, the Chinese Presbyterian churches in Shandong Province supported the establishment of a new seminary independent of Cheeloo in 1919 at Weihsien. The Tsinan Presbytery resolved that the Chinese Presbyterian Church must establish in Shantung its own "Bible honoring" seminary and invited Watson Hayes and Albert Dodd of the Northern Presbyterian mission as professors（Resolutions, 1919, pp. 20-28）. This invitation coincided with Hayes 'pursuit and provided a very good chance for Hayes to have it realized. This new Seminary is the North China Theological Seminary.

Not surprisingly Hayes helped shape the ethos of NCTS. It was rooted solidly in the principle of the infallible authority of the Bible as a counter-attack against the modernist tide. Soon students from elsewhere flocked into the seminary. In autumn 1922, NCTS moved to Teng Hsien, nearer to the Southern Presbyterian Mission constituency. In a statement written by Hayes, Dodd, and B.C. Patterson in 1924, it was declared in detail that "The Seminary approves unconditionally of the theological position taken by the Bible Union of China," "teaching the fundamental and saving truths of the Bible-such as the Deity of our Lord and Savior Jesus Christ, His Virgin Birth, His Atoning Sacrifice for Sin, and His Bodily Resurrection from the Dead, the Miracles of both the Old and New Testaments, the Personality and Work of the Holy Spirit, the New Birth of the Individual and the necessity of this as a prerequisite to Christian Social Service"（North China Theological Seminary Tenghsien, Shantung, 1924, RG 82, 26-7）. Such being the theological position of the school, it began to draw students from a wide area. For example, there were nine provinces, not including Korea, and nine different missions and denominations being represented during 1923 in the student body.（North China Theological Seminary Tenghsien, Shantung, 1924, RG 82, 26-7）The attendance in 1923 doubled that of

1922, and there was a large increase in August 1924. From 1919-1933, 204 men and 62 women graduated from NCTS and the Women's Bible Seminary, going on to serve in churches across the country. One of the faculties wrote,

When we contemplate the marvelous growth, in the brief period of less than a decade, we cannot but feel that this institution is a house of the Lord's own building… when asked the reason why so many of his countrymen were turning to his school, one of the Chinese leaders replied, "The school is strictly conservative in its teaching, is under the control of the Chinese Church, and has a goodly number of Chinese on its faculty. While these reasons have weight, we trust that the main underlying factor is that in instruction, spirit, and organization the Seminary meets with divine approval" (Scott, C.E., 1933, pp. 388-389).

In 1937 Chang Hsueh-kang（张学恭）became Watson Hayes 'successor as the first Chinese president of NCTS. Later in the wartime during 1937-1952, it had to be moved to Xuzhou（徐州）and Wuxi（无锡）, before it was finally merged into Nanjing（南京）Jin Ling Union Theological Seminary. During the turbulent wartime when Japan was invading China, Hayes and his wife Margaret were led out of their home in March 1943 and taken to Weixian by the Japanese who had turned the former American Presbyterian Mission compound there into a concentration camp. Because of no insulin available for his diabetes, Hayes died on August 2, 1944 and was buried there. A memorial gravestone of his was erected at Unity Church, Mercer County in the United States.

It is important for us to think about what had motivated Hayes to travel such a distance to China, leaving home and community behind. In a memoir about his father, John Watson Hayes wrote that "his prime （and sole?） reason for going to the foreign field was the burden of preaching the Gospel to those who had no opportunity of hearing it. NCTS was Hayes 'Benjamin, the child of his old age, dearly beloved, and considered by him as his greatest work for the church in China" （"In Memorial of Hayes,1944, PHS W.M. Hayes Biographical file）. He was already sixty-two years old when he felt led to organize the seminary. From the very beginning of NCTS, Hayes had been the dominant figure in its running. He not only taught theology and raised funds, but almost single-handedly ran the administration of the school. Especially, he insisted on the "three-self principle" in theological education. The three-self principles have been widely advocated by China Christian Council and Church of Christ in China as the basis for indigenous Chinese church since the 1930s. And NCTS accepted the three-self principles as the best yardstick for indigenization of Chinese Theological Seminaries.

四、Indigenization of Theological Education

From the beginning of the establishing of NCTS, Hays targeted the training of Chinese pastors and ministers for Chinese churches in the context of theological education in China. He encouraged the Chinese churches to take the responsibility to develop theological education. Anderson and Venn produced the classic "three-self" formula for the indigenous church -- self-supporting, self-governing, and self-propagating, which came to be known or referred to as the "indigenous church" concept. According to this theory, young churches on the mission field would gain their independence on the basis of these three principles: self-propagation, self-support, and self-government (Van Rheenen, 1996, p. 182). As a Presbyterian missionary in China, John Nevius had put it into practice in Shantung province by incorporating systematic Bible study with economic independence, which offered a good inspiration for Hayes. As mentioned before, Nevius proposed to establish a theological school, which to him was quite important for the training of natives for the ministry. He listed many reasons:

First, with reference to a theological school. I believe it is generally admitted that the main work of preaching the gospel in China must eventually be performed by natives……, A still greater hindrance exists in the foreigner's comparative ignorance of native ideas, customs, and habits of thought, to become acquainted with which requires long years of familiar intercourse with the people. A native, knowing these things intuitively, is on this account better fitted to approach his own people, combat their errors, detect the undercurrent of their thoughts, understand and sympathize with them in their trials, and solve their doubts. China is a nation by itself, and has few things in common with the Western world, so that the difficulty which exists here of adapting one's self to the people for whom he labors can only be fully appreciated by one who has made the attempt. The difference of race is at first a great barrier, and produces a feeling of distance and reserve. A foreigner is a mystery to the great mass of the Chinese. They treat him with outward politeness, and generally assent to most that he says, while their minds are full of doubts and suspicions. A native presents the gospel to his own people without any such bar of separation, and openness and frankness in a great measure take the place of suspicious reserve under the false guise of politeness（Nevius, H.S.C., 1895, pp. 231-33）.

Many foreign missionaries and Chinese Christian leaders had spoken of this three-self goal since the mid-nineteenth century. Facing the need of the three hundred million people of China, Hayes also realized that Christian nations could never finish this great task; it is only from the Chinese that this large demand for laborers can be supplied; and they are best fitted to speak to their own countrymen, in their own language, of the wonderful works of God.

Self-Support

A very significant feature of NCTS was her persistent policy of maintaining Chinese control or governing of the seminary and strengthening the ability of self-support of the Chinese churches. After the May Fourth Movement（or New Culture Movement）, a secular movement in the newly established Chinese Republic, the most important feature in the Chinese Protestant churches was the growth of the spirit of independence. Though the term "independence" did not amount to much autonomy for Chinese Christians, it did give them considerably more participation in the developing of a Chinese church, such as in supporting a theological school and training of church workers.

On the other side of the Pacific Ocean, the Great Depression in America adversely affected NCTS in the early 1930's. Pearl Buck, daughter of an American Presbyterian Mission in South China and the author of The Good Earth（1931）, profoundly affected NCTS with her speech in（1932）, "Is There a Case for Foreign Missions?" in which she expressed a negative attitude to the necessity of foreign missions.（MacLeod, D., 2014, pp. 59-71）. Hayes pointedly raised the question, "The gingerly way in which Mrs. Buck was dealt with has evidently bred misgivings.

Was there any definite basis for the puff regarding 'the service she has rendered during these past sixteen years'?" Finally, the publication in 1932 of Re-Thinking Missions: A Laymen's Inquiry after One Hundred Years released a storm on the Presbyterian Board of Foreign Missions and its leaders. Hayes had to strengthen relationship with the Chinese church in order to gain much more support.

In Hayes 'eyes, NCTS should not change the purpose of serving the indigenous church with the support from indigenous churches. Hayes often encouraged the Chinese churches to take on significant financial responsibility, though he also had several generous donors from the United States. Desiring that the student body be self-supporting, Hayes kept the seminary expenses low. The Board in America became upset when some of the home churches began sending support directly to Hayes instead of to the Mission Board. Hayes felt it was like the Board was trying to crush the conservative seminary throughout these struggles, but he never made any public statement disagreeing with the Mission Board. While engaging himself in these arguments through private correspondence, Hayes kept the balance very carefully between the Northern Presbyterian Mission Board and the Chinese Church. He was therefore highly esteemed by many Chinese.

Self-governance

Hayes was intent on strengthening the indigenous church in China. He understood the desire of the Chinese churches for more self-governance, and maintained that the seminary should be under the control of the Chinese church, especially as the Chinese were the ones who had taken the initiative to break away from Shandong Christian University.

A very significant feature of NCTS was that it was under the control of the Chinese Presbyterian churches, which was being extended beyond the Shandong Presbyteries. The Southern Presbyterian North Kiangsu Mission and the Chinese Christian Church（Independent）became partners in the new seminary. The Board of Directors was also elected by the Chinese churches, and most of the board members were Chinese Christians.

Chinese Christians also played significant roles in the teaching at NCTS. Just as the preface of "Expository Life of Christ" mentioned, Hayes focused on the "the need of the Chinese pastor as a student of the Word and a teacher of the native church" (Hayes, W.M. 1911, preface). A statement in 1924 by NCTS declared that "the Hwa Bei (North China) Theological Seminary is in a peculiar sense the school of the Chinese church" (Hayes, North China Theological Seminary, 1924, RG82, 26-7). For most of the years, at least half of an average of seven to eight full-time faculty members were Chinese. Among all the Chinese faculty members, Ding Li-mei (Ting Li Mei) and Jia Yu-ming were most prominent. Less well known than Ding and Jia was Zhang Xue-gong (H. K. Chang), who was appointed as co-president with Hayes in 1937, when Hayes began to transfer the leadership of NCTS to the Chinese Christians.

Self-Propagation

The first theological class in the early 1870's was composed of a number of middle-aged men who had only some Chinese education. The experiment to Hayes was a failure. Some of them made good evangelists, but could not preach, or just produced indifferent pastoral works. For Hayes, the Confucian or Chinese traditional learning these men had acquired was like an old bottle, and Christianity was the new wine. In his eyes, old Confucian bottles did not make effective transmitting agencies for the new wine of Christianity (Hayes, W.M., 1914, pp. 52-100). He thought, "If it was our aim to give a thorough training in the doctrines of Confucius, much like the Presbyterians in the former days had committed the Westminster Catechism so as to fill the mind with its truth, or if our aim was to make the pupils master of a good classical style, then the present system is probably the best" (Hayes, W.M., 1895). Apparently, that was not his purpose. Hayes made efforts to replace the authority of the sages. The letter to Swarthmore Church from Hayes expressed that he "hoped to replace the authority of the sages by that of the God-man" (Yao, 2003, p. 149).

However, the magnitude of the challenge Hayes was sure to encounter was not hard to imagine. The people he chose to deal with were not only of an entirely different race, but with an ancient civilization and a proud heritage with long-established customs and organized forms of society. He also found there was in China long-established and powerful religions, which held the allegiance of vast multitudes. They were on the whole a homogeneous culture based upon the cult of Confucius, which especially in its practice of Ancestor Worship, conflicted with the Catholic Christianity. This is also popularly known as the "Rites Controversy" of the seventeenth century.[7]

In general, Hayes liked to share the Gospel with Chinese people on the basis of denying both Confucius 'position in the Chinese traditional culture and the veneration of ancestors. But the result was that tension arose among some outstanding students of Hayes 'like Jia Yu-ming, an indigenized theologian, Ding Li-mei, a revivalist, Yang Shao-tang and Su Zuo-yang as evangelists.

His denial of Confucius 'teaching and his aim to replace Confucius as the Chinese sage implied that he did not regard the value of Chinese culture in relation to Christianity. Thus with respect to self-propagating the gospel, Hayes did not have much to contribute.

Conclusion

Hayes was the key person in shaping NCTS into the model of a conservative seminary. He struggled with the central issue throughout his whole life: How to train native pastoral workers who can present Christ to the Chinese. He understood the Chinese churches 'needs for good theological education. It was his wish to live with the seminary to which he had devoted himself so unreservedly for so many years. It is his persistent policy of maintaining Chinese control or governing of the seminary

---

7 The Chinese Rites controversy was a dispute among Roman Catholic missionaries over the religiosity of Confucianism and Chinese rituals during the 17th and 18th centuries. The debate focused on whether Chinese ritual practices of honoring family ancestors and other formal Confucian and Chinese imperial rites qualified as religious rites and were thus incompatible with Catholic belief. The Jesuits argued that these Chinese rites were secular rituals that were compatible with Christianity, within certain limits, and should thus be tolerated. The Dominicans and Franciscans, however, disagreed and reported the issue to Rome. There were three main points of contention:a.Determination of the Chinese word for "God", which was generally accepted as 天主 Tian Zhu (Lord of Heaven), while Jesuits were willing to allow Chinese Christians to use 天 Tian (Heaven) or 上帝 Shangdi (Lord Above Supreme Emperor).b.Prohibition of Christians from participating in seasonal rites for Confucius.c.Prohibition of Christians from using of tablets with the forbidden inscription "site of the soul", and from following the Chinese rites for the ancestor worship.See reference from: https://en.wikipedia.org/wiki/Chinese_Rites_ controversy 2018.5.17.

and strengthening the ability of self-support of the Chinese churches. From the time of the founding of the North China Theological Seminary in 1919 until the time of his death in 1944, Hayes devoted all his great abilities accumulated from his past experiences to the growth of his "Benjamin" (late-life child). The result is that NCTS became a notable theological seminary in China, and educated a great number of well-trained pastors and preachers. Hayes was an unusually fine educator and an indefatigable worker up to the time of his death. His influence also made him well-known in America. His name was listed in Who's Who 1924 in America. He never advertised his own name, yet his reputation had spread widely. Through all of his students and books, "he being dead yet speaketh" ("In Memorial of Hayes", 1944 Biographical Record of W.M. Hayes, PHS).

Regretfully, though Hayes accepted the three-self principles as the best yardstick for the indigenization of Chinese theological seminaries, and he had the quality of a Confucian sage, he kept firmly his fundamentalist orientation and rejected the integration of Confucian thought with Christian faith. With all due respect, Hayes 'negative attitude towards Chinese culture in general and towards Confucius in particular restricted his contribution to self-propagation of the Gospel in China. Actually, Hayes 'thinking was fraught with unresolved contradictions which he had inherited from America. Hence, a paradox which Hayes and his contemporary missionaries could not overcome.

Alongside all other form of Christian institutions, Chinese Theological education has come to a critical point today. It is impossible to foretell what the new age will bring about or how one could plan effectively for it at present. It would be time for us to re-think the past in an effort to seek any guidance for the future. It is hoped that this research could provide some insights for any further discussions on the following issues:

1）How could theological education be successfully transferred from its being influenced by the West to one with local, Chinese characteristics;

2）What should a Chinese theological education leader be like; and

3）What should be relationships between theological education and Chinese culture, and how could any channels be built between them?

References
Archives

1. Andover-Harvard Theological Library: bMS1003

2. Library of Congress（LC,Washington D.C）

3. Hayes, Hollister, and Kelman Families Papers, Manuscript Division, MSS85747

Presbyterian Historical Society（PHS, Philadelphia, Pennsylvania）

1. A.B. Dodd Papers

2. Brown Craig Patterson Papers

3. Charles E. Scott family SPP 31, 050688

4. Hayes family Papers SPP 9, 94-0623

5. Hopkins, Martin Papers RG360

6. Macleod Alexander Papers SPP33, RG360

7. MacInnis, John M. Papers.（1902-1940）RG 266

8. Mateer, Calvin Papers RG360

9. Missionary Correspondence Collection, China, 1929-1952

10. Minutes of the Executive Committee of Foreign Missions of the PCUS. Vols. 9-30. 1914-1936

11. North China Theological Seminary, President's Reports. 1922-1934 RG82.

12. Presbyterian Church in the U.S.A. Board of Foreign Missions, Secretaries' Files. China Missions. RG82. RG266

Princeton Theological Seminary（PTS）

1. Annual Report of Tenghsien Station, American Presbyterian Mission Shantung, China. SCP10, 164

2. Christian's Decision Hour in China SCP11, 942

Shandong（Shantung）Archive
Cheeloo University File

1. Yale Divinity School（YDS- New Heaven, Conneticut, Day Mission Library）

2. Miner Searle Bates Papers.

3. American Board of Commissioners for Foreign Missions（ABCFM）. China, Records, c. 1816-1967

4. Charles E. Scott family RG82

5. Conference Records 1877 - Records of the General Conference of the Protestant Missionaries of China, held at Shanghai, May 10-24, 1877（Shanghai,1878）.

6. Conference Records 1890, Records of the General Conference of the Protestant Missionaries of China, held at Shanghai, May 7-20, 1890（Shanghai, 1890）.

7. Conference Records 1907, Records of China Centenary Missionary Conference, held at Shanghai, April 25 to May 8, 1907（New York, 1907）.

8. John D. Hayes Papers RG127

9. North China Theological Seminary, Report（1922）

10. Records of the First Shantung Missionary Conference 1893

11. Records of the Second Shantung Missionary Conference 1898

12. Shantung Christian University Bulletins The China Fundamentalist Vol. V July-Sept 1932 No.1 RG8 243-6

13. The Rev. Watson McMillan Hayes, D.D., LL.D. Memorial Minute（Adopted October16, 1944）by the Board of Foreign Missions of the Presbyterian Church in the USA., Yale Divinity Library, File No. RG8.

Books

1. Alexander, Hanan A.（2001）*Reclaiming Goodness: Education and the Spiritual Quest*. Notre Dame, IN: University of Notre Dame Press.

2. Allen, Yorke.（1960）*A Seminary Survey; a Listing and Review of the Activities of the Theological Schools and Major Seminaries Located in Africa, Asia. and Latin America*, New York: Harper & Co..

3. Anderson, S. R. and C. Stanley Smith.（1952）*The Anderson-Smith Report on Theological Education in Southeast Asia, Especially as It Relates to the Training of Chinese for the Christian Ministry: The Report of a Survey Commission, 1951-1952*. New York, N.Y.: Board of Founders, Nanking Theological Seminary.

4. Association for Theological Education in South East Asia.（1984）*A Journal of Thirteen Days in the People's Republic of China*. Singapore: Association for Theological Education in South East Asia.

5. Bays, Daniel H. （ed.）（1996）*Christianity in China: From the Eighteenth Century to the Present.* Stanford, CA: Stanford University Press.

6. Carter, Paul A. （1969）*The Idea of Progress in American Protestant Thought 1930-1960.* Philadelphia: Fortress Press.

7. Chinese Educational Commission. （1922）*Christian Education in China: The Report of the China Educational Commission of 1921-1922.* Shanghai, Commercial Press, Limited.

8. *Chinese Recorder and Missionary Journal.* Shanghai: The American Presbyterian Mission Press, 1867-1941.

9. Corbett, Charles Hodge. （1955）*Shantung Christian University（Cheeloo）.* New York: United Board for Christian Colleges in China.

10. Crawford, Mary K. （1933）*The Shantung Revival.* Shanghai, China: China Baptist Publication Society.

11. Cressy, Earl Herbert. （1928）*Christian Higher Education in China: A Study for the Year 1925-1926*, Shanghai: China Christian Educational Association.

12. Fenn, William Purviance. （1976）*Christian Higher Education in Changing China, 1880 1950.* Grand Rapids: Eerdmans.

13. Fisher, Daniel. （1913）*Calvin Wilson Mateer: Forty-five Years a Missionary in Shantung, China.* Philadelphia: Westminster Press.

14. Heeren, John J. （1940）*On the Shantung Front: A History of the Shantung Mission of the Presbyterian Church in the U.S.A. 1861-1940 in Its Historical, Economic, and Political Setting.* New York: Board of Foreign Missions of the Presbyterian Church in the United States of America.

15. Hollister, Margaret. （2010）*Inheriting China: A Memoirs.* Washington, U.S.: Eastern Branch Press.

16. Hyatt, Irwin T. （1976）*Our Ordered Lives Confess: Three Nineteenth- Century American Missionaries in East Shantung.* Cambridge: Harvard University Press.

17. Iliff, G.D., Rt. Rev. （1913）*Mission Work in Shantung 1913*, Westminster, Volume 57, Cornell University Library.

18. Latourette, Kenneth Scott. （1967） *A History of Christian Missions in China.* New York: Russell & Russell.

19. Leger, Samuel Howard. （1926） *Education of Christian Ministers in China: An Historical and Critical Study. Shanghai, China, 1925.* Ph.D. Thesis, Columbia University, USA. （Copies also available from University of Michigan; University of California; and University of Wisconsin - Madison）

20. Lian, Xi. （1997） *The Conversion of Missionaries: Liberalism in American Protestant Missions in China, 1907-1932.* University Park, Pa.: Pennsylvania State University Press.

21. Lutz, Jessie Gregory.（1965）*Christian Missions in China: Evangelists of What?* Boston: Heath & Co..

22. MacGillivray, Donald.（1979）*A Century of Protestant Missions in China, 1807-1907: Being the Centenary Conference Historical Volume.* San Francisco: Chinese Materials Center.

23. Marsden, George M. （1980） *Fundamentalism and American Culture, The Shaping of Twentieth-Century Evangelicalism: 1870-1925.* New York: Oxford University Press.

24. Marsden, G.M. （1992） *The Secularization of the Academy.* New York: oxford University Press.

25. Marsden, G.M. （1994） *The Soul of the American University: From Protestant Establishment to Established Nonbelief.* New York: Oxford University Press.

26. Martin, Gordon. （1990） *Cheeloo School, 1881-1951.* Braunton Deven: Books Ltd..

27. Mateer, Robert McCheyne. （1912） *Character-building in China: The Life-story of Julia Brown Mateer.* London and Edinburgh: Fleming H. Revell Company.

28. Nevius, Helen S. Coan. （1895） *The Life of John Livingston Nevius: For Forty Years a Missionary in China.* New York: Fleming H. Revell Co. .

29. Niebuhr, H. Richard. （1956） *The Purpose of the Church and Its Ministry: Reflections on the Aims of Theological Education.* New York: Harper & Brothers.

30. Ng, Peter Tze Ming.（2012）*Chinese Christianity: an Interplay between Global and Local Perspectives. Leiden*; Boston: Brill.

31. Parker, Palmer.（1983）*To Know As We Are Known: a Spirituality of Education.* San Francisco: Harper and Row.

32. Sandeen, Ernest R.（1968）*The Origins of Fundamentalism: Toward a Historical Interpretation.* Philadelphia: Fortress Press.

33. Shenk, Wilbert R.（ed.）（2004）*North American Foreign Missions, 1810-1914: Theology, Theory and Policy.* Grand Rapids, Mich. : W.B. Eerdmans Publishing Co..

34. Smith, Arthur.（1907）*The Uplift of China.* New York: The Board of Foreign Missions of the Presbyterian Church in the U.S.A..

35. Smith, C. Stanley.（1941）*The Development of Protestant Theological Education in China, In the Light of the History of the Education of the Clergy in Europe and America.* Part II. Shanghai-Hong Kong-Singapore: Kelly and Walsh, Limited.

36. Ung Kyu Pak.（2005）*Millennialism in the Korean Protestant Church.* Frankfurt am Main: Peter Lang.

37. Van Rheenen, Gailyn.（1996）Missions, Grand Rapids, Michigan: Zondervan Publishing House. Weber, Hans-Ruedi.（2000）*The Layman in Christian History: A Project of the Department on the Laity of the World Council of Churches.* London: SCM Press.

38. Wickeri, Philip Lauri.（2007）*Reconstructing Christianity in China: K. H. Ting and the Chinese Church.* New York: Orbis Books.

39. Yao, Kevin Xiyi.（2003）*The Fundamentalist Movement Among Protestant Missionaries in China, 1920-1937.* Dallas: University Press of America, Inc..

40. Zha Shijie.（1983）*Zhongguo jidujiao renwu xiaozhuan.* Taipei: China Evangelical Seminary Press.

41. Zhao Yuebei.（2015）*North China Theological Seminary in Light and Shadow of History,*（历史光影中的华北神学院）, revised edition. Hong Kong: China International Culture Press.

Articles

1. Astley, Jeff.（2001）"Becoming an Authentic Teacher in Higher Education（Book Review）", *International Journal of Education & Religion* 2, no. 2: 209.

2. Chalfant, G.W.（1908）"A Friend's Recollection of Dr. Mateer", PHS RG360 Calvin Mateer.（Philadelphia）.

3. Faris, John T.（1911）"Calvin W. Mateer, A Maker of the New China", *The Missionary Review of the World.* Vol.XXIX. No.4, April4, v1906 pp.825-32. PHS RG360（Philadelphia）.

4. Hayes, W.M.（1895）"Books for Elementary Schools", *The Chinese Recorder and Missionary Journal（1868-1912）*, Apr 1.

5. Hayes, W.M.（1902）Letter from Chinanfu June 23, New Haven, Yale Divinity School Special Collections, MS11.

6. Hayes. W.M,（1903）Foreign Instructors and Intolerance: "North-China Daily News"-The North-China Herald and Supreme Court & Consular Gazette（1870-1941）; Mar 12. Extracted from Pro Question Historical Newspapers: Chinese Newspapers Collection, p. 487.

7. Hayes, W.M.（1911）"Preface", in *Expository Life of Christ*,Tsingchowfu, Shantung, May 22nd. P.1

8. Hayes, W.M.（1914）"Theological College", in *Record of American Presbyterian Mission in Shantung Province, China, 1861-1913*, 90, Corbett, Hunter, January 1, pp. 52-100.

9. Headland, Isaac T.（1912）*China's New Day*, Boston: MA, Frank Wood. AHC 951.41 H343c. Extracted from Hong Kong Baptist University Special Collection.

10. Hodous, Lewis,（1943）"The China that Was", In *Church History: Studies in Christianity and Culture*, Vol.12（2）（Series of American Society of Church History）, pp.136-37.

11. "In Memorial of Rev. Watson McMillan Hayes, D.D. LL.D., Board of Directors, North China Theological Seminary",（1944）Biographical Record of W.M. Hayes, PHS, Philadelphia.

12. Macleod, A. Donald.（2014）"Watson Hayes and the North China Theological Seminary". In *China's Reforming Churches*, edited by Bruce P. Baugus. Grand Rapids, Michigan: Reformation Heritage Books, pp. 59-71.

13. Macleod, A. Donald.（2016）"U.S. Support of Reformed Theological Education in China: The American Council of the North China Theological Seminary, 1942-1969". Website: adonaldmacleod.com.（April 17th, 2016）also appears in Zhao Yuebei,（2015）North China Theological Seminary in Light and Shadow of History, Hong Kong: China International Culture Press, pp.182-201.

14. Morgan, F. B.（1952）"Theological Education between East and West", *Theology Today* 9, no. 1: 79-96.

15. Ng, Peter Tze Ming.（1985）"An Enquiry into the Concept of Religious Development, with Special Reference to its Implications for Religions Education in the United Kingdom," Ph.D. Thesis at the University of London Institute of Education.

16. North China Theological Seminary Tenghsien, Shantung.（1924）Shanghai: Presbyterian Mission Press. RG 82, 26-7.

17. Patterson, B. C. Papers.（1944）"Dr.W.M.Hayes Reported Dead In Jap Custody" , *The Mercer Dispatch and Republican*（vol.55, No.48, February 4,1944）p.1-4. See, PHS ACC 129970 B.C. Patterson Papers.

18. Resolutions Adopted by the Tsinanfu Presbytery at Hou Lu Chia, 8 November, 1919, PCUSABS, RG82, 20-8, PHS, Philadelphia.

19. Sailer, T. H.（1933）"Religious Education." In *Laymen's Foreign Missions Inquiry Fact-Finders Reports*, *China*,Vol.5. Supplementary Series. Part Two, ed. Orville A. Petty, 302-53. New York and London: Harper& Brothers Publishers.

20. Scott, Charles Ernest.（1933）"A Great Missionary's Fifty Years in China, Watson M Hayes, D.D., Evangelist, Teacher, Author and Scholar." *The Sunday School Times* 75（10 June）, pp. 388-389. PHS, Philadelphia.

21. Smythe, Lewis S. C.（1929）"The Changing Message." *The Chinese Recorder* 60（March）, 157-165.

22. Stockment, Martha.（2013）"Watson Hayes", *Biographical Dictionary of Chinese Christianity* online.（www.bdcconline.net/en/stories/h/hayes-watson.php 2017.11.29）.

23. Terry, John Mark.（Year?）"Indigenous Churches", in Moreau, A. Scott, *Evangelical Dictionary of World Missions*, Grand Rapids, MI: Baker Books.

24. *The Chinese Recorder and Missionary Journal*（*1868-1912*）.（Book from the collections of Harvard University, digitized by Google from the library of Harvard University and uploaded to the Internet Archive.）Nov. 1, 1894.

25. Vogel, Stuart.（2015）"Chinese Christianity: an Interplay between Global and Local Perspectives." *Asia Journal of Theology* 29, no. 2: 307-310.

Appendix
Abbreviation:

1. A.B.C.F.M.-American Board of Commissioners

for Foreign Missions

1. A.B.F.M.S.-American Baptist Foreign Missionary

2. Society ACM-American Church Mission

3. A.B.M.U.-American Baptist Missionary Union

4. A.B.S.-American Bible Society

5. A.M.E.M.-American Methodist Episcopal Mission

6. A.P.E.M.-American Protestant Episcopal Mission

7. A.P.M.-American Presbyterian Mission

8. A.P.M.N--American Presbyterian Mission, North

9. A.P.M.S.-American Presbyterian Mission, South

10. A.R.C.M.-American Reformed Church Mission

11. A.S.B.C.-American Southern Baptist Convention

12. A.S.M.E.M.-American Southern Methodist

Episcopal Mission

1. A.S.P.M.-American Southern Presbyterian Mission

2. B.M.S.-Baptist Missionary Society（British）

3. C.C.C.-Church of Christ in China

4. C.I.M.-China Inland Mission

5. C.L.S.-Christian Literature Society

6. C.M.S.-Church Missionary Society

7. E.P.M.-English Presbyterian Mission

8. KMT-Kuomintang

9. NCM-North China Mission

10. NCTS-North China Theological Seminary

11. S.P.G.-Society for the Propagation of the Gospel

12. S.U.P.M-Scotch United Presbyterian Mission

Places

1. Chefoo-Yantai/Zhifu

2. Cheeloo-Qilu

3. Feihsien-Feixian

4. Hwanghsien-Huangxian

5. Laichowfu-Laizhou

6. Nanking-Nanjing

7. PeiTai Ho-Beidaihe

8. Peking-Beijing

9. Tai'an-Taian

10. Tengchow-Dengzhou/Penglai

11. Tsinan-Jinan

12. Tsingtao-Qingdao

13. Tsining-Jining

Brief Glossary of Important Persons

1. Chang Hsueh-kang（张学恭 1899-1960）As reported from the biography of his son Paul Chang（张宝华, 1932-）, graduated from Golden Gate Baptist Theological Semianry and Biola University） in A Bridge to the Mountain by Ray Wiseman Brampton（《山岭脚踪》）[ON: Partners International-Canada and Singapore: Christian Nationals 'Evangelism Commission（Southeast Asia）, 2012], Chang attended Cheeloo from 1912 to 1916, and was one of the earliest graduates of NCTS. After serving a church in Weixian he joined the

NCTS faculty in 1926 and was sent to Princeton Seminary for a year in 1913. He also become president of Taitung Seminary of the Christian Nationals Evangelism Commission. He refused to join the Three-self Patriotic Movement and died in prison on March 5, 1960.

2. Chia Yü-ming（贾玉铭 Kia Y ming; Jia Yüming, 1889-1964）, a Chinese fundamentalist theologian, who studied at Tsingchowfu under Hayes 1901-4, then pastored, and returned to NCTS in 1924. He left in 1930 for Jinling Women's Theological Seminary, Nanjing, and then founded in 1936 the Spiritual Training Theological Seminary, Nanjing/Chongqing/Shanghai. In 1954 he became Vice-Chair, Three-self Patriotic Movement. Throughout his life, Jia continued to advocate that Christians should focus on gaining knowledge, combined with maintaining a daily quiet time, so that faith and spirituality could be displayed in one's daily life. He authored Study of Theology, Basic Bible Truth, Total Salvation, and Saint's Heart Song （a hymnal）. He especially explored the doctrine of sanctification, and constructed a Chinese Christian teaching of the self-cultivation of heart and mind with the objective of encouraging people to become "Christ-human", thus having a life which is Christ. He tried to find the best possible way of a collaboration between Confucianism and Christianity on moral issues and affirmed that Christianity and Confucianism could learn from each other. Jia's strategy of connecting Christianity with Chinese culture and his fundamentalist thought gained the acceptance of conservative Christians. See, A Dictionary of Asian Christianity, edited by Scott W. Sunquist, Wm. B. Eerdmans Publishing Co., Grand Rapids, Michigan. 2001.419-20. Chia Yu-ming, began his teaching career in mission-run seminaries, but established a national reputation as a conservative systematic theologian with his publications, and had his own Bible school for many years, entirely free from foreign support or direction. The last place in which he operated his school was in Shanghai, from the late 1940s to the early 1950s.（Zha Shijie, 1983, pp. 113-120）

3. Ding Limei（丁立美,1871-1936）, Outstanding 20th century Chinese revivalist and evangelist, leader of the Student Christian Movement, graduated from

Tengchow College（Wen Huiguan）, which had been founded by the American Presbyterian Mission, was called "China's Moody." He taught for eight years at NCTS. See Biographical Dictionary of Chinese Christianity on line.

4. Mateer, Calvin Wilson.（狄考文, 1836-1908）. He was a missionary to China with the American Presbyterian Mission. In 1882, Mateer founded Tengchow College as the first modern institution of higher education in China. Tengchow College became the predecessor of Cheeloo University, and finally of Shandong University. He was the chairman of the committee for Bible translation and presided over the translation of the widely circulated Chinese translation of the Holy Bible, The Chinese Union Version. See Daniel Fisher, Calvin Wilson Mateer: Forty-five Years a Missionary in Shantung, China. Philadelphia: Westminster Press, 1913. Or Irwin T. Hyatt, Our Ordered Lives Confess: Three Nineteenth-Century American Missionaries in East Shandong. Cambridge, MA: Harvard University Press, 1976.

5. Nevius, John Livingstone（倪维斯, 1829-1893）was, for forty years, a pioneering American Protestant missionary in China, appointed by the American Presbyterian Mission;his missionary ideas were also very important in the spread of the church in Korea. He wrote several books on the themes of Chinese religions, customs and social life, and missionary work.

6. Su Zuoyang（苏佐扬 John Su, 1916-2007）, evangelist, writer, musician, who graduated from NCTS in 1937.

7. Warfield, Benjamin Breckinridge.（November 5, 1851 - February 16, 1921）Warfield was the assistant pastor of the First Presbyterian Church in Baltimore, Maryland for a short time. Then he became an instructor at Western Theological Seminary, now called Pittsburgh Theological Seminary, from 1876. He was ordained on April 26, 1879. Then he became a Professor of Theology at Princeton Seminary from 1887 to 1921. He served as the last principal of the Princeton Theological Seminary from 1886 to 1902. In 1887 Warfield was appointed to the Charles Hodge Chair at Princeton Theological Seminary, where he succeeded Hodge's son A. A. Hodge. Warfield remained there until his death. As the last conservative successor to Hodge to live prior

to the re-organization of Princeton Seminary, Warfield is often regarded by Protestant scholarship as the last of the Princeton theologians. Some conservative Presbyterians consider him to be the last of the great Princeton theologians before the split in 1929 that formed Westminster Theological Seminary and the Orthodox Presbyterian Church. From Wikipedia, the free encyclopedia.（December 19, 2017）

8. Yang Shaotang（杨绍唐, 1900-1969）, a famous Chinese pastor in the twentieth century. In 1923, after he graduated from high school, he went on to study theology at NCTS, and he was deeply rooted in the Christian faith. He promoted the three-self principles（ self-government, self-support, self-propagating）.

9. Young, Margaret（赫美吉, 1857-1949）, Date of appointment: June 13 1881, Date of departure from U.S.A. : Sept28,1882. See Biographical Record of W.M. Hayes, in Presbyterian Historical Society, Philadelphia. Also see "Ms. Watson Hayes", MSS85747 Box 6-10, Library of Congress, Washington D.C. "Her preparation for a life of missionary service was completed in the educational institutions of Pennsylvania." See, A memorial minute of the Presbyterian Board of Foreign Missions reports. She was appointed by the Presbyterian Board of Foreign Missions as a missionary to China. See, Margaret Hollister, Inheriting China: A Memoir （Washington: Eastern Branch Press, 2010, p.281）.

10. Yuan Shi-kai（袁世凯,1859-1916）, Governor of Shandong, later the first president of the new Republic of China （March 10, 1912-December 22, 1915）. He became the Chinese emperor, general, statesman and warlord, and was famous for his influence during the late Qing dynasty, his role in the events leading up to the abdication of the last Qing Emperor.

赫士《教义神学》中的末世论思想述评[1]

胡冰冰

　　赫士是十九-二十世纪来华杰出传教士之一，被誉为当时"全中国最好的神学教授"。赫士在其编著的《教义神学》中详细考辨、论述了基督教的基本神学教义，使得该书堪称当时汉语世界基要主义信仰表述的范本。本文选取其中关于末世论的部分，考察赫士对其阐释的进路。赫士立足于《圣经》的权威，坚持审慎的解经原则，即用经文的朗澈含义推之其暧昧不明之处，并且辩驳谬解，使正理发明。正因为特殊的时代语境，以赫士为代表的基要主义传教本身就带着"护教"的色彩。或许赫士的做法并没有使基督教的教义发生新的变化或曰突破，但这恰恰是其难能可贵之处。

一、基要主义传教卫道者——赫士研究述略

　　在基督新教入华的传教运动中，究竟上演了怎样的故事，他们抛家舍业，远离故土到一个陌生的古老国土上宣教的动力何在？又以怎样的方式传播福音？传播的究竟是怎样的福音？这些问题随着那段历史的远去似乎变得扑朔迷离，然而，在后传教士时代的中国，传教士的遗迹还在。其实在历史的光影一直都隐藏着问题的答案。来华的传教士不仅存留下了物质遗迹，同时也有很多的精神遗存。这些宝贵的精神遗产在更深更持久的层面上，塑造了中国信徒的品格以及中国教会的形态，乃至在更广的层面上影响着今日的中国社会。

　　宣教士昔日入华，不仅面临着如何向"福音未及之民"传播福音，还同时

1　本文得以写就，离不开赵曰北师的孜孜鼓励与谆谆提勉，谨致以诚挚谢意和崇高敬意！笔者深知自身能力有限，时间仓促，仍勉力匆匆写就以纪念先贤之付出，姑妄抛砖引玉，以期来者。

面临着，在特殊时代语境下，教会内部在很多问题上的分歧和争议。这些争议不仅在当时引起了很大的反响，而且很多问题在今日依然是关切的人们无法绕开需要去认真对待、寻求的。在众多议题中，二十世纪上半叶的中国持保守立场的基要主义传教士和持开放立场的自由主义传教士之间的分歧与摩擦十分具有代表性。

鉴于目前学界对基要主义相关论域的研究相对薄弱，尤其在内地学界更是如此，而基要主义运动产生的重大影响又不容忽略。本文拟从基要主义传教士赫士入手，力求置于其所在的时代分析其神学思想与实践，以期对相关历史研究和神学研究有所补益。之所以选取赫士作为代表，是由于他是保守派的宣教士当中的杰出代表，而他又长期被忽视。

目前关于赫士的研究，最系统的要数赵曰北编著的《历史光影中的华北神学院》，作者立足翔实的史料，并且基于大量的口述，勾勒出了一幅被尘封的华北神学院史的图景。作者又细细考证使得该著作具备了扎实的历史根基，同时作者虽非基督徒，但他没有忘记自己写作的对象是基督新教的神学院，因此在用笔着墨上又竭力尝试能"入乎其内"，使得该著作可读性极强，不仅禁得起学术的批评，也能博得教内人士的"同情"理解。值得一提的是，赵曰北文笔晓畅，作为一位"非专业"的专业学者，做到了深入浅出，使得此书既适合入门，又可以进一步深入研究。

其次是，姚西伊所著的《为真道争辩——在华基督新教传教士基要主义运动（1920-1937）》，在这本专门论述在华基督新教传教士基要主义运动的著作中，作者用了第五章整章的篇幅论述华北神学院，作者着重从史学的角度论述了华北神学院的诞生、成长以及其保守的神学立场，还有华神的福音传道工作，为中国教会的自立提供帮助，华神与国际基要主义运动以及与北美长老会海外差传部的关系，华神与中国基督徒等方面的内容。[2]

赫士（1857年11月23日-1944年8月2日）博士，享年87岁。他1882年来华，创办山东第一家报纸《山东时报》，1895-1901年任文会馆馆长，1901-1903年任山东大学堂总教习，1904-1919年任齐鲁大学神学院教授，1919年创办华北神学院，1922年迁往滕县。他首创"化学"学科名词，编译出版《天文揭要》、《声学揭要》、《热学揭要》、《光学揭要》等十几种教科书和著作，对

2　姚西伊：《为真道争辩——在华基督教新教传教士基要主义运动（1920-1937）》，香港：宣道出版社，2008年7月初版，第135-176页。

中国近现代教育做出了重要贡献。1942 年他与其他英美人士一起被日军关押在潍县集中营，1944 年在集中营逝世。[3]赫士爱慕中国传统文化，很有儒雅气质，被学生亲切地尊称为"夫子"。在其一生中，最重要的活动之一便是创办华北神学院（1919 年 9 月-1952 年 11 月 1 日），使之成为中国基要主义运动的大本营。

赫士在中国作为传教士同时也是教育家、神学家。他的一生处在一个非常独特的节点上：中西方文明交汇、福音与"未及之民"的相遇、保守派与自由派的交锋。而赫士面对这样的处境，就不仅面临着传教的任务，同时还需自觉肩负起护教的责任。这在一定意义上成为了在华基要主义传教士的一个共同选择。

赫士虽为传教士，但其神学造诣极深，他精通《圣经》希腊文等古典语言，同时中文造诣也相当高，在他用中文撰写的作为神学院教科书的系统神学教材《教义神学》等著作中展现了卓越的中文功底。在编著《教义神学》以及其他《圣经》注释著作时，都会在字里行间体现着自己的神学思想，同时展现出了极好的神学训练和敬虔品格。作为基要主义的神学家，赫士也在其著作中展现出了良好的胸襟素养。尽管可能赫士并未就着所谓的重大神学议题提出"新理论"，但其用中文对基要主义神学思想进行了系统的梳理，编纂成神学教材，一定意义上就是传教士在华语神学界阐释基督信仰的有益尝试，这也使得《教义神学》成了当时基要主义神学思想的范本，亦是研究在华基要主义传教士神学思想的理想文本。在《教义神学》开篇，赫士便开宗明义：尽管已经有了很多神学著作，但是"道学时有进退。际此信仰分歧危险万状之秋，旧日著者，未能供现代之需求也。故特著本书……勉应时需。使学员于当进之途程，得有向导。于异解偏见知所避免焉。"[4]

本文选取了赫士《教义神学》中的末世论[5]部分进行探讨，因为在整个神学体系中，末世论的部分虽在最后，大多属于"启示"的范畴，故对其的阐释

3　主要参考赵曰北编：《历史光影中的华北神学院》，苏格兰爱丁堡：汉塞尔出版社，2017 年（中文三版）。

4　[美]赫士（W. M. Hayes）：《教义神学》（*Systematic Theology*）（上编），上海：广学会，中华民国十九年五月出版，序言。

5　"Eschatology"目前在汉语学界有"末世论"和"终末论"两种译法，因"末世论"的译法更为普遍流行，便于理解，故本文除非引用到原有汉译，统一采用"末世论"的译法。

特别能体现出一个传教士或者神学家的信仰立场，加之，传教运动本身就带着弥赛亚的激情，隐含着"末世论"的色彩，所以本文特选取赫士对末世论的阐释进行述评。

二、赫士神学思想之末世论

在传统的基督教神学思想体系中，末世论被放在了最后的位置。赫士在其《教义神学》中延续了这一传统做法。赫士在其《教义神学》中把末世论称为"毕世与来世"，赫士认为，"信徒成圣、教会美备、今生无一工竣，因而仍有所望（《罗马书》8：24），且品德尚未完全，故来世观念为灵界之要端。"

在这里，显然赫士对"末世论"的概述上，更加侧重"今生"与"来世"的区别，并且似乎认为"今生"注定是不完满的，有很多无法实现的事情，要到"来世"才能完全，这就突出强调了"来世观念"在基督教信仰中的"要端"地位。这一点，对于基要主义传教士而言是极为重要的，他们正是更加看重了具有永恒意义的"来世"，才在今生以此为首要目标而活着，与此相应地也就不再那么在乎"今生"的福祉。或许也正是在这个意义上，他们才不会把改良社会或者致力于所在传教区域的社会发展作为首要任务，哪怕是主要手段。

在对"末世论"的介绍方面，赫士"依其界内事序列之"，也即根据他所理解的"末世"事情的发生顺序依次展开论述，分别是"曰身死、曰阴间、曰基督复临、曰原躯复起、曰大日审判、曰善恶归宿等。"这样的理解应该主要是根据《圣经》，主要是《启示录》的记载顺序得出的。

（一）死与阴间

人是否有灵魂？如果有的话，那么灵魂会消没吗？这是人认识自己所需要面对的十分基本的问题。在基督教信仰体系中，坚持人是有灵魂的，"人也者，肉躯灵才相合而成者也。"[6]并且把此观念作为一个"认识人"的最基本的无可辩驳的理解之一保留了下来。至于如何理解"灵魂"，基督教思想中因对"人的元素"的不同理解而分成的"二合派"[7]和"三合派"[8]，赫士在《教义

---

6 [美]赫士（W. M. Hayes）：《教义神学》（*Systematic Theology*）（上编），第 301 页。

7 即认为人的"灵质不过为一"，"论人之血性，则用其一，如论人是非敬神之性，则用其二。实则仍一灵质，不过因用而易名云。"[美]赫士（W. M. Hayes）：《教义神学》（*Systematic Theology*）（上编），第 303 页。

8 主张"三合派"的人认为人的"灵质有二，一曰生命，人畜所同；一曰灵性，人神所同。二者相合，即谓之灵魂"，"此二名虽有时混用，然所指者则大相悬殊，人与

神学》的第五段"人学"中也对此进行了讨论，他分别论述了"二合派"和"三合派"观点的优劣，最终赞成"三合派"的观点，认为："二合派引据经文确凿明了，毫无辩难余地，盖与兽俱有之魂，与神类同之灵，萃于一人，事实昭然，信而有征，不涉疑难也。"[9]

基于以上，赫士所理解的死亡分为两次，第一次的死亡是"身体"与"灵"分离，导致肉身的死亡，好比"灵"与"神"分离导致"灵"的死亡；第二次的"死"指的是"身体"与"灵"结合，尔后一并进入火湖，也就是"永死"。赫士同时认为"信徒"和"俗子"对形体之死有着不同的理解：信徒认为，经由躯体之死，不是步入了"地狱之门"，乃是登上了"天界之梯"，因为刑法已经被基督担当了。[10]同时赫士反驳了唯物派和泛神教的观点，其中特别批驳了各种"认为人死后灵魂会消殁"的观点，认为死亡并非人的终局，人的灵魂一旦存在，便永不灭没。人的灵魂具有永恒性，也正是在这个意义上人具备了永恒的实存性。或许，正是有了这一点，才有了末世论的一个重要根基，甚至才有了基督信仰的重要根基之一，即灵魂不灭。

为了论证"灵魂不灭"的合理性，赫士批驳了一些"似是而非之理"，同时枚举了"意匠之理"[11]、"是非之理"[12]和"古今之舆论"[13]作为支撑。赫士还从《圣经》中寻找证据支持"灵魂不灭"的观点，并且特别强调"恶人之灵不见灭"。赫士之所以强调"恶人灵魂不灭"，主要是指的，恶人在肉身死后以及大审判之后都不会"消失"或者"归为缥缈"，因为这样的刑罚这些都还算"轻"，而是要一直存在于"火湖"中永远承受痛苦。

在对于"阴间"问题的理解上，赫士认为"阴间者，自死至复起间，灵魂

兽畜类似之血性，迥非人所具不类不似之灵性，二者使合于人，则谓之灵魂，永远不相分离。天堂享永福者，此灵与魂，地狱受永苦者，亦此灵与魂也。"[美]赫士（W. M. Hayes）：《教义神学》（*Systematic Theology*）（上编），第 303 页。

9 [美]赫士（W. M. Hayes）：《教义神学》（*Systematic Theology*）（上编），第 303 页。

10 [美]赫士（W. M. Hayes）：《教义神学》（*Systematic Theology*）（上编），第 548 页。

11 认为面对今世之缺憾，神预备了"人心发达之地，使灵才各有求至善之机也"。[美]赫士（W. M. Hayes）：《教义神学》（*Systematic Theology*）（上编），第 549 页。

12 "夫恶人作奸犯科，腥闻九霄，今世虽遭刑戮，亦不足以掩其罪辜，即成其其死毕之望……听其死毕，无以昭善，灭其灵胥，公道何存。"[美]赫士（W. M. Hayes）：《教义神学》（*Systematic Theology*）（上编），第 550-551 页。

13 "永生意念为人类所固有。"[美]赫士（W. M. Hayes）：《教义神学》（*Systematic Theology*）（上编），第 551 页。

之居所也。善者获福于斯,恶者受苦于斯,体虽无,而意识犹存。"[14]赫士对"阴间"的理解,是力图根据希伯来和希腊原文中的一个含义,把"阴间"理解成了一个相对客观的概念,阴间并不等于地狱,也不等于天堂。他指出"圣经所译'阴间'之希伯来及希利尼名词绝非歼灭之意。其希伯来字用以指死人所居,有渊或坑之意。其希利尼字乃不见之意也,非无意识之界,人虽莫知其乡,神则洞若观火,且必使信徒脱其权也。"[15]而不是在现代汉语语境中常常带有贬义意涵的一个语词。赫士又举了《圣经》中的很多例证来支撑这一观点,在他这里,阴间是所有人死后和基督再来之间的一个"居间处所",只不过阴间可能有不同的空间意义上的区隔,使得义人和恶人处于一个都叫"阴间"的不同的地方,所谓"地殊而名同"。

阴间包含"善人灵魂之居所"。赫士根据《圣经》中的证据,认为"阴间"的这一部分被称为"乐园",是一个"休息福乐之区",因为"城内无罪,乃得完全义人之灵居所",并且这里的"居民有意识"因为神是"活"人的神,并且可以"识他人"。但这里的福分并不是完全的福分,还有很多应许没有实现,所以在这里还有盼望,不过,已经比今生强多了,所谓"福虽未备,惟较斯世则美甚"。[16]并且赫士进一步认为,这里的"乐园"就是"天堂",只是还没有复活,"尚缺灵体之福,待复起后,福乐斯园至永久焉"。[17]

阴间包含"恶人灵魂之居所"。赫士先从"神义论"的立场出发,认为"神本不乐人死亡"解释了《圣经》中对于恶人在阴间的描写很少的情况。赫士根据《圣经》有限的记载,认为这里是"狱中",恶人在此"受禁","于此受苦,罚有应得",并且再也没有解脱的余地了,并且和善人的福分不完全一样,这里"苦况难堪,犹未穷极"。至于此地之所在,无法确定,"公名虽为阴间,特号则为地狱"。[18]

赫士还特意批驳了"在阴间人的灵魂无意识"说和天主教的"炼狱说",强调人的永恒命运都已在今生所定,死后则无法更改了。在这里重新突出了那

---

14 [美]赫士(W. M. Hayes):《教义神学》(*Systematic Theology*)(下编),上海:广学会,中华民国十九年五月出版,第 555 页。

15 [美]赫士(W. M. Hayes):《教义神学》(*Systematic Theology*)(下编),第 554-555 页。

16 [美]赫士(W. M. Hayes):《教义神学》(*Systematic Theology*)(下编),第 557 页。

17 [美]赫士(W. M. Hayes):《教义神学》(*Systematic Theology*)(下编),第 557 页。

18 [美]赫士(W. M. Hayes):《教义神学》(*Systematic Theology*)(下编),第 558 页。

种被天主教的"炼狱说"部分取消了的"末世论紧张"。

（二）末日

在"末日"论题上，赫士首先讨论了"基督复临"。赫士认为《圣经》中对于基督复临的部分，属于"预言"，并且"不及历史之明了"，因为应该详细查考具体所指涉的内容，而不能凭借私意，冒昧诠解。但赫士确认："基督必以本体复临……为众目所共见。"[19]因而，反驳了基督已经复临的说法。

在基督复临的预兆方面，赫士讲了三个方面分别是："福音将先传于万国""犹太人将回传"和"悖逆自尊之大罪人将先显著"。[20]这里有趣的是，作为传教士的赫士，对"福音将传于万国"这一征兆一笔带过，竟然未作任何发挥，这是赫士的"疏忽"抑或某种写作上的"克制"，或者认为已是众人皆知的常识事实，而不必多言？个中缘由，似乎已无从得知了。[21]在对"大罪人"的问题上，赫士将其与"敌基督者"作了区分，他指出"大罪人"是特指的单数，一定是包含在复数概念"敌基督者"中，而"敌基督者"却不全是使徒保罗在《圣经》中所特指的"大罪人"（尽管完全可以在一般意义上称之为"大罪人"）。值得注意的是，赫士提到"有人认为敌基督者也包含某种强硬性质的势力"的观点，他在注疏中认为"今苏俄之布党颇与保罗所言相近"[22]，并且在后文中，处理"千福年"的问题，品评到"斯世灾患已多"一条时，谈及了"基督后千福年而临之说"的观点，他再次注释到："撒但有时或指斯世反抗主道之国政，如今之苏俄无神政局，似即撒但所主，用以敌基督之术焉。"[23]由此可见，赫士对于苏俄这一无神论政权持有的保留看法，并且似乎也可以窥见两种具有意识形态上存在竞争关系的世界观之根本冲突。

随后，赫士对可能存在的发难进行了辩驳，接着描绘了他所理解的《圣经》对于"基督再临之时事"的图景。先是"善人恶人皆将复起"，并且赫士认为"善恶复起无前后之别，而善者得赏，恶者受刑，皆在天地归无之后，未有善

---

19 [美]赫士（W. M. Hayes）：《教义神学》（*Systematic Theology*）（下编），第563页。

20 [美]赫士（W. M. Hayes）：《教义神学》（*Systematic Theology*）（下编），第563-567页。

21 这一点与同为保守派的中华内地会创始人戴德生形成了鲜明对比，戴德生便侧重强调信仰中的"末世论"要素，继而积极有力地在中国传播基督教。

22 [美]赫士（W. M. Hayes）：《教义神学》（*Systematic Theology*）（下编），第564页。

23 [美]赫士（W. M. Hayes）：《教义神学》（*Systematic Theology*）（下编），第572页。

者先复起，得享福千年之余地矣。"[24]赫士也认定"大审判"不是像一些近代的谬解所认为的"列国见鞫"，而是论"善善恶恶，个人受审"，直指生命个体的责任与命运，同时认为"审判之日，即主再临之日也。"[25]

接着，赫士尝试处理了在末世论里面具有很大争议的"千福年"（即千禧年）议题。他先后介绍并且评析了"主先千福年而临之说"与"主后千福年而临之说"的主要理论观点，同时，针对这一问题的出处，也即《启示录》二十章四至六节的经文的不同诠释进行了辨析。值得注意的是赫士的诠释进路："此乃经文之玄而又玄，任何解释，皆难圆到，惟人当以经之明言解其玄，不当以玄而强解明言。果循此理，本章之正意虽不能确悉，而其非意则较易清晰。"[26]对于《圣经》而言，显然作为一部具有超验特质的文本，其必然会有很多难解之处，但同时《圣经》虽依其自证是"上帝所默示"的，但终究是用人类的语言写就流传，所以必然具备了可解读性。一言以蔽之，对于任何一个真正想了解其意旨的人来说，目前看来，都将处在一种"可知而未必尽知"的状态中。那么，如何审慎地解读《圣经》，尽可能了解其本意，是每一位读者都将面对的基本问题。事实上，很多的派别分歧，无休论争都出自不同的态度立场、理解进路等因素导致的解经差异。显然，赫士在这里提供出了一种可供选择的可行方法或曰释经原则："释经者，当藉明文以推解暧昧之处。"[27]这种被赫士在著作中贯穿始终的"以经解经"的路数也是以赫士为代表的基要主义者主要和优先的解经选择。

最终赫士认为这里的"千年"应指"多年"[28]的意思，他认同："四节所论，非形躯复起，亦未言灵之复活，只言见其灵活，故有人以为所表者，乃教会千年之荣显。[29]信徒将著其作血证之品性，教会允溢信胆，真道大获胜利。以此三节为喻言作解……新约教会，如此奓皇，即四节所言'得生与基督共王千年'其余死者，迨届千年而得生，无非言耶稣派荣盛千载，平复群敌，期满而撒但派暂挺魔力，与教会相战，至有火降自天，其凶锋顿灭，自

24 [美]赫士（W. M. Hayes）：《教义神学》（Systematic Theology）（下编），第 568 页。

25 [美]赫士（W. M. Hayes）：《教义神学》（Systematic Theology）（下编），第 569 页。

26 [美]赫士（W. M. Hayes）：《教义神学》（Systematic Theology）（下编），第 576 页。

27 [美]赫士（W. M. Hayes）：《教义神学》（Systematic Theology）（下编），第 578 页。

28 [美]赫士（W. M. Hayes）：《教义神学》（Systematic Theology）（下编），第 579 页。

29 耶稣首先自死见起，余则尚寝于墓，迨主复临时，在基督内逝世之信徒即复起，恶人之复起则俟末期，千福年即在此二复起之间。[美]赫士（W. M. Hayes）：《教义神学》（Systematic Theology）（下编），第 571 页。

古名人多从此说。"[30]

同时赫士也认为"千福年白不能于此世代中实现。"[31]因此，赞成"约翰言此景象似乎在天……使今世受窘迫信徒，知为主捐生有福乐在天，因而大获慰藉。"[32]

赫士认为这样的解释既合乎上下文，又能安慰受迫害的信徒，同时还与《圣经》中其他地方关于"原躯复起"的言论相吻合。赫士首先认定："原躯复起为启示之道"，也即属于启示的范畴，那么人们的认知就"悉凭圣经揭示"，而不是所谓的现代科学之实证等。面对问题首先诉诸《圣经》的权威，而不是首先寻求现代科学的验证，这是基要主义者最明显特征之一。赫士把"复起"分为两种："灵性苏于罪死之复起"和"原躯复起与灵复合之复起"，前一种"灵性复起"只有圣徒才有这样的情况，后一种"原躯复起"，不管善人恶人都会如此。只是，善者复起得永生，形状类似主复活的荣耀的身体，而恶者复起之后的"体"如何，《圣经》没有提及，但赫士推测应该和其"腐败之灵相若"。[33]赫士对一些质疑的声音进行驳议，他坚持认为《圣经》中的复起言论，"皆言实体之化，非言灵体之变。"[34]赫士特别强调"基督复临、大日审判，无一喻言而非实事。善恶复起与之同时，亦即隐含非喻而实之意，非然者，则圣经记载，杂无伦次矣。"[35]同时，赫士还从科学的角度进行回应，他依照保罗所讲的麦种的比喻（《哥林多前书》15：43-53），从生理学上，看到人的新陈代谢，但人还是这个人，所以"将来之体"仍为"今日之体"并不是说"原质"不改变，乃在于其中存在唯一的"灵体"。赫士在这里提出了自己的观点："窃以复起者，即此灵体，盖此体与肉体同入墓，后复自墓而出也。"这里的"灵体"应该指的是的赫士之前在"人学"部分讨论到的"魂"。赫士也认为复起之灵必将识得复起之体，并且将有别于今生"体为灵之车"的状态，将变成"灵为体之车，灵行体随"。[36]

30　[美]赫士（W. M. Hayes）：《教义神学》（Systematic Theology）（下编），第576-577页。

31　[美]赫士（W. M. Hayes）：《教义神学》（Systematic Theology）（下编），第571页。

32　[美]赫士（W. M. Hayes）：《教义神学》（Systematic Theology）（下编），第577页。

33　[美]赫士（W. M. Hayes）：《教义神学》（Systematic Theology）（下编），第580页。

34　[美]赫士（W. M. Hayes）：《教义神学》（Systematic Theology）（下编），第581页。

35　[美]赫士（W. M. Hayes）：《教义神学》（Systematic Theology）（下编），第582页。

36　[美]赫士（W. M. Hayes）：《教义神学》（Systematic Theology）（下编），第585-586页。

与人复活之后紧接着就是大日审判，赫士十分形象地形容，大日审判是为了彰显神之完全公义："惟至大日审判，人人心行昭著，由其所受商法，尽表神之公义，殆无复视天梦梦，而搔首问之者矣。"[37]赫士又依据《圣经》认为大日审判的景式有"众人复起""天地变象""神之公义，终必显著寰宇"，具体形式仍无法想象。大审判是为了最终给人以合宜的居所，赫士特别指出，人的性质，决定了"举凡言动心想，无不留有痕迹"，例如记忆，在合适的机缘下会忆起毕生的"是非邪正"，所以这些都会成为终日审判的证据和"素材"，因此赫士指出"人不可不慎其独乎"赫士指出大审判官就是神，神授权给基督，这里赫士在讲述理由时，关联起了基督论，结合基督的"神人二性"以及"救赎之功"，认定基督确为"终审之主"的最佳人选。届时众人、众恶天使都将被审判，依据神安放在人心的道德律或记载在《圣经》中的训诲，有名字因为基督的恩典被记在维生书（即"生命册"）上的将被认可接受赏赐。[38]

（三）末日之后

那么在末日之后会是什么样的状况呢？赫士分别从"善人终结"与"恶人终结"进行论述。义人必因信得生，可以说是《圣经》的核心经训之一了。赫士描述其为"终得永生、享荣悠久、入其安息、全其知识、完其圣洁、事主有缘、敬主有机、与众善结社、与上主同居云。"[39]

需要注意的是，在天堂中必有奖赏，但同时赏赐的多少会根据人在此世之付出。按照赫士的看法，天堂"自有定所，惟要不在其定所，乃在与父与主同居之乐"，至于如何造成，目前尚无从得知。

与此相对的是恶人终结，赫士花了很大篇幅进行讨论，他写道："恶人于终审后，即见逐于幽暗、入永火、投渊窟、受火与硫之痛苦、罹永刑、即神震怒之影、永干罪戾、被灭于主前。受第二次之死云。"[40]

并且，赫士补充说，地狱也是有定所，而不是比喻，为要使永远的刑罚可以落实，同时根据人生前恶行之大小所受之苦也有轻重之分。赫士认为这一部

---

37 [美]赫士（W. M. Hayes）：《教义神学》（*Systematic Theology*）（下编），第586页。

38 [美]赫士（W. M. Hayes）：《教义神学》（*Systematic Theology*）（下编），第586-591页。

39 [美]赫士（W. M. Hayes）：《教义神学》（*Systematic Theology*）（下编），第592页。

40 [美]赫士（W. M. Hayes）：《教义神学》（*Systematic Theology*）（下编），第595页。

分谬解很多，于是反驳了"灵魂灭没之臆说"、"死后复见试终皆升天之臆说"[41]、"恶人刑非永受之臆说"以及"有以永刑为不公者，不知正所以彰神之义也"[42]和"神慈爱无量，永刑非所忍施行"[43]还有"宣播永刑之道，人每受击退却，并圣道而不信"[44]这里赫士指出了应当效法保罗，积极宣教。

三、末世论与基要主义传教

末世论在基督教神学体系中占据着独特的地位，因为其直接指涉着"终末"，指向了一种终局和归宿。对于末世论的不同理解，造就了基要主义传教士和自由派传教士的很多不同做法。因此，深入理解基要主义者的末世论思想必将有助于理解基要主义运动。

基督教的传教活动本身就带着"护教"的色彩。一般而言，对于传教士而言，他们的职任是带领"福音未及之民"或者所谓的"异教徒"皈依基督，在这个过程中就难免面对来自异质文化的质疑和挑战，而传教士对此所作的回应一定意义上就是护教。

对基督教而言，传教士或曰宣教士是一个独特的群体。一定意义上，他们在基督教的层面上更加接近"基督徒"的本质。简而言之，所谓的基督徒就是一群追随基督的人，而基督一个重要特质便是"中保"，是沟通人和上帝的桥梁，是那"道路"，是成为肉身在人间显现的"道"。同样，对基督徒而言，一旦正式宣称成为了基督的追随者，便意味着要"披戴"耶稣基督，效法他的"样

41　大抵是今日之所谓"普救论"。赫士结合"神义论"、人的"自由意志"、上帝安放在人心的"是非良心"等进行了反驳。

42　赫士在此关联其前所言上帝论的神的属性，从上帝圣洁、公义属性的角度论述永刑的合理性。并且在此关联其基督论，正是基督代人赎罪，替人受刑，才使信他之人可以入天国得福。

43　赫士针对此也从上帝的属性角度进行辩护，他认为"慈爱"并非神唯一，也不是首要的属性，神的首要属性乃是"圣洁、公义"。并且赫士清楚地表明，上帝尽管施行了永刑，但并非处于本心意愿，或者乐于人灭亡，赫士举了"判司垂泪而定死刑"的例子，使人知神的仁慈与公义并存，这两个看似表面有冲突的属性，神藉着耶稣在十字架上的死调和了。

44　赫士认为耶稣、保罗都做了极好的榜样，从正反两方面论证了宣讲的好处（使人惧而归正）和隐匿不宣的后果（掩盖神恨恶罪恶之心），并且称那些认为"新约未可尽信"的人为"现代之瘟疫"，反倒认为《圣经》关于沦亡者的名词，即便是寓言，也只能表明实情更加可怕，所以对于宣教士而言，"当表彰永刑之定，非神乐为，乃不欲离罪依主者之自取。且当面显矜怜，心怀恳挚，志气轩昂，说词严重，警急劝惩，如保罗焉"。

式"——将"福音"传于万邦万民。因此，传教士正是将基督的使命与托付"职业化"的一群人。

德国神学家于尔根·莫尔特曼称十九世纪是"基督教的世纪"，历史充满了"弥赛亚式的激情"。一般而言，真正的传教士都是带着这样的目标和期许到世界各地传教。美国学者桑丁（Ernest R. Sandeen）在其《基要主义的根源》认为"基要主义最重要的根源和主调是千禧年主义，所以'基要主义至少应部分的被看作是千禧年主义历史的一个方面'。"[45]

赫士十分清楚地指出，"天国今已在斯世也"[46]。正因为此，基督谈到信徒的义务和使徒劝人人之，才能切合实际。虽然赫士在其《教义神学》的整个末世论中，没有系统地谈到所谓的"国度理论"，但由于其对于《圣经》极其熟悉，所引经文信手拈来，可知在二十世纪获得发展，被重新强调的很多末世论的观点，诸如"神的国"、"盼望神学"等，都被他捕捉到，并且呼之欲出。

赫士用极具严谨态度且十分考究的文笔进行《教义神学》的写作，显示出了精深的神学造诣和相当的中文水平，这些因素共同保证了这部教义著作的神学价值和可读性。赫士在处理解释《圣经》经文时，十分审慎，既考虑历代有代表性的注释，同时参证经文所指涉的历史背景，还难能可贵地处理经文的原文，根据经文的文法修辞判断，力求融会贯通，并且也显示出了卓越的概括提炼能力，使得教义条缕明晰，层次分明。另外和是采用的辩难、驳议的形式，展现出了其神学自信，并且能极大地增强其观点的说服力。而所有这些特质都在其"末世论"部分可以觅见踪迹。

总而言之，赫士作为基要主义传教士，坚持《圣经》的绝对权威来处理末世论的议题，并且审慎地给出解释，提出了明晰清澈的解经原则，使得其给出的阐释带给人盼望，使人得安慰，且能使人慎独、弃恶向善，具有训诫之效果。作为一个神学家，赫士在论述末世论时，又不断呼应前述之神论与人学，使得其神学思想一以贯之。赫士忠于古老的信仰，面对时代的挑战做出了强有力的回应，成为了在华基要主义传教士的风标。

---

45 Ernest R. Sandeen：Introduction, *The Roots of Fundamentalism*: *British and American Millenarianism 1800-1930*, Chicago: University of Chicago Press，1970，第 x 页。
转引自：姚西伊：《为真道争辩——在华基督教新教传教士基要主义运动（1920-1937）》，第 11 页。

46 [美]赫士（W. M. Hayes）：《教义神学》（*Systematic Theology*）（下编），第 574 页。

百年光学新知所荣耀的祭司
胸牌之光——向赫士博士致敬

吴大光

时逢华北神学院建校一百周年纪念，不禁令人喜出望外！虽然此时此刻无法让所有的追思者齐聚同庆，但缅怀其创办人赫士博士毕生无怨无悔的奉献于中国科学教育并基督信仰之事工，真叫人不得不异地同心的肃然起敬与无限感念！因为在《历史光影中的华北神学院》[1]一书中所载有关赫氏荣神益人之历史实证，将永垂千古！

笔者有幸参与今日盛会——华北神学院建校百周年纪念文集，可说是上帝的恩赐！当然，此期间有劳赵曰北老师的激励与鼓舞，也算是一种另类的灵性之启示与合一；爱以初探之姿、浅薄之识勉予心得报告或分享见证之，更祈愿各方不吝指正！

一、科学或哲理新知对纯正信仰的意义

开启《圣经》第一页就看到"起初，神创造天地。"（《创世记》1：1）我们若扪心自问，眼前的天地是神所创造的那个"天地"吗？还是说我们只能够看到吾人视力或科技智识所能及的时空界限？

（一）信仰非科学

宇宙到底有多大？是单一存在或是复合型态？这个难题在科学新知昌

---

1 赵曰北：《历史光影中的华北神学院》，苏格兰爱丁堡：汉塞尔出版社，2017 年第三版。

盛的当代，人类仍旧无解！另外，我们对于"光"或"超光速"的认知，至今也仅仅处于概念式的状态，因为对人类的视觉感应而言，前者需要某种"中介"反映才能"确认"其存有；而后者"理论上来说达到或超过光速是不可能的"[2]。诸如此类的科学或光学新知之无限延伸，就会彰显出人类的无知与无能。

近一百多年来，光学新知带给人类现实生活中诸多的方便性；尤其在 1895年德国科学家仑琴（W. C. Roentgen，1845-1923 年）发现 X 光之后，对医学的贡献与人类健康的守护，可谓是一项恩典。此项科技创举，对于当时正在中国（清末）"采用了科技传教的策略"之一的赫士博士，无疑是一桩喜讯，因为藉此一新发现他增列了在 1898 年所编译的《光学揭要》第二版附录之内容。

赫士这种寓教于福音广传的信念与实践，从他 1882 年 11 月抵达山东登州起，直到 1944 年 8 月 2 日逝世于潍县集中营为止，历时 62 年之久的岁月中展现无遗。1894 年他所编译的《光学揭要》作为科学新知传授之立场，在当时中国的时空背景下，是何等的重要！虽然在此前后亦有其他英美或日本物理教科书译本之挹注，但赫士身为"坚定的保守派长老会会员"[3]，也是一名始终恪守纯正基督教信仰的传道者，想必他对科学的理性思维能力之重视，无非就是指望验证并连结于最终的信仰真道。何况整体《圣经》所记载代表上帝之名，除"可见"的圣子耶稣以外都是"不可见"的阿爸父神、上主、圣父、圣灵或灵、道、爱、光等；其中尤以运用"光"之比喻成"阳光"、"光线"、"荣光"、"荣耀"等关照以成而相应相生。其实，这正是本文主轴论述与祈求蒙恩成就的努力方向。

（二）信仰非哲理

因为来自西方最早的哲学思想，所谓理性辩证系统或其有关人性自由本质之主张，从古希腊、文艺复兴时期经过康德、黑格尔，再到现代的"自由主义"，每每影响到基督信仰及教义内涵之认知，渐而趋向非纯正信仰的"自由主义神学"（Liberal Christianity），亦即当代基督教现代主义运动。"除了人事上的纷争以外，更让赫士不能忍受的是，学校当局纵容自由主义神学思想的蔓延，校园内各种奇谈怪论甚嚣尘上。"[4]在这股"自由"思想浪潮的冲击下，迫使原来在山东基督教大学（今称齐鲁大学）担任神学科科长的赫士离去，并与

2　刊于网站：https://zh.wikipedia.org/wiki/%E8%B6%85%E5%85%89%E9%80%9F。
3　赵曰北：《历史光影中的华北神学院》，第 22 页。
4　赵曰北：《历史光影中的华北神学院》，第 30 页。

支持他的神学科学生，继续在潍县长老会上课；1919 年秋季，赫士决定在潍县创立一所保守的神学院，也由当时人事组成的临时董事会确认无误。

由此可证，赫士坚决基督信仰的真理与核心离不开"顺服"的执行内涵，只有"听命胜于献祭，顺从胜于公羊的脂油"（《撒母耳记上》15：22）才是属天唯一能行出神之荣光，继而彰显其荣耀生命真光！相对之下，其他只倚仗自我意识或哲思巧辩之法，皆不能上达灵性信行合一之道！"你们应当趁着有光，信从这光，使你们成为光明之子。"（《约翰福音》12：36）是故，真正的基督信仰既非科学新知或逻辑辩证，而是"灵性之光"、"生命之爱"、"荣神之道"或"荣主之名"，以发挥天下之爱、不分贵贱老幼、包括任何吃、喝、住、穿、看顾、探监等等，所有"这些事你们既作在我这弟兄中一个最小的身上，就是作在我（耶稣）的身上了。"最后，还要能终其一生"信其所行、行其所信"！

二、从光学到"彩光学"

本文一、（一）所论述之主轴，乃聚焦于关乎科学思维或其理性辩证，概皆朝向验证并连结于信仰真道之总结。所以，在此对光学的讨论仅针对色光（彩）变化关系、特征与范畴，并联结当今新科技"人体气场彩光学"[5]之应用，以期对照显明有关"祭司胸牌"宝石色彩之深层结构与意涵，终极成就上帝荣耀之名。因为时空因素而致一手资料索得不易，暂以赫士相关的研究论文参考之。

（一）《光学揭要》之有关初探

1."赫士译编《光学揭要》初步研究"（王广超著）

（1）王广超先生提及赫士译自《基础物理学》[6]有关"何为光？"的内容时，翻译成"能触目之脑网，使心显有所见者，谓之光。"其"脑网"应是当代所谓的"视网膜"，而"心显"表示"心里明白"；所以，最后肯定的说"心即豁然"；又"向外直发之微气，其颤甚疾"也说明了振幅急速兼能量精微状态——这个重点就与稍后论述的"彩光学"有关。

5　费林杰（J. Fisslinger, B. B.- Fisslinger）：《人体气场彩光学》，远音编译群译，台北：生命潜能文化公司，2007 初版。

6　原法国著名物理教育家加诺（Adolphe Ganot, 1804-1887 年）所编，赫士则译自英文版中光学的部分。

（2）此外，在译著中对"影"的表述，"凡一笔光，照于阻光之物……其暗及淡处，统谓之影。"显示赫士很细心的处理"一笔光"的用词，因为光源的型态不只有自然光（如：太阳、月亮、星星或闪电等），还有人造光的诸多种类存在。如果我们比较仔细的观察影子的明度变化，就会发觉它所呈现的明暗调子，并非单纯的"其暗及淡处"两种现象，而是会形成第三种现象，就是影子的明度会随着与"阻光之物"的距离或远或近，显现远淡近暗的渐层视效，尤其最靠近"阻物"边缘之交接处，更显得得深暗。紧接着，赫士所翻译原文的内容中举例说"如日过屋顶至地作切线，凡在屋后切线下者，皆可日影，不徒指地上所显之影也。"这里对一般的视觉作用而言，可说是更深一层的思维与界定；因为对于"影子"的惯性思维，通常是"平面"的概念，也就是说影子乃投射（影）或浮贴于某一规则或不规则之承载面上，并不是"屋后切线下"的"立体"三维空间之存在样式。如是，能进一步批注或演绎实验而成为教学示范佳绩，则更贴近赫士对光学"实用性"的理想目标。

2."美国传教士赫士译著《光学揭要》初探"（郭建福、郭世荣著）

（1）该文记载"赫士在《光学揭要》序中指出：'光之为用昭昭也。通乎热，邻乎电，散见于日月星辰之间，自古迄今莫之或息也。'"这显示赫士编译此科学教本，肯定对光学的重视，其整合"光、热、电"等学理相融之概念，想必藉以提升人类现实生活中不可或缺之物性元素，进而启示理性思维对人类生命能量的激点。因为对科学的理解层次越高，就越不会对信仰真知盲然无措或误入迷信陷阱。

（2）"书中共有188幅插图……如光的三棱镜散色实验，'……则光过之被折而分为红、朱、黄、绿、蓝、青、紫七色，名曰光图。……而其各色所据之地亦不等，紫最宽，朱最窄。'"此间强调"精选插图、注重实效"的教学专业与特色，实为赫士编译此书的总体目标。不过，其中"散色"之后所称"青"色，应该译为"靛"色比较精确；又"紫最宽，朱最窄"可能是误植所致，因为实际上"朱最宽，紫最窄"才正确。

行文至此已进入本文论述之主轴，即"色彩"或"彩光"与"人体气场"或"身心灵平衡"，甚至与"圣经色彩"及"祭司胸牌宝石色彩"之联结对照与运用，似乎存在着彼此灵犀相通之密切关系。

（二）有关色彩心理学与彩光学之要义

1. 色彩心理学之浅释

最简单而直接的字面解释，色彩心理学就是研究色彩与人类心理暨行为反映的关系之学理；即对人类的视觉作用而言，存在于眼睛之外的"形形色色"透过视网膜感应后，再藉由视神经将相关信息传达至大脑作为系统性认知、储存与对应旨令之布达，最后责成适当行为模式之执行。其完整运作过程，从起初光线（波）照射视觉对象的物理性质，经成像于视网膜而讯传大脑的生理性质，再由大脑的指令控管行为模式的心理（知性）性质。这就是长久以来我们所知道的色彩心理学基本的运作架构，当然其中也涉及不少繁复的议题，如时代、环境、人文等因素，或地域、民族、性别、年龄、教育、职场、家庭、亲友等等关系，都会影响色彩心理的分析与价值。

这种生理因素与心理因素的"视觉思维"法则，运用于由色彩心理结构所衍生的心路历程，乃平行于创作心灵的整体展现。如以艺术创作为"中继站"（4. 思想[心理]-内容）立场解析之（如下图表），就比较容易了解其结构与传承脉络，甚至可以上溯古代遗传基因，下结历史传承硕果。另有关于白光七色彩之特色与象征意涵，留待下节与"彩光学"一并对照讨论。

2. 彩光学与人体气场摄录仪（如下图表）

当代光学科技已然发展到可直接进行人体健康之测试，包括人的"身、心、灵"平衡状态，都能精确的加以解读与疗愈。"人体气场彩光学"可说是近三十多年来最前卫的艺术、科学、信仰三大领域的完善整合。

"彩光学"指出"色彩能带给人对自己'内在'状况极有价值的宝贵讯息，并且也是极强而有力让我们展开自愈及个人成长的工具。当你对自己了解越多，就愈能了解色彩对自己身心灵的影响。"[7]只要能搭配临床实验而当下测试，探索且显明气场彩光之人格特质，就能明白过去数个月、现在以及近期的未来，自信地掌握决定下一步的生活动向。因为"气场彩光试验，是你迈向自我发现和自我治疗旅程的第一步。……如果我知道自己的身心状态、思想和动力、社交能力和人际关系、自己的目标和愿望，以及知道我是谁和我怎么与外界互动，我将能超越原本的气场光芒，而成为散发出拥有彩虹般全部气场彩光的一个多维度人格。"[8]此彩虹般的气场彩光共有十二种彩光人格类型，在以下

7　费林杰（J. Fisslinger，B. B. - Fisslinger）：《人体气场彩光学》，第 28 页。
8　费林杰（J. Fisslinger，B. B.- Fisslinger）：《人体气场彩光学》，第 152 页。

的"解析表"（如下图表）中第四列的"彩光色调"就是标注从深红、红、橘橙、橙黄、黄、绿、深绿、蓝、靛、紫、淡紫、白等十二种；但其中第三列之"气轮排序"从①红、②橘、③黄、④绿、⑤蓝、⑥靛、⑦紫等七个"气轮（chakra）"常会与当事人的心智变化产生互动关系，因为"气轮状况常会透过人体的内分泌腺作用来显现，这些腺体控制了所有生理和情绪的历程。气轮是微妙的转换点，再将宇宙的、较高频率的能量传送到肉体中……如果气轮的能量流被干扰，对应的内分泌腺体和所有被连接的新陈代谢过程，都会变得不平衡，然后一条身心混乱的链子就会显现。"[9]

光色气轮与人格特征或行事风格对照身心灵状态解析表

光波(奈米)	380以下	390	410	440	460	480	510	540	570	640	660	750	780以上
色相	白	淡紫	紫	靛	蓝	蓝绿	绿	黄	橘		红	深红	黑
气轮排序	◎		⑦	⑥	⑤		④	③	②		①		
彩光色调	白	淡紫	紫	靛	蓝	深绿	绿	黄	橙黄	橘橙	红	深红	黑
人格类型	救赎	梦真	远悟	深探	体贴	组控	教喜	演乐	科逻	冒兴	胜急	劳拼	无名
现实特征	活现	爱现	祈现	隐现	俸现	再现	传现	表现	据现	体现	兑现	拼现	无现
行事风格	死而复活	真爱实现	悟通身心	探潜隐显	贴心好手	控标统御	喜美教通	乐趣迷人	逻析信行	兴创悦商	急利营赢	拼命存活	虚空混沌
身心灵位格	神	灵		悟		心		感		身		人	
	380	420		470		530		600		680		780	
光波界限	0	40		50		60		70		80		100	

（注：第570、640栏上方合并，下方标"600"，横跨此二栏。）

备注：制表：吴大光，2019年4月

　　兹举下列实例作为对照说明，想必更能明确传达此中真意。两幅彩光照是笔者在今年五月某日教学前后之情绪变化，所产生于"气轮"显现膨胀与变形的极不平衡状态。

---

[9] 费林杰（J. Fisslinger，B. B.- Fisslinger）：《人体气场彩光学》，第67页。

本文以极简式介绍"人体气场彩光学"，乃期望一面承百年前赫士编译《光学揭要》之用心于"科技传教"策略，一方面乘今日"身心灵通"法则之信行，永合一于福音广传之道。只是尚须等候时日，待"圣灵降临"在我们的身上并确认"得着能力"后，再进一步"作我的见证"！现在仅以有关本节色彩心理学与彩光学所链接"身心灵"意涵对照表（如下图表）分享之，希望藉由此项连结，可以让我们彼此更能得着圣灵的感动，且对于生命中灵（性）的提升或生活中平安的恩赐，亦可如鹰展翅上腾力上加力。

色彩学与彩光学有关主色七彩之身心灵意涵连结对照表

学门状态内涵色相	色彩学	彩光学	交会区
	心　理	身心灵	身→（身心）→心 →（心灵）→灵
红（第一海底轮）	热情、大胆、快乐、疯狂、欲望、暴力、躁进、野蛮、革命、阳刚、激动、警戒、危险、惊吓、性象征、侵略性、俗艳	刺激、好动、现实、肉体、金钱、商业化、好强、精力旺、意志力、赢家、生命力、求生欲、本能(爱及身体的能量)、勤劳、踏实、力量、愤怒、挫折、挑战力、征服力	肉欲、狂热本能、生命力攻击性、野艳躁怒、刚强金钱、旺盛征胜、现实
橙（第二脐轮）	积极、活泼、喜乐、跃动、畅怀、忍耐、忌妒、华贵、娇媚、乐观、饱满、丰盛、收获	享受、冒险家、生产力、感官性、性征、具体创作力、表达能力、商业发展、勇气、风头、强壮、独立、营销、装扮、策略	活泼、勇忍喜感、创作丰富物欲、风华感性壮观、强制性
黄（第三胃轮）	光明、希望、积极、爽朗、愉快、发展、和平、轻薄、尖锐、突破、阳光、健康、朝气、敏捷	智慧、自由、趣味性、易相处、具创造性、个性、自我、情感、好奇心、信心、开心、胆小、摇摆、焦虑、轻窕、爱控制、运动、旅行	积极、开怀展望性、健谈轻率、放任扬眉、虚夸奇异、巧饰
绿（第四心轮）	和平、安全、温和、青春、青年、新鲜、理智、平实、理想、休闲、释怀、舒坦、希望	自然、和谐、沟通能力、外交、群居、思想敏捷、教师、成熟、成长、稳健、有目标、有系统、物质化、满足、自我存在、一般情爱	平安、传达温润、期盼释放、信念静思、体贴自在爱意

蓝（第五喉轮）	宁静、宽广、冥想、冷静、沉着、深远、悠久、广阔、诚实、理智、消极、严肃、学术	和平、具有深度、宗教虔诚、关怀、敏感、保守、内向、小心、忧虑、惶恐、充满爱心、忠心、爱助人、培育、顾问、治疗师	深沉、表达力静心、宗教性内观、观瞻关爱谨慎远谋
靛（第六眉心轮）	静穆、深潜、尊荣、气蕴、幽思、幻想、沈殿、饱满、知性、宝藏	清澈、爱心满溢、直觉、内向、平静、内在价值、自觉、信任、有远见、内心感应强、忠心、深不可测、洞悉力、透视	沈潜观照、幽深直觉、透彻省觉幻想感应、能量觉知丰蕴忠爱洞见自性远届
紫（白）（第七顶轮）	优雅、神秘、高贵、权势、深美、妩媚、虚躁、不安（孕育、启示、灵明、虚静、空寂、无尽、永恒、无我、真理、光芒）	直觉力、心灵升化、神秘、超凡、领袖魅力、感性、创新、脆弱、敏感（纯净、更高境界、启发性、思想家、治疗、形而上、灵性、卓越、改造、统合）	迷媚柔弱创见运筹直觉恒定（灵智继起空寂出神虚静无我超凡入圣顶光天回真理统合疗愈转化）

三、《圣经》与色彩

虽然《圣经》里记载了诸多有关色彩意涵及其象征意义内蕴之启示，但至今仍存在着许多迷点，特别是"祭司胸牌"宝石色彩的意涵及其象征性，确实会令人产生困惑。不过，如神谕般的色彩对心理（灵）的启示，当然是自古至今所不容置疑的，因为真理永远都是真理；例如"白"就是象征纯净、圣洁或真理（《诗篇》5：17；《马太福音》17：2）；"紫"象征君王、尊位或灵性（《士师记》8：26；《出埃及记》25：4）；"蓝"象征属天、生命彰显或神的恩典（《出埃及记》24：10；《民数记》15：38）；"绿"象征新生命、繁荣、永续（《创世记》1：11-12；《以赛亚书》60：13）；"黄或金黄"象征荣光、神的属性（《出埃及记》37：2-7；《启示录》1：13-15；21：18，21）；"橙或棕"象征理性、诚信、创见、开拓（《但以理书》9：3-5；《启示录》9：17）；"红"象征本能、生命欲求、物性、征胜（《创世记》25：25，38：28；《启示录》6：4）；"黑"象征死亡、罪、凶兆（《诗篇》23：4；《启示录》6：5）；"灰（银）"象征悔改、谦逊、（赎回、恢复）（《以斯拉记》4：3；《但以理书》9：3-5；《民数记》18：

15-16）等主色相内涵，历经千年以来随着《圣经》的广传，一直是被人类所认证的。尤其当今光学科技所融合艺术色彩内蕴心灵研究的成果，更证实人体气场彩光学理，确可辅助打通有关神学知性，或基督信仰的另类任督二脉而化解了迷信的疑团。

当然，上帝的荣光是我们无法直接看见的；祂已明明白白的警醒过我们说："我的荣耀经过的时候，我必将你放在盘石穴中，用我的手遮掩你，等我过去，然后我要将我的手收回，你就得见我的背，却不得见我的面。"（《出埃及记》33：22-23）如果我们在平凡的生活中，不能时常保持亲近神的敏感度或至高灵性；那么，当神临到我们的身边时，必然丝毫无感而终将无心领受与回应。如此，人总是会在神"经过"时，才恍然大悟地巴望其"背"而空留悔叹！这也是我们常常听到的——"人总是后来才知道！"是故，当"身心灵"平衡状态有了变化征兆或微妙偏移时，就是"生命中道"的偏行己路，自然会远离了起初被造的美好-这些当然都是神的启示与教导！

在此为了更进一步印证光学科技-色光之光波原理所平行于《圣经》无误的真理，拟以下列两件《圣经》史实论述解析之，愿其真相显明而为后续色彩神学之"房角石"也。

（一）《出埃及记》19 章至 24 章

本段历史明确记载着"以色列人出埃及地以后，满了三个月的那一天，就来到西乃的旷野。"（《出埃及记》19：1）他们初次来到人生地不熟的荒郊野外，耶和华就吩咐他们要分别为圣的订定山的四围界限说"你们当谨慎，不可上山去，也不可摸山的边界；凡摸这山的，必要治死他"（《出埃及记》19：12）接着，神就展开计划叫他们亲身体验震撼教育的人生功课，似乎也在警醒并告诫以色列百姓说，当整个族群生活面向挑战或个人身心灵平衡状态突起不安的征兆时，如何持守"心灵与诚实"的敬畏态度仰望和信靠"迎接神"。因为"到了第三天早晨，在山上有雷轰、闪电和密云，并且角声甚大，营中的百姓尽都发颤。摩西率领百姓出营迎接神，都站在山下。"（《出埃及记》19：16-17）不但如此，百姓个个都身怀敬畏之心而"远远的站立"着……

在神颁布了十诫与诸多的律例典章之后，"摩西将耶和华的命令典章都述说与百姓听。众百姓齐声说：'耶和华所吩咐的，我们都必遵行。'（《出埃及记》24：3）既然如此，摩西的任务之于整个事件应已告一个段落，而不需再进行后续之"献祭"事工。当然除了感谢神之外，有一个关乎灵性色（光）彩的奥秘-"血红"色彩光波与气场能量的"共振"效应，即心灵（性）的蝴蝶效应，亦即身心灵互通共感于不知不觉中，就在以色列的百姓身上成功应验了！此关键在"摩西将血一半盛在盆中，一半洒在坛上；又将约书念给百姓听……"（《出埃及记》24：7）百姓领受并回应"我们都必遵行"之后，摩西又将先前另一半盛在盆中的血"洒在百姓身上，说：'你看！这是立约的血，是耶和华按这一切话与你们立约的凭据。'"（《出埃及记》24：8）藉此血红光波（波长约650-750奈米）不可见地往来穿梭于坛上（神之所在）与百姓身上，互织相映而同振（幅）共鸣于全方位的献祭空间中；当下百姓身上的气场能量与神属天"自有永有"（《出埃及记》3：14）的无限"宇宙"能量顿时合而为一而人神"同荣同行"！此时此刻对人类而言，上帝可谓是一部无限能量的发动（电）机。

如此存在"天人合一"的灵性交融，有如神奇万有般的永在真理，只是人眼所"不能见"矣！因为"能量转换在人类身体上也有相似的原则。如果将人类的知觉，想象成真实存在的物体，比较容易了解这个概念。驾驭并给人类系统灵魂的能量发动机，是在较高的精神面上。这个精神面同时被称为人的天赋，是与无所不包的宇宙万物相连接，并能从此个体的能量流动到其他能量体，或是人类本质的其他面向。"

（二）《创世纪》30 章至 31 章有关雅各饮羊的史实

基本上色彩学对于色彩要素的界定，分别为"色相、明度与彩度"等三种，而色相主要分类为"有彩色、无彩色"两种；前者包括色彩七色，而后者包括黑、白、灰三色。本文前一段落论及有关"血红"色相之故事内容，就是归属"有彩色"之范畴；下列所论述有关雅各饮羊的史实，则归属于"无彩色"的范畴。

1. 故事的背景简述

"雅各出了别是巴，向哈兰走去"（《创世记》28：10），依照他母亲利百加的指示，前往目标地哈兰（即巴旦亚兰）。他此行的原因主要是除了避开其兄以扫的追杀外，还要"到你外祖彼土利家里，在你母舅拉班的女儿中娶一女为妻。"（《创世记》28：2）在往后的数十年当中，雅各不但娶了拉班的两名女儿利亚和拉结，也与她们各自的使女悉帕与辟拉同房……；他大大的蒙恩总共得子十二人（除了女儿底拿一人外），这也就是后来以色列十二支派的由来。

当雅各的妻子拉结生了总排名第十一个儿子约瑟之后，发现自己除了拥有满堂妻儿之外，身上的财富似乎一无所有；因此就坦然对舅舅拉班争取他多年来为其牧放羊群辛劳付出所应得的"工价"，希望得以"为自己兴家立业"；最后，拉班应允其"工价"-即"绵羊中凡有点的、有斑的，和黑色的，并山羊中凡有斑的、有点的，都挑出来；将来这一等的就算我（雅各）的工价。"（《创世记》30：32）

2. 黑白色调对羊只"牝牡配合"生态的影响

雅各既然有志于财富的累积发旺，当然就要努力祈求上帝的智慧与恩赐，并顺服生命的道全神贯注于牧放兴盛而大发利市。"雅各拿杨树、杏树、枫树的嫩枝，将皮剥成白纹，使枝子露出白的来，"（《创世记》30：37）这明显是有智慧的生态性取材，再稍事加工之后的完胜策略。因为前三种树皮的天然色调都比较深暗，一旦经过条纹式的剥皮工法，去其外树皮时如使力过大，就会刮过木栓形成层且深及其韧皮部；那么，树枝内部的浅白质感自然明显可见，也就顺势制成了黑白相间、对比显眼的斑纹或点状的视觉特效之利器了！

等到羊只交配的季节，他将这些"值回工价"的视觉利器，"对着羊群，插在饮羊的水沟里和水槽里，羊来喝的时候，牝牡配合。羊对着枝子配合，就生下有纹的、有点的、有斑的来。"（《创世记》30：38-39）这是雅各得之于由神而来的"科技"智慧与信行合用，再加上商业头脑精算战术的运用，"到羊群肥壮配合的时候，雅各就把枝子插在水沟里，使羊对着枝子配合…肥壮的就归雅各。于是雅各极其发大，得到了许多的羊群、仆婢、骆驼、和驴。"（《创世记》30：41-42）

最后，在神的启示及教导下，总结了这段犹如商业机密之大解码，也让人觉得似乎是刚发生的事！为何如此——千年如一日？！因为我们身处科技挂帅的今日，总是会以"眼见为凭"或"惯性思维"的模式应对这个现实世界，或盲从物质（性）衡量的世界而无所创见。殊不觉人类所谓近代科技的"幸福指数"是虚拟的，因为"无限的不可知"永远会存在这个世界！雅各之所以"大发利市"，乃得之于倚靠神的力量使然，因为在数千年前并没有所谓"科技"信息可供应用，但"光波"这个真理，却默默的存在宇宙之中陪伴着人类生活至今！

若以当代科技术语，审视羊只身上的黑色斑点或亮暗相间的纹理，谓之"二维码（Q R Code）"或"视讯密码"也不为过。这样透过人眼视网膜感应成像转发为讯息，上达"天听"的人脑且系统化的由物性转换成心性，再升华为灵性的存在过程——请问这难道是当今二十一世纪才发生的事吗？或者我们应该及时悔改俯认，那是数千年前早已存在的"科技"真相！试想如果雅各在几千年前就已经知道这个"真相"——光波及视网膜成像之原理，那还称得上是信仰吗？如今为何我们可以对雅各饮羊以致大发利市的好奇心得以豁然开朗，那是因为我们已经确定光波是一种电磁波，而且透过视网膜成像再集中信息，影响大脑的"心思意念"，甚或可能刺激进而调整生命包括神经、内分泌腺与细胞分裂之运作，甚至精微深入左右基因的变化等无穷的生命奥秘！何况，动物的视网膜构造中感应色相的锥状（cone）细胞数量比例较少，而感应黑白的杆状（rod）细胞比人眼的数量高出许多；所以夜行动物在晚间的出没活动，尤其视力的辨识敏感度与搜索反应力，都是畅快无碍的。

是故，从短距离看，似乎科学领导了一切；但从长远的时空深思，它只是验证或实现了信仰的真谛吧！

四、有关"祭司胸牌"宝石之色彩密码

首先，我们不得不面对一个严峻的问题，就是关于"祭司胸牌"（以下简称"胸牌"）的记载，在《圣经》版本或内容细节的难题！其中包括"要在上面镶宝石四行……都要按着以色列十二个儿子的名字，仿佛刻图书，刻十二个支派的名字。"（《出埃及记》28：17-21）此为难题之一，因为事实上"十二个儿子的名字"并不等同于"十二支派的名字"；又"'雅各的儿子们，流便、西缅和利未、犹大、西布伦、以萨迦、但、迦得、亚设、拿弗他利、约瑟、便雅悯。'这一切是以色列的十二支派；这也是他们的父亲对他们所说的话，为他们所祝的福，都是按着个人的福分为他们祝福。"（《创世记》49：2-28）雅各所预言祝福十二个儿子的次序，与他们出生先后的排行显然不同，此为难题之二；与此疑点相似为"摩西在未死之先为以色列人所祝的福"（《申命记》33：1）当中，除了雅各的儿子排行未照顺序外，为何独独漏掉老二西缅的名字，此难题之三；末后第四个难题是"胸牌"的宝石造型、色彩、材质、方位等究竟其明确的答案为何？当然，如果持续"昼夜思想"警醒以进，则相信未来突破难解的机缘会更多更广，或许这样的努力方向，也算是一桩信仰的事工吧！

为了精简分享，在此暂以去年年初造访以色列七十周年圣地之旅，途中所得之"胸牌"模型稍加润饰与编辑（下列相关之对照表）后作为与读者"昼夜思享"并期彼此互勉之。

（一）“胸牌”模型（正反面）之内容——其中有些宝石色彩及英文拼字转列在下方“对照表”内已修正过。

（二）大祭司胸牌宝石色彩与其象征之灵性意涵对照表

本“对照表”乃主要依据前述“胸牌”模型之名字排序、参考《圣经》“和合本-（恢复本）”中十二支派之相关经文、综合“创世记49章与申命记33章”有关之预言与祝福之内容，并“人体气场彩光学”先进科技之应用等共同交织而成，期使克尽客观论证之公正。

旧约时代大祭司胸牌宝石色彩与其象征之灵性意涵对照表

十二支派	胸　牌	宝　石	象征意涵
1. 流便（Reuben）	红宝石	Sardius（Rubi）sardion　红宝石、肉红玉随、胸甲宝石	Fertility　肥沃、丰产繁殖力〈生〉
2. 西缅（Simeon）	黄玉 （恢复本）	Topaz　黄玉、黄宝石	Energy　〔物〕能量、活力、精力、精神
3. 利未（Levi）	绿宝石 （恢复本）	Emerald　祖母绿、绿宝石、翡翠	Heart & Back　完全（然）的心而永不回转
4. 犹大（Judah）	红玉 （恢复本）	Carbuncle（Garnet）　红榴石、红宝石痈、石榴石	Creativity　创造性、创造（能）力
5. 以萨迦（Issachar）	蓝宝石	Saphire　蓝宝石	Intuition　直觉（力）、凭感觉的知识
6. 西布伦（Zebulon）	金刚石	Diamond（Quartz）　石英（矿）	Purification　洗净、涤罪、提纯（犹太女月经后行）洁净礼
7. 但（Dan）	紫玛瑙	Ligure（Opal）　蛋白石、紫玛瑙、猫眼石、乳色玻璃	Happiness　快乐、幸福
8. 拿弗他利（Naphtali）	白玛瑙	Agate　玛瑙制（装有玛瑙的）工具、〈美〉玛瑙玩具纹弹子	Power & Courage　力量、权势（力）〔机〕动力
9. 迦得（Gad）	紫晶	Amethyst　紫蓝色宝石、紫（水）晶、紫色	Calm　平静（无风）、镇定、安定
10. 亚设（Asher）	水苍玉	Beryl　（Aquamarine 海蓝宝石、碧绿）绿玉、绿宝石、绿柱石	Communication　交流、传达、通讯

| 11. 约瑟（Joseph）（以法莲&玛拿西） | 红玛瑙 | Onyx（Sardonyx）红缟(肉红)玛瑙、爪甲、石华（半透明：白、茶、褐），另有黑色（以法莲 喻 Bullock 阉牛&玛拿西 喻 Wild Ox 野牛） | Protection 保护、护照（政策） |
| 12. 便雅悯（Benyamin） | 碧玉 | Jasper 碧玉 | Strength of the Body 身体力（能）量、优势 |

备注：制表：吴大光，2019 年 8 月修订

五、结论

有关"祭司胸牌"宝石之色彩密码，相信是一项难缠的问题；无论今日的我们、过去的他们或未来的你们……表面上看来似乎是不太引人兴趣的议题，但不可否认的，这是千年难得标准答案之神所赐的奥秘！也许千年后仍无法令人完全释怀，因为人是有限的，而且是极其渺小，连一粒海砂都不配。

从"胸牌"宝石色彩所对应于《圣经》相关内涵及其象征意义之探讨，其间都应围绕其色彩"光"的主体（主的身体——道成肉身），本文研究分享之结论如下：

（一）"光"是"永世之光"——那是普世的，也是永世的（《马太福音》5：13-16）；如宝石之于"祭司胸牌"之光历经千年而不息（如前述"对照表"-1、流便支派的红宝石（Sardius），象征肥沃、丰产、繁殖力）"主神说：'我……是昔在、今在、以后永在的全能者。'"（《启示录》1：8）

（二）"光"是"荣耀之光"——生命荣耀之光 神、灵、道、爱……圣灵的果子等等。"胸牌"佩戴于祭司胸前，是最贴近心（脏）得以心思意念之运筹高升——主的灵（《哥林多后书》3：17-18）；此"荣耀之光"可资吾人借镜并时常于生活中见证之（《哥林多前书》10：31）。另如新生命的诞生也是满有神的荣光之显现（如前述"对照表"-7、但（Dan）支派的紫玛瑙（Ligure）象征快乐、幸福），因为神应许并成就拉结之使女辟拉生了头生的儿子，一方面彰显了祂的荣耀，一方面也让人喜乐无比！

（三）"光"是"中保之光"（路 23：45，提前 2：5，约壹 2：1）——生命介于或存在于"天地之间"，也是"身灵之（中）心"即人身体与灵魂之交会点，扮演着转运（换）站的"位格"，即"身心灵通"之谓……例如献祭或求告神的时候，祭司之于神就代表"人格"，而祭司之于人就代表"神"；又平

时只要不偏离神的道，神的灵就会常与我们同在，永远保守我们免于一切的试探。又"你们明显是基督的信……不是用墨写的，乃是用永生神的灵写的；……乃是写在心版上。"（《哥林多后书》3：3）此"心版"所指称的就是"身、心、灵"密切之存在关系，其中藉由"心"的流转传讯模式，可以是个体自我上下运作，也可以是群体人我内外交通，如前述"对照表"——10. 亚设（Asher）支派的碧绿石（Beryl）象征交流、传达、通讯（Communication）；再如"身体只有一个，圣灵只有一个……一神，就是众人的父，超乎众人之上，贯乎众人之中，也住在众人之内。"（《以弗所书》4：4-6）更令人领受到神的灵随时在我们当中，只要我们永怀心中有神。

　　（四）"光"是"完全之光"——生命之"初"直到"终"了，有始有终同时也无始无终，如"我是阿拉法，我是俄梅戛；我是首先的，我是末后的；我是初，我是终。'"（《启示录》22：23）（如前述"对照表"——3. 利未（Levi）支派的绿宝石（Emerald）象征完全的心而永不回转（Heart & Back）；因为在"祭司胸牌"里"又要将乌陵和土明放在决断的胸牌里；亚伦进到耶和华面前的时候，要带在胸前，在耶和华面前常将以色列人的决断牌带在胸前。"（《出埃及记》28：30）"论利未说：耶和华啊，你的土明和乌陵都在你的虔诚人那里。"（《申命记》33：8）特别是"乌陵与土明（光照与成全）"[10]被理解为两块占卜用的"（宝）石"——即上帝的话语"dabar"（劝诫、命令、律例、典章、讲道、鼓励或应许）之永存人心——此间从希腊文字母中第一个"阿拉法"至最后一个字"俄梅戛"隐喻包括所有的文字话语皆统摄于乌陵和土明）之完全成就而从不落空！

　　当祭司在圣所中求问上帝时，透过"胸牌"上不同支派的宝石色彩发出光泽变化的当下，神的"决断"讯息就成为信实而有形色、有彩光的降临了！正如"人体摄录仪"在计算机视讯或屏幕上所呈现的"气轮"或"气场"之形色清浊或光彩显晦之种种回馈数据，及有关"身、心、灵"平衡氛围之判读与见证……这就是光学中电磁场的科技应用模式之显现——神殿中的"求告者"透过由上而来的光中波粒双性——"宏观者为波、微观者为粒"之生命能量特质，

10　乌陵与土明（希伯来语：אורים ותומים（Urim vəTummim）英语：Urim and Thummim；阿拉伯语：وتميم اوريم，Ūrīm waTummīm），原意分别为"光"和"完全"，引申为"启示和真理"，是古代希伯来人在遇到问题或难处时，用以显明上帝旨意的一种预言媒介。刊于网站：https://zh.wikipedia.org/wiki/%E4%B9%8C%E9%99%B5%E4%B8%8E%E5%9C%9F%E6%98%8E

而以人类目前可理解的概念论之，其前者"无形"而后者"有形"。这也算是本研究的一种展望——静候将来在神的恩待下，能进一步与人分享"心意更新而变化"的心得与启示！[11]

---

11 谢志：本文之所以能如期如实的及时告一段落，除感谢主之外，特别要向赫士博士致敬，同时非常感谢赵曰北老师、台北华北神学院林珍郁院长，以及最亲近的家人致衷心的敬意，谢谢您们的鼓励与协助并提供宝贵的数据，再一次感恩！

赫士译编《光学揭要》初步研究

王广超

清末，新教传教士来华传教。与明末清初耶稣会士相同，他们采用了科技传教的策略。不同的是，他们获得了开办学校的权利，相继开办了不少教会学校。有些学校在开展宗教教育的同时，积极推行科学教育。为此，传教士们编写了很多科学教科书。这些书大多由西方人口译、中国人笔述，开中国现代科学教科书之先，在传播西方科学过程中起了重要作用。然而，学界对近代早期科学译著的研究多集中在程度较高的《重学》和《谈天》等译著上，对较低程度的教科书的关注明显不足。毫无疑问，高层次科学译著译成中文是中国科学史上的重要标志，但由于真正读懂这些书的中国人不多，因此，其实质影响非常有限。相比较之下，那些较低程度科学教科书，由于所载知识较为浅显，采用浅近文理表述，具有更强的可读性，在晚清科学传播中起了更重要的作用。早期这些科学教科书是如何编写的，有何特色，对后世的影响如何？本文试图以《光学揭要》为案例进行初步考察，希望藉此对晚清早期物理教科书的状况加以阐述。此书系由美国传教士赫士口译、登州文会馆毕业生朱宝琛笔述，基于当时世界上颇为盛行加诺的《基础物理学》编译而成，是登州文会馆的正式教科书，在其他教会学校和官办学堂也有使用，在晚清中国具有一定影响。

一、赫士、朱葆琛和登州文会馆

赫士，美国长老会教士，1857 年出生于美国宾夕法尼亚州默瑟县（Mercer County，Pennsylvania），毕业于阿勒格尼学院（Allegheny college）。1882 年，受美国长老会派遣，赫士携妻美吉氏来至登州文会馆。[1]文会馆由狄考文（Calvin Wilson Mateer，1836-1908）于 1864 年创建，最初为一所培养幼童的学堂，名为"登州蒙养学堂"（Tengchow Boy's Boarding School）。1873 年学堂更名为"登州男子高等学堂"（Tengchow Boy's High School），开始招收年龄大些的学生。1877 年 1 月，正式更名为"登州文会馆"。1882 年，山东长老会批准文会馆[2]为大学。两年后，得到美国长老会差会本部授权，英文校名为"Shantung College"。赫士的到来对充实文会馆的师资至关重要，主要负责算学、天文、地质、物理等课程。起初，由于缺乏合适的教科书，赫士直接用英文版加诺（Adolphe Ganot，1804-1887 年）《基础物理学》（*Elementary Treatise on Physics，Experimental and Applied*）授课。后来赫士编译的《声学揭要》、《光学揭要》和《热学揭要》等三本物理学教科书皆根据文会馆讲义编订而成。

1893 年，赫士先后担任广学会书记、会长各三年，致力于协定化学名目的工作。1896 年，他接替狄考文担任登州文会馆馆长。这一年，他还创办《山东时报》，这是山东第一份中文报纸。[3]1900 年，文会馆因义和团事变而停办。1901 年，慈禧太后诏谕各省兴办大学堂。应山东巡抚袁世凯之邀，赫士前往济南，筹办兴办学堂事宜。随行的有文会馆中国教习六人，西方教习四人，往届毕业生六人，当年应届毕业生二人。他们在 1 个月之内创办了中国第一所省立大学——山东高等学堂。作为"海总教习"，赫士与袁世凯共同商定了新学堂所有暂行试办章程。慈禧曾颁谕全国各省仿行山东办学经验，嘉奖赫士办学功劳，于是各省争相聘用文会馆毕业生为教习。山东高等学堂的课程仿照登州文会馆，设置格物课程（物理），包括热学、声学、水学、气学、光学、磁学等部分，赫士所编几本"揭要"为其正式教科书。1901 年末，赫士和 6 名中国基督徒教师因反对强迫学生祭拜孔子而辞职。

1904 年，登州文会馆迁至潍县与其他学校合并为广文大学。1917 年，广文大学由潍县迁至济南南关，更名为齐鲁大学，赫士任齐鲁大学神学院院长。1919 年，赫士因坚持保守信仰而辞职离开齐鲁，在潍县另外创办华北神学院。

1　Edgar Sutton Robinson: *The Ministerial Directory of the Ministers in the Presbyterian Church in the United States（Southern），and in the Presbyterian Church in the United States of America（Northern）*，Ministerial Directory Company，第 301 页。

2　郭大松，杜学霞编译：《登州文会馆志》，济南：山东人民出版社，前言，2012 年。

3　刘玉峰：《赫士先生行年事略》，收录于郭大松、杜学霞编译：《登州文会馆志》，第 61-62 页。

1922 年，华北神学院迁至滕县，成为华北最有影响的保守派神学院。太平洋战争爆发后，已经年迈的赫士夫妇和他们的儿子赫约翰（John D. Hayes，1888-1957 年）被日军俘虏，拘押于潍县集中营。期间，赫士放弃国际红十字会主持下的美日两国交换俘虏的机会，将此机会让给了年轻人。1944 年，赫士病逝于该集中营内，享年 87 岁。

文会馆不仅编写了一批优秀的科学教科书，还为当时及后来的学堂或书院培养了不少师资人才。据郭大松考察，文会馆学生毕业后多服务于全国各省省办学堂或书院。[4]《光学揭要》的笔述者朱葆琛的经历具有一定的代表性。朱葆琛，字献廷，胶州高密县朱家沙浯人。1887 年毕业于文会馆，历任登州文会馆教习，北京汇文书院教习，清江浦官学堂教习，京师大学堂教习，山西大学堂译书院主笔，青岛礼贤书院教习，天津北洋译学馆教习。[5]在协助赫士翻译《光学揭要》时，朱葆琛还在文会馆执教。

二、加诺、阿特金森和《基础物理学》

《光学揭要》主要基于加诺所编《基础物理学》英译本 *Elementary Treatise on Physics，Experimental and Applied* 的"光学"部分编译而成。加诺是法国著名的物理教育家，1804 年生于一个中产阶级家庭。[6] 1829 年，他获得科学学士学位，曾在 college communal of Bourn-Vendee 任教。加诺打算终生从教，为此曾长时间准备考取教师资格，但并不顺利。最初，他讲授物理、数学课程，深为缺乏合适的科学教科书和教学设备而苦恼。1835 年，他曾给学校教育主管写信请求改善学校设备。由于未得到满意答复，他毅然辞去工作，去了巴黎。在那里，加诺进入一所不知名的私立学校，准备来年 10 月份的教师资格会考。1837 年，他加盟一所由化学家博德里蒙（Edouard Baudrimont，1806-1880 年）开办的私立学校。这所学校成立于 1835 年，开设数学、化学、应用化学、医学、药学等课程。加诺在此学校主要讲授数学课，当时的数学课与现今的有所不同，还包括几何、代数、静力学、基础力学等内容。期间，他在其居所自起炉灶，干起了家教行当，给一些学生补习功课。在博德里蒙学校十年间，加诺

4　郭大松，杜学霞：《登州文会馆志》，第 272 页。

5　郭大松，杜学霞：《登州文会馆志》，第 137 页。

6　加诺的身世经历主要参考：Josep Simon: *Communicating Physics: The Production, Circulation and Appropriation of Ganot's Textbooks in France and England, 1851-1887*, London：Pickering & Chatto，2011 年，第 57-76 页。

赢得了很好的声誉。他曾参与一本物理学手册的编写工作，负责其中的数学部分。然而，1840年代，博德里蒙的主要精力用在其他方面，学校疏于管理，日渐衰落，最终于1847年倒闭。

1848年，加诺加盟刚成立不久的巴黎理工协会（Association Philotechnique），担任物理教师。此后，他说服博德里蒙，将原学校里的设备和家具低价处理给他。1850年，在原校附近，加诺开办了一所新的学校，校名依旧如前。所教课程略有调整，更偏重物理和数学。刚开始时，学校只有四位教师，他自己担任物理学和植物学教学工作。这一年，加诺出版了他的第一本物理学教科书《基础物理学》。此书获得极大的成功，吸引了更多的学生来此就读。1855年，已有在读生180名，此后20年里以每年1/3的速度递增。

除教师这一身份外，加诺兼具科学仪器制造者、教科书撰写者、成功的商人、学者等多重身份。学校创办伊始，加诺非常注重仪器设备的置办，一年后，学校已拥有300多种仪器设备，其中多为新式仪器。此外，加诺还亲自设计、制造科学仪器。他所经营的学校非常成功，获取了巨大利润，1855年时就已获利17500法郎，这在当时可以说是相当可观的。当年，他所编纂的物理教科书已突破一万册，仅此一项就获利14000多法郎。另外，他还定期阅读科学前沿期刊，跟踪前言研究，参加学术沙龙，并在电学方面做出了一定贡献。[7]

《基础物理学》原名为"*Traité élémentaire de physique expérimentale et appliquée*"。其中的"élémentare"表示"基础"，主要针对较低年级学生，而"expérimentale"则强调此书注重实验，这两个词在当时大学物理学教科书的书名中比较常见。书名中的"appliquée"表"应用"，当时在化学教科书中比较常见，体现在仪器制造方面的"实用性"特点，在物理教科书的书名中比较罕见。不过，据此书序言所述，《基础物理学》书名中的"实用"另有深意，主要体现在以下两个方面：一是附录部分收录了比较丰富的习题，主要依据上一年的科学考试（baccalauréat ès-sciences）的考题改编而成，这可以说是加诺的首创；第二是书中插图。这些图非常精美，体现了图片起草人、雕刻工、印刷工等多方面的智慧，将仪器及实验过程的细节非常真实、生动呈现出来。

《基础物理学》不仅在法国非常畅销，国际上也颇具影响。据 Josep Simon

---

7 Josep Simon, Pedro Llovera: Between Teaching and Research: Adolphe Ganot and the Definition of Electrostatics（1851-1881），*Journal of Electrostatics*，2009年第67期，第536-541页。

统计，19 世纪后半叶，有近十二中语言的译本问世。[8]英译本由英国物理学家阿特金森（Edmund Atkinson）翻译。凭借英语的优势，阿特金森的译本更具影响，基本上每三年更新一次，自 1863 年至 1914 年从未间断。阿特金森甚至因此而成为英国物理学界颇具盛名的人物。阿特金森，1831 年出生于兰开斯特（Lancaster），接受了 19 世纪典型的英国化学教育，同时也接受了比较系统的物理学教育。[9]1855 年，阿特金森在巴黎学习，当时就已得知加诺。1856 年，他回到英格兰，成为本杰明·布罗迪（Benjamin Brodie）的助手。1861 年，阿特金森接受了翻译加诺物理学教科书的任务，需在一年内完成，计划 1863 年出版。他基本上是逐字翻译的原书，译书速度极快，平均每两个月翻译 70 页，另外留一些时间校对。在此书序言中，阿特金森给出翻译加诺书的两个原因，一是他在授课时就用此书，认为此书为他的教学提供了必要的基础，是一本颇具价值的物理教科书；二是此书在法国、德国和西班牙都具有很好的声望。后续的译书中，阿特金森基本保留了加诺原书的结构，版次也与原书同步。不过在一些细节方面略有不同。比如星号和字体的处理，译书并没有完全按照原书安排。阿特金森在书末加入一个索引，将一些术语和书中的章节关联起来。关于插图，他还加入英国科学家和仪器制造者设计的仪器，其目的是为通过此译书宣传他们的产品。总体来说，加诺的法文原本和英译本在当时都是颇具影响的物理教科书。

三、《光学揭要》的内容及特色

《光学揭要》首版于 1894 年出版，现已无法找见。第 2 版还比较容易找到，1898 年由上海美华书馆出版，1902 年收录于《新辑各国政治艺学全书》，由鸿宝书局出版。

8　包括：意大利（1852 年），西班牙（1856 年），荷兰语（1856 年），德语（1858 年），瑞典语（1857-1860 年），英语（1861-1863 年），波兰语（1865 年），保加利亚语（1869 年），土耳其语（1876 年），斯尔威亚语（1876 年），俄语（1898 年），汉语（1898 年）。其中所指汉语译本不是三本揭要，而是《形性学要》，此书由赫师慎译编，1899 年徐汇汇报馆出版，但其原本并非"加诺基础教程"，而是根据其改编的《加诺大众物理学》（*Ganot's Popular Physics*）。参考 Josep Simon, Pedro Llovera: Between Teaching and Research: Adolphe Ganot and the Definition of Electrostatics (1851-1881)，*Journal of Electrostatics*，2009 年，第 536-541 页。

9　Josep Simon: *Communicating Physics: The Production, Circulation and Appropriation of Ganot's Textbooks in France and England, 1851-1887*, London: Pickering & Chatto，2011 年，第 76-90 页。

赫士译编的三本揭要中,《声学揭要》(1894 年)最早面世,其次是《光学揭要》(1894 年),最后是《热学揭要》(1897 年)。1897 年再版的《声学揭要》声称主要参考了 1893 年出版的《基础物理学》英译本第 14 版。由此可以推断,《光学揭要》首版肯定基于加诺物理学更早的版本。不过,据本文作者考察,《基础物理学》第 12 至 15 版并无太大差别。故此,本文主要依据《基础物理学》英译本第 14 版。

《光学揭要》并非直接译自《基础物理学·光学》英译本,两者有很大差异。从章节的安排来看,《基础物理学·光学》共八章,《光学揭要》七章,删略了第七章"光源",这一章在原书中最为单薄。至于为何删略它,还有待进一步考察。前六章中各节名称虽有不同,但内容基本对应。最后一章(双折射、干涉和偏振)中的各节出入较大,《光学揭要》中删略了不少内容。

具体到知识点,《光学揭要》也非完全按加诺书直译,如第一个知识点的对比如下:

> Light is the agent which, by its action on the retina, excites in us the sensation of vision. That part of physics which deals with the properties of light is known as optics. In order to explain the origin of light, various hypotheses have been made, the most important of which are the emission or corpuscular theory, and the undulatory theory.[10]

> 何为光?能触目之脑网,使心显有所见者,谓之光。光之来源,要说有二:一,凡能自具光之物,皆有向外直发之微气,其颤甚疾,质无可权,体无可见。然一入目,心即豁然。[11]

由以上对比可以看出,《光学揭要》确应基于加诺书翻译而成,但在翻译时作了一些简化处理。书中关于"海市"说明的对比可以反映更多问题:Mirage,古汉语称之为"海市",是一种由空气折射所致的自然现象。英译本《基础物理学》对此现象及其原理有相当详细的介绍,[12]《光学揭要》却删略了不少内容,且使用了"海市"这一传统译名。[13]

---

10 Adolphe Ganot: *Elementary Treatise on Physics, Experimental and Applied*, 14th, Trans by Edmund Atkinson, William Wood,1893 年,第 493 页。

11 [美]赫士、朱宝琛:《光学揭要》,第二版,上海:美华书馆,1898 年,第 1 页。

12 Adolphe Ganot: *Elementary Treatise on Physics, Experimental and Applied*, 14th,第 529 页。

13 [美]赫士、朱宝琛:《光学揭要》,第二版,第 21 页。

　　第二版《光学揭要》附录部分增加了"然根光"一节。所谓"然根光"，指的是 X 射线，具有非常强的穿透力，是由德国物理学家伦琴（Wilhelm Conrad Röntgen，1845-1923 年）于 1895 年发现，为了表明这是一种新的射线，伦琴采用表示未知数的 X 为其命名，"然根"是伦琴的音译。X 射线曾引发当时中国知识界的高度关注：梁启超在《读西学书法》（1896-1897 年）中曾提及 X 射线，"去年行创电光照骨之法，三月之间而举国医士已尽弃旧法而用之"；《时务报》于光绪二十三年（1897 年）以"曷格司射光"为题报导了这一射线的发现过程。不过，最早对这一射线的性质和应用详加阐述的是《光学揭要》第 2 版，此书用五、六页的篇幅分别阐述了"然根光之有无"、产生然根光的"虚无筒"，以及"然根光之用"。经查，《基础物理学》各版本没有 X 射线的介绍，其来源尚待进一步考察。1899 年，傅兰雅与王季烈合译美国医生摩尔登（William J. Morton）和电机工程师汉莫尔合（E. W. Hammer）著的《X 射线：不可见光的照片和它在手术中的价值》（X Ray, or Photography of theInvisible and Its Value in Surgery），中文书名为《通物电光》，更为详细地讨论了这一发现及其应用。[14]

　　在《光学揭要》之前，已有一些介绍西方光学知识的译著。王冰曾对明清所涉光学的论著进行过详细的梳理。[15]较早介绍光学知识的译著早在明清之际就已出现，比如汤若望所译《远镜说》、南怀仁所译《灵台仪象志》等。后来合信所著《博物新编》（1855）、丁韪良（William Alexander Parsons Martin，1827－1916 年）编译《格物入门》（1866 年）和《格物测算》（1883 年）等译著中也包含光学部分。最早专门的光学译著是艾约瑟（Joseph Edkins，1823-1905 年）张福僖（？-1862 年）合译的《光论》，此书虽成书于 1853 年，但刊本流传较晚，直到光绪中叶才由江标编入"灵鹣阁丛书"[16]。据张晓考察，《光论》作者为武拉斯顿，即 William Hyde Wollaston（1766-1828 年），是英国物理学家、化学家。[17]但《光论》到底是根据武拉斯顿哪本书翻译而成的，还有待进

14　李迪，徐义保：《第一本中译 X 射线著作——〈通物电光〉》，刊于《科学技术与辩证法》，2002 年第 3 期，第 76-80 页。

15　王冰：《明清时期西方近代光学的传入》，刊于《自然科学史研究》，1983 年第 4 期，第 381-388 页。

16　邹振环：《影响中国近代社会的一百种译作》，北京：中国对外翻译出版公司，1996 年，第 110 页。

17　张晓：《近代汉译西学数目提要（明末至 1919)》，北京：北京大学出版社，2012 年，第 480 页。

一步考证。《光论》一书体量较小，只是简要介绍了几何光学的基本知识，包括光的直线传播、反射定律、折射定律、全反射等现象和规律，并解释了海市、色散和太阳光谱等现象。

金楷理（Carl T. Kreyer，1839-1914 年）和赵元益合译的《光学》是更为全面的光学译著，1876 年由上海江南制造局出版印行。此书底本为英国物理学家田大里（今译丁铎尔，John Tyndall，1820-1893 年）根据他在 1869 年夏季讲授笔记而成，成书于 1870 年，书名为"*Notes of A Course of Nine Lectures on Light*"。与《光学揭要》不同，《光学》忠实地翻译了原书。此书以介绍光学现象、阐述光学规律为主，很少涉及应用类的问题，提及的光学仪器也不多。《光学》的一个显著特点是注重追本溯源，讨论重要理论、规律的发现历史，比如在"光的波动说"一节中讨论了发现光的本性的历史：

> 奈端论光体所发无数光质点因甚细微，故不能见之，此种质点能透光质，并能过目内之透光质而射至筋网，故目能见物也。……昔时天文家海更士算学家阿勒此二人者，始不信奈端之说，以为光与声同，亦有成浪之性情。然此时之格致家拉不拉司、毕亚普尔斯登马勒斯皆信奈端之说，而不复悉心考究。待至脱麦斯养、福而司农二人出而考究光理，得其确据，各国之人方知光发质点之说之谬。[18]

相比较之下，《光学揭要》更偏重于对理论和规律的应用，并不太注重理论或规律的发现历史。在简要讨论完光的直线传播、反射、折射等现象和规律之后，《光学揭要》的大部分篇幅讨论具体的应用问题：影、小孔成像、光速的测定、光表等。另外，此书专用一章的篇幅介绍当时前沿的光学仪器。

科学知识需要相应的名词术语来表述，较为晚近的教科书可用已成型的名词术语。而对那些较早的教科书的编译者来说，名词术语的翻译和选择是一个大问题。最初，传教士译介科技书时曾试图解决名词术语的译制问题，成立"益智书会"的初衷之一便在于此。《光学揭要》书末附有一张术语表，基本涵盖了书中除《然根光》部分所用名词。关于此书的译名，赫士在书首序言中说，"书中的化学名词采用了益智书会的名词，之所以这样，是出于不致引起混乱的考虑。"[19]言下之意，他并不太满意益智书会制定的化学术语。对光学

---

18 [英]丁铎尔：《光学》，金楷理、赵元益译，收录于《富强斋丛书》，第 18 册，上海宝善斋，1901 年，卷下，第 1 页。

19 [美]赫士、朱宝琛：《光学揭要》，第二版，序言。

名词，赫士是如何取舍的呢？附表 1 列出了《光论》、《光学》、《光学揭要》、《术语辞汇》主要光学名词。

考察以上诸书中出现的光学名词，可略见一些光学名词演变的迹象。一些名词如"光"、"镜"、"影"、"像"等在古文献中即已存在，晚清译著只是坐享其成。而有些名词，古代典籍中虽然没有，但明清之际的西学译著中却有翻译，比如"远镜"，这些词也被晚清译著所沿用。不过在《光学揭要》中，远镜分两种，用于天文的译为"远镜"，而用于地面望远的则为"千里眼"。十九世纪中叶以后，随着更多介绍光学知识的中文译著面世，涌现出许多新的光学名词，其中有些被《光学揭要》使用。比如"显微镜"，实际上这一名词在《光论》之中既已出现。

由附表可知，《光学揭要》中有一些与《光学》中相同的词，如："折光""凹镜""凸镜""透光镜""显微镜""瞳人""大房水"。当然，也有一些名词是不同的。比如《光学》中"渐聚透光镜"，到《光学揭要》中是"聚光镜"，"渐散透光镜"到"散光镜"，"镜之中心"到"镜中"。这显然是对先前已有名词的改造。这种改造还体现在人名的翻译中，比如《光学》将 Römer 译为六麻，而《光学揭要》则为刘麻，看起来更符合中国命名传统。

附表所列的几本译著不足以反映光学名词的来龙去脉，不过，结合古文献数据库可以将光学译名的考察推进一步。本文作者使用《中国基本古籍数据库》对上表中一些光学名词进行了检索，发现有些名词可以追溯到较早的译著。如"物镜""光浪""回光"，这些词出现在李善兰和伟烈亚力合译《谈天》，此书根据英国天文学家赫谢尔（John Frederick William Herschel，1792－1871年）Outlines of Astronomy 翻译，1859 年墨海书馆出版印刷，是晚清较早的天文译著。至于这些词是否首见于此书，由于此数据库收录的科学译著也许并不全面，还有待于进一步考察。另外，由附表可知，《光学揭要》中大多数光学名词最终被传教士编著的《术语辞汇》所采纳，成为传教士承认的标准译名。此书由狄考文汇集编纂，英文名为 Technical Terms，English and Chinese，于1904 年出版，是西人百年术语创制工作的集大成的作品。[20]

创制科技名词是传教士们在翻译科技著作中必须克服的一个困难，与此同时，他们还面临一个困难，那就是书面语的表述形式。1877 年，益智书会

---

20 王冰：《中国早期物理学名词的审定与统一》，刊于《自然科学史研究》，1997 年第 3 期，第 253-262 页。

成立，当年 10 月，狄考文在《教务杂志》上撰文，讨论翻译新教科书问题，建议术语和名词采用高深的文理翻译，而表述语则采用平易而简单的文理形式。[21]1890 年 5 月，新教传教士在上海举行第二次全国大会，确立了编辑出版教科书的原则，其中重要的一条就是教科书用浅文理表述（easy wen-li 或 simple wen-li）。[22]实际上，在此之前的科学译著主要通过西方人和中国人通过口译笔述而成，采用士大夫所熟悉的文言文表述形式。

其实，"浅文理"这一概念源于传教士对《圣经》的翻译。《圣经》全本的早期翻译是在鸦片战争之前，新教传教士马礼逊与马希曼分别在中国广州和印度赛兰布尔出版了《新约全书》，马礼逊版本稍早，为 1822 年出版，马希曼版本于 1823 年出版，两书均采用文言形式。[23]王治心认为，后来因为教友日益增多，文言《圣经》只能供少数人阅读，故有高深文言而变为浅近文言，再由浅近文言而变成官话土白。[24]文中所言《圣经》译本存在文言、官话和浅文理的分别确为事实，但关于三种文体形式的产生顺序及变化的原因却存在问题。就现存《圣经》译本可以看出，文言译本确实应是最早的译本，但紧跟其后出现的是官话或白话译本，如"北京官话新约译本"于 1872 年出版，而北京官话《旧约全书》于 1875 年出版。浅文理译本出现的时间要晚将近十年，"杨格非浅文理译本"1885 年出版，"包约翰、白汉理译本"到 1889 年才出版。

实际上，与文言和白话不同，浅文理不是一种固定的表述形式，而是一个在白话与文言之间的折中。这又牵扯出一系列问题，什么是文言，何为白话，两者在形式上有何区别。吕叔湘曾试图对文言和白话的区别进行界定，认为白话是唐宋以来的语体文，此外都是文言。吕先生认为，白话是现代人可以用听觉去了解的，较早的白话也许需要一点特殊的学习；文言是现代人必须用视觉去理解的。[25]吕先生的界定主要基于比较模糊的感觉，并没有明确区分文言与

---

21 C. W. Mateer: School Books for China, *The Chinese Recorder and Missionary*, 1877 年，第 428-429 页。

22 A. Willianson: Preliminary Resolutions，收录于 *Records of the General Conference of the Protestant Missionaries of China held at Shanghai*，May 7-20，1890 年。

23 马敏：《马希曼、拉沙与早期的〈圣经〉中译》，刊于《历史研究》，1998 年第 4 期，第 45-56 页。

24 王治心：《中国基督教史纲》，上海：上海古籍出版社，2011 年，第 254-255 页。

25 吕叔湘：《文言与白话》，收录于《吕叔湘语文论集》，北京：商务印书馆，1983 年，第 60-78 页。

白话在形式上的不同。那么文言与白话在形式上有何区别呢？1916 年，胡适曾致信陈独秀，提出改造文言八事主张：

> 年来思虑观察所得，以为今日欲言文学革命，须从八事入手，八事者何？一曰不用典；二曰不用陈套语；三曰不讲对仗（文当非骈，诗当废律）；四曰不避俗字俗语；五曰须讲求文法结构；六曰不作无病之呻吟；七曰不模仿古人语，语须有个我在；八曰须言之有物。[26]

众所周知，胡适是白话文运动的领军人物。他这封信发表于白话文运动前夕，对白话与文言在形式上的界定具有参考价值。胡适对以上这八条进行了分类，认为其中后三条为精神上的革命，而前五条则是形式上的特点。可见，在胡适看来，文言和白话在形式上至少存在五个主要的区别：用典，陈套语，对仗，俗字俗语，文法结构。文言文常用典、讲究对仗且常用陈套语，但不讲文法。实际上，晚清时期的文言文深受八股文的影响。所谓的"八股"由起股、中股、后股和束股四部分组成，每股都得写成排比对偶的句子，即所谓的骈文。另外，为了体现作者的文学水平和学识，文中常加有典故，当然为了以上这些形式，表述中夹杂了不少陈词套语。[27]可以想见，用这种限定的表述形式来翻译科学论著势必会增加翻译的难度。就这一问题，赫士曾有讨论，他在《热学揭要》的序言中说："故不揣简陋，择西国时攥新书，又参用累年讲习，译有是书，为生徒肄业。辞藻不期富丽，语义务须真挚，不欲以文采角低昂也。"[28]

赫士写此文时正值文人士大夫以富丽辞藻角低昂的时代。但由于物理学是一门求真挚的学问，而相应的表述应以真实为依归。对辞藻富丽与语义真挚这两端，赫士更偏向后者。《光学揭要》也不例外，以下是书中对影的表述："凡一笔光，照于阻光之物，使光不得透而暗，或不能尽透而淡者，其暗及淡处，统谓之影。如日过屋顶至地作切线，凡在屋后切线下者，皆可日影，不徒指地上所显之影也。"[29]

从中可以看出这基本沿用了文言的架子，只不过，其中夹杂着一些新式术语，比如一笔光（一束光）、切线等。其中或多或少还有对仗的倾向，如"照

---

26 胡适：《通信（独秀先生足下）》，刊于《新青年》，1916 年第 2 期，第 82-88 页。

27 [意]马西尼：《现代汉语词汇的形成：十九世纪汉语外来词研究》，黄河清译，上海：汉语大词典出版社，第 1 页。

28 赫士口译，刘永贵笔述：《热学揭要》，上海：美华书馆，1897 年，序言。

29 [美]赫士，朱宝琛：《光学揭要》，第二版，第 2 页。

于阻光之物，使光不得透而暗"。这一表述形式与之前采用文言的科学译著并无实质区别。

据考察，当时较有影响的物理教科书如丁韪良编译的《格物入门》和《格物测算》、潘慎文（Alvin Pierson Parker，1850-1924 年）等翻译的《格物质学》、赫师慎（Louis Van hée，1873-1951 年）译编《形性学要》等也都未彻底摆脱文言框架的束缚。可以说，传教士们倡导的浅文理形式在物理教科书中并未实现。其实，其他门类的科学译著也是如此。其中原因也不难推测：传教士对汉语书面语的驾驭能力有限，故大多数译书只能借助于中国人笔述。而就现在所掌握的史料来看，以浅文理翻译科学译著的呼声主要集中在传教士之间，很少有中国文人应和的。可以想见，缺少了笔述者参与的书面语改革注定会落空，至少会大打折扣。对晚清传教士来说，翻译科学教科书采用的浅文理与其说是一种文体形式，不如说是一个努力的方向。

四、使用及影响

赫士译编三本物理学揭要曾作为登州文会馆的正式教科书。1890 年代的文会馆包括备斋和正斋两个阶段，备斋三年，相当于蒙学程度，包括国学经典，算术，以及一些宗教课程。理化课程在正斋开设，物理学于第三年和第四年讲授。文会馆将物理学细分为水力学、声学、电学、磁学、光学等门类。正斋第三年讲授水力学、气体力学、声学、热学、磁学，第四年讲授光学和电学。[30]因此，按照课程安排，《光学揭要》应该是文会馆正斋第四年教科书。

文会馆非常注重物理学课程，1891 年出版的《登州文会馆要览》中关于物理学教学的说明如下：

> 文会馆一直特别注重这一学科，两年的课程，每一节课都非常仔细地进行教授。由于缺乏合适的教材，教学一直主要是依靠加诺的物理学著作（Ganot's physics）进行讲授。文会馆拥有大量得心应手的实验设备，尤其是电学和蒸汽方面的设备，应有尽有。每个星期都做实验，通过这些实验，向学生们彻底阐明所讲授的原理。文会馆有一个装备非常好的制造所（workshop），经常雇佣一名训练有素的工人，不间断地维修补充仪器设备，实验用品一直在不断增加。[31]

---

30 郭大松，杜学霞：《登州文会馆志》，第 3-7 页。
31 郭大松，杜学霞：《登州文会馆志》，第 10 页。

《文会馆要览》出版时，三本揭要还未成书，文会馆师生以加诺物理学英文本为教材。加诺物理学在中国教会学校还是有一定影响的，除文会馆之外，博习书院也使用此书。文中提到的制造所中那位训练有素的工人应该是丁立璜。他只是在文会馆学习过一段时间，未能毕业，对仪器制造颇感兴趣，后被狄考文发现，安置在文会馆的制造所工作。袁世凯在山东任巡抚时曾听闻丁立璜，在创办山东高等学堂时特约丁立璜创办山东理化器械制造所，制造高校所需实验器械设备，成效显著。[32]

另外，文会馆非常注重包括物理在内的各门课程的考试，要求学生在每学期期末参加考试，达不到规定等级分数的必须在下一级重修，如果再达不到规定，则勒令退学。[33]因此，尽管入学人数不断增多，但实际毕业生的数量却非常有限。据《登州文会馆志》记载，1893年前的毕业生不足十人。1894年开始增多，为13人。1895年11人。此后直到1903年，每年毕业生数基本保持这一水平。[34]1894年后毕业人数的增多，主要原因可能是学生基数的增加，而非考试难度的降低。

传教士们对赫士译编的三本揭要颇为关注，也给予了较高的评价。1894年7月《教务杂志》（Chinese Recorder）上对即将出版《光学揭要》进行过报道。[35]《光学揭要》出版后，1895年《教务杂志》上发表了一篇书评，给予此书很高的评价，认为与潘慎文翻译的《格物致学》和丁韪良翻译的《格物入门》和《格物测算》相比，赫士的译书更适合学校使用。[36]赫士的三本揭要的出版甚至提升了登州文会馆的地位。《热学揭要》是三本揭要中最晚出版的一本，于1897年出版。1898年发表于《教务杂志》上《热学揭要》一份书评中，作者指出"登州文会馆是当时教会学校中首要学校，不仅因为其提供了高水平的教师，更因为也提供了水平一流的教科书。"[37]

---

32 郭大松，杜学霞：《登州文会馆志》，第262页。

33 郭大松，杜学霞：《登州文会馆志》，第13页。

34 郭大松，杜学霞：《登州文会馆志》，第133-153页。

35 Notes and Items, *The Chinese Records and Missionary Journal*，1894年6月，第291-292页。

36 Notes and Items, *The Chinese Records and Missionary Journal*，1895年5月，第233-234页。

37 Notes and Items, *The Chinese Records and Missionary Journal*，1898年7月，第348-349页。

1890 前后，传教士来华日渐增多，教会学校也随之猛增，相较十三年前增加约三倍。[38]1895 年，傅兰雅曾主编《教育指南》，对教会学校所用教科书有全面的介绍，其中明确提到使用赫士物理学的学校只有登州文会馆。其他学校，圣约翰大学和福州的英华书院（Anglo-Chinese College，1881 年）使用《斯蒂尔物理学》（*Steel's Physics*）原著，九江书院（Kiukiang Institute）使用丁铎尔的光学、热学等教科书，华北协和学院使用丁韪良的《格物入门》。相比较之下，赫士的《天文揭要》似乎更为普及，在多所学校中使用。比如，杭州高等学校（Hangchow High School），苏州的博习书院。[39]因此，若《教育指南》统计教科书使用情况客观属实，则至 1895 年时，《光学揭要》还仅限于文会馆使用。《光学揭要》和《天文揭要》有如此的差别，其原因可能有二。第一，《光学揭要》的出版距离傅兰雅撰写指南时还不足一年的时间，以当时的交通和通讯条件，此书的知名度应该还不高。而赫士的《天文揭要》则是在四年前既已出版，已积累相当的影响。第二，《光学揭要》仅涉及光学知识，并不全面，若以此书为主要教材，还需其他教科书为辅助，《天文揭要》则不然。

另外，《教务杂志》刊载的一些文章对益智书会出版的教科书的销量有统计，从中可以看出《光学揭要》之后的使用情况。从 1896 年至 1899 年间，《光学揭要》印刷册数为 1500 册，库存 946 册，实际售出或转送仅为 500 多册。而《天文揭要》印数为 2000 册，库存仅为 178 册，订出 1800 多册。[40]然而，至 1899 年时，情况发生了变化。当年《天文揭要》和《光学揭要》的印数均为 1000 册，仅从数据来看，显然《光学揭要》的需求有增加的趋势。[41]1903年，包括《光学揭要》在内的几本揭要入选基督教教育会推荐的最佳教科书。然而，销量似乎不增反减，1902 年《光学揭要》印数仅为 500 册。[42]

---

38 王树槐：《基督教育会及其出版事业》，收录于王树槐：《基督教与清季中国》，桂林：广西师范大学出版社，2011 年，第 50-78 页。

39 John Fryer: *The Educational Directory for China. Shanhai*, The American Presbyterian Mission Press，1895 年。

40 John C. Ferguson: New Editions Published from May, 1896 to May, 1899, *The Chinese Records and Missionary Journa*l，1899 年 6 月，第 297 页。

41 Educational Association of China: Meeting of Executive Committee, *The Chinese Records and Missionary Journal*，1899 年 3 月，第 140 页。

42 A. P. Parker: General Editor's Report, *Chinese Recorder and Missionary Journal*, 1902 年 11 月，第 570 页。

若以上统计全面且属实，《光学揭要》的销量则发生了两次变化：第一，1899 年前后，《光学揭要》的需求上升；第二，在 1903 年前后，需求量急剧下降。我们先来讨论第一个变化。至 1899 年时，《光学揭要》首版出版已有几年，第二版也已出版，由于其颇受业界认可，知名度远非 3 年前所比。故此，很有可能一些教会学校开始以此书为物理教科书，或教学参考书。另外，很重要的是，十九世纪末和二十世纪初，中国教育正在经历前所未有的大变局，涌现出一些省办学堂。对新兴的学堂来说，最为缺乏的当属新式教科书，而《光学揭要》正是其所需的，其销量剧增是必然的。关于第二个问题，首先需要肯定，各地省办学堂进一步增多，物理教科书的需求量在接下来的今年内应该是激增的。而之所以《光学揭要》的发行量减少，主要原因可能是当时出现了更为有力的竞争对手。随着师日浪潮的兴起，大量日本物理教科书译成中文，在中国刊行。同时，国内出现颇具竞争的出版机构如商务印书馆，致力于新式教科书的出版工作，所出教科书在当时也多属上乘，颇受新式学校的青睐。而《光学揭要》本并不是一部全面的物理教科书，只是节选本，即使将其他两本《揭要》加上也还欠缺。另外，其所用术语与当时势头正猛增的日本教科书还存在相当大的差异。可以想象，在日译名词和教科书大行其道的当时，未有改进的《光学揭要》只能面对逐渐淡出的命运。

结论

1890 年，益智书会制订了一系列教科书编写原则，除"书面表述采用浅文理"外还有几条：不要直接翻译，而应选择最好的著作，结合中国的风俗习惯和文字特点进行编译；书籍不仅可以作为学生的课本，而且可以作为教学参考书；书中的科学名词和专业术语应与益智书会编订的一致。[43]总体看来，《光学揭要》基本符合这些原则。此书基于当时国际上颇具影响的加诺《基础物理学》编译；部分光学名词基本沿袭益智书会名词，且有所改进。书中出现的绝大部分光学译名最终收入《术语辞汇》，成为传教士认可的光学标准译名。与当时其他物理教科书或译著相比，《光学揭要》偏于实用，注重实验，插图丰富，应用习题全面，这充分体现了其作为教科书的特色。此书是登州文会馆的正式教科书，后来在其他教会学校和省办高等学堂也有使用。随着国内教科书需求量增大，此书发行量有大幅增加。可以说，《光学揭要》是早期传教士和

---

43 王树槐：《基督教育会及其出版事业》，第 50-78 页。

中国人合作翻译的科学教科书的一个代表。但由于其所用名词术语和所载知识结构方面的限制，《光学揭要》无法与后来直接译自日本或英美的物理教科书相抗衡，逐渐的淡出了物理教科书的舞台。

附表1：几本相关物理学译著中部分光学名词的对比

英 文	光学揭要	光 学	光 论	术语辞汇
Aberration, Chromatic	色差	光色差	光色差	色差
Angle Critical	限角	界角	限角	限角
Angle, lucidence	射角	射光角	元角	（极光）射角
Angle, Reflection	返角	回光角	回光角	返角，回角
Angle, Refraction	折角	折光角	出角	折角
Axis, Principal	正轴	首轴线		正轴
Center, Optical	光中	镜中		光中
Ether	以脱	传光气		以脱
Focal Distance	大光心距	顶距		光心距
Focus, Principal	大光心	聚光顶		大光心
Object	物镜	物镜		物镜
Vitreous	大房水	大房水		大房水
Image	像	像	像	像
Index of Refraction	折光指	折光指		折光指
Intensity（of light）	浓淡	浓淡		浓淡
Lense	透光镜	透光镜		透光镜
Lense Converging	透光镜	渐聚透光镜		聚光镜
Lense Diverging	散光镜	渐散透光镜		散光镜
Lense Polarized	极光	极光		极光
Lense Reflected	返光	回光	回光	返光
Microscope	显微镜	显微镜	显微镜	显微镜
Microscope Centre of,	镜中	镜之中心		镜中
Microscope Concave,	凹镜	凹镜		凹镜
Microscope Convex,	凸镜	凸镜		凸镜
Newton's Rings	光图环	空气片		光图环
Prism	三棱	棱体	三长平面体	棱柱体, 棱体, 三棱玻璃

Pupil of eye	瞳人	瞳人		瞳，瞳人
Retina	眼脑网	筋网		眼视衣
Shadow	影	影	影	影
Spectrum,	光图	光带		光图
Telescope	远镜	远镜		远镜，天文镜
Terrestrial Telescope	千里镜			千里镜
Wave of light	光浪	光浪		光浪
Total Reflection	全返	全回光		全返
Refraction	折光	折光	折光	折光
Mirror	返光镜	回光镜	回光镜	返光镜
Römer	刘麻	六麻		

（选自《或问》，第二十九期，2016 年）

赫士的科学与信仰——
一位在华 62 年的美国传教士

郭建福　郭世荣

2017 年是齐鲁大学在济南正式成立 100 周年，也是山东大学堂和华北神学院的缔造者赫士 160 年诞辰。赫士在华 62 载，直至 87 岁高龄在日本人设置在潍县的乐道院集中营去世。赫士先生一生致力于中国的教育和信仰事业，著述颇丰，涉及领域非常广泛。他编译出版了一批早期大学理科教材，培养了一批早期的教育师资力量，对中国的教育和社会发展作出了的巨大贡献。

一、赫士简介

赫士，1857 年 11 月 23 日出生于美国宾夕法尼亚州默瑟县一个农民家庭。8 岁时，父亲在美国南北战争中战死沙场[1]，由其母亲和姨母抚养成人。赫士自幼聪颖好学，14 岁进入本地小学，只上了 1 年，即升入本省威斯敏斯特中学，学习代数、拉丁文和希腊文。2 年后中学毕业，家中兄弟二人同时考上了大学，但因家境贫寒，兄弟两人只能通过抽签让一人上大学，最后赫士中签进入威斯敏斯特大学。在大学的 4 年里，赫士努力学习拉丁文、希腊文、是非学（逻辑学）以及理化诸科，毕业时获初级学士文凭[2]。1879 年他就读于匹兹堡神学院，师从著名神学教育家本杰明·布雷肯里奇·华菲德（Benjamin Breckinridge

---

1　王元德、刘玉峰《文会馆志》（潍县：广文学堂印刷所，1913 年）中说赫士 9 岁丧父，是指的赫士的虚岁，美国南北战争是 1865 年 4 月 9 日结束的，那时的赫士只有 8 岁，崔华杰一篇文章《登州文会馆变迁史补证一则》有说明。
2　赵曰北：《历史光影中的华北神学院》，北京：中国国际文化出版社，2015 年，第 16 页。

Warfield，1851-1921 年），三年后毕业得教士毕业文凭。跟随华菲德的 3 年对他产生了巨大影响，使他成长为一名坚定的守旧派长老会会员。1882 年 8 月 15 日赫士按立为牧师，同年 11 月受美北长老会派遣，偕新婚妻子赫美吉（W. M. Hayes）到达山东登州，开始了他为之奋斗一生的科学教育和传教事业[3]。

赫士被派到登州文会馆协助狄考文（Calvin Wilson Mateer, 1836-1908）工作。登州文会馆是在美国传教士狄考文 1864 年创办的蒙养学堂基础上发展而来的，并于 1884 年被确定为大学，成为"中国第一所基督教大学"[4]，是民国时期中国最好的大学之一齐鲁大学的前身。在此期间，赫士一直努力学习中文，并协助狄考文开展教育和传教事业。赫士在文会馆教授天文学、物理学、化学、地质学、理财学和算学达 18 年之久。在教学和传教之余，他翻译了许多西方科技书籍，编辑出版了一批大学教材。1892 年起他任广学会书记、会长各 3 年，参与了统一化学名词的工作，即广学会出版的《协定化学名目》，声闻日彰，被母校维斯敏斯尔大学授予荣誉神学博士学位。1895 年，赫士接替狄考文任文会馆监督，创办《山东时报》，于我国大有裨益[5]。

1901 年，在袁世凯的支持下，赫士携登州文会馆师资，沿用文会馆办学的方法，创办了山东大学堂，并出任西学总教习。1902 年，赫士离开山东大学堂。受袁世凯之邀，赴北京授课，1904 年离开北京，先后在芝罘、潍阳和青州等地担任神学教习，期间曾短暂回国。1917 年，齐鲁大学在济南成立，赫士担任神学院院长，1919 年，赫士离开齐鲁大学，在潍县创建山东神学院，并任院长。1922 年，赫士将山东神学院迁移到滕县北关，始称华北神学院。太平洋战争爆发后，年迈的赫士夫妇被日军关押在潍县集中营，生活非常艰苦。1944 年 4 月 2 日，赫士在潍县集中营病逝。

二、登州文会馆时期

1882 年，赫士被美北长老会派到登州文会馆工作，他"首充本馆教习，富有思力，足于智谋，博学强识，狄公依之如左右手"[6]。赫士精通现代自然科学，从美国出发时携带有大批良好的物理和化学仪器设备，以及一架很好的望远镜。赫士在登州文会馆出版了中国早期的全面、系统的自然科学课程，先

---

3 赵曰北：《历史光影中的华北神学院》，第 14 页。
4 王元德、刘玉峰：《文会馆志》，第 1 页。
5 王元德、刘玉峰：《文会馆志》，第 18 页。
6 王元德、刘玉峰：《文会馆志》，第 50 页。

后翻译和创作了《对数表》、《声学揭要》、《热学揭要》、《光学揭要》、《天文初阶》、《天文揭要》等近代科技教材，许多内容开中国近代科技教育之先河。其中的《光学揭要》可以称作真正具有现代意义上的光学教科书，《光学揭要》还是我国最早介绍 X 光的书籍，内容含有大量插图和实验，有很多实验和插图，现代的物理教科书仍在使用。邹振环将此书列入了《影响中国近代社会的一百种译作》[7]。

《光学揭要》、《声学揭要》和《热学揭要》所据底本为法国迦诺（Adolphe Ganot, 1804-1887）著《初等物理学》（*Element de Physique*）的英译本（*Elementary Treatise on Physics*）第 14 版不同的章节，但中文译本是译者结合自己多年教学经验对原著做了增补和删减写成的。这也使得这 3 本书不但内容详实、便于教学，还具有了当时其它一些物理学译作不同的特点。

赫士一生对天文学充满浓厚兴趣，每到一地他都会建造一个日晷，并安装天文望远镜，随时观察天象。在学校中，他开设的天文学课程，教学内容和方式都很前沿，引发学生极大的兴趣。除《天文揭要》、《天文初阶》外，他还编译了《天文新编》、《天文入门》等教材。

狄考文和赫士在文会馆为中国现代教育培养了一批师资力量。当时，文会馆拥有"中国最多和最好的物理、化学仪器设备"，与同时代的"美国普通大学一样好"[8]。曾先后担任京师同文馆、京师大学堂总教习的丁韪良（William Alexander Parsons Martin，1827-1916 年），盛赞文会馆为"伟大的山东灯塔"，认为"中国任何高等学校都没有像狄考文博士创建的登州文会馆那样进行完全的科学教育"。1898 年，丁韪良任京师大学堂总教习，即一次性聘任登州文会馆的毕业生 12 人（目前确定姓名的有 8 位）担任教习，整个京师大学堂的西学教习，"只有一名"不是登州文会馆的毕业生[9]。北义和团运动之后，各地方政府争聘文会馆毕业学生为教习。一时间，毕业生供不应求，截至 1904 年，全国 16 个省份的学堂中都有文会馆毕业生担任西学教习。"领有毕业凭照，效力于教界、学界者，以三百数，踪迹所至，遍十六行省"[10]。北至东北，南达

7 邹振环：《影响中国近代社会的一百种译作》，北京：中国对外翻译出版社，2008年，第 110 页。

8 [美]费丹尼：《一位在中国山东四十五年的传教士——狄考文》，郭大松、崔华杰译，北京：中国文史出版社，2009 年，第 144 页。

9 Robert McCheyne Mateer: *Character-Building in China: The Life-Story of Julia Browm Mateer.* New York，1912 年，第 62 页。

10 [美]费丹尼：《一位在中国山东四十五年的传教士——狄考文》，第 158 页。

云南。当时除贵州外，全国各省的综合大学堂和各地的格致院、武备、师范、法政、农业等专业学堂以及中、小学堂共 200 多所学校来聘。因各省所需师资太多，后来连文会馆肄业生也被聘去。仅就大学师资一项，除了京师大学堂与山东大学堂之外，在圣约翰大学、南洋公学、震旦大学、燕京大学、山西大学堂、金陵大学、江南高等学堂、两江师范学堂、浙江高等学堂、之江大学、雅礼大学、河南高等学堂、云南优级师范学堂等全国各地的多所高校，均有文会馆毕业生在其中任教。

赫士建立了山东乡村邮政系统，创办了山东最早的中文报纸。赫士担任文会馆监督之后，着手建立山东乡村邮政系统。早期的邮件极少，邮局不能自给，县邮局仅两人，待遇很低（教会曾给予补助），教会动员文会馆、文华馆及广文大学学生去邮局任职。1895 年前后，赫士利用美华印书馆赠送的印刷机，创办了山东最早的报纸《山东时报》。文会馆毕业生孙炳文任总编辑，办报初期主要是报道山东各地的教会发展情况，同时宣传教会福音等。1898 年之后，《山东时报》集中报道义和团与教会之间的矛盾冲突，是研究山东基督教教会学校、教会发展以及义和团运动的重要史料。

三、创办山东大学堂

义和团运动之后，清廷统治者实行变法。光绪二十七年八月，光绪皇帝正式下令全国各地书院分别改为大中小学堂。在清廷教育改革的大背景之下，当时的山东巡抚袁世凯奏请开办山东大学堂，并聘请赫士为总教习。袁世凯在给清廷的奏章中写道：

> 课士之道，师范最难。方今风气尚未大开，兼通中西学问之人，殊不多觐，而已译各种西书，泛杂鲜要。学者任便涉猎，既难望其能自得师，且各种西学，有非身亲其境，不能考验得实着，必须延聘洋人，为之师长以作先路之导。但各国洋人，类多骄寒不受钤制。惟美国人心地和平，其在华年久者，往往自立学会，传授生徒，多冀中国之振兴。现由臣访订美国人赫士派充大学堂总教习，该洋人品行端正，学术淹通。曾在登州办理文会馆多年，物望素孚，实勘胜任。[11]

---

11 袁世凯：《订美国人赫士充大学堂总教习片》，收录于廖一中、罗真荣整理：《袁世凯奏议》，天津：天津古籍出版社，1987 年，第 340 页。

可见袁世凯是对赫士创办山东大学堂寄予厚望的。事实证明袁世凯并没有选错人，1901 年旧历九月份，赫士率领文会馆教习张丰年、刘永锡、王锡恩、仲伟仪、刘光照、王执中、姜渔渭、刘玉峰、周文远、李光鼎、罗绳引（以上 9 人都是文会馆早期毕业生），并挑选文会馆毕业的学生冯志谦、郭中印、连志舵、李星奎、王振祥、郭风翰、赵策安、张正道等人，还有赫士夫人、富知弥和文约翰、维礼美森等美籍教习 4 人，包括赫士本人共 22 人，沿用登州文会馆办学的方法、条规，采用文会馆的课本、教材及教学仪器设备，参照文会馆办学的各项经费开支编制预算，历时仅月余，便于当年旧历十月份，在原济南泺源书院（现山东省统计局院内）正式开学，中国第一所省办大学堂宣告成立。[12] 受到慈禧太后的嘉奖，清廷谕令全国"通行各省，立即仿照举办，毋许宕延"。[13]

山东大学第一任校长，曾经被认为是唐绍仪，而《山东大学百年史》认为是周学熙。周学熙是山东候补道员，山东大学堂首任总办[14]，而实际上真正管理学校的是赫士。证明材料可见，赫士受邀接任山东大学堂总教习时，"曾经升任袁抚与之订立合同十条，载明应听巡抚节制"，"此项合同"由赫士"亲笔签字"。[15] 直接与山东巡抚签订合同、只听巡抚节制，这绝不是一个学校教务长的待遇。由此可见赫士在学校管理层中的地位之高。另外，赫士还享有山东大学堂的绝对人事权。即使当时在山东享有特权的德国领事馆推荐的德语教习，也要经赫士批准。山东大学堂成立之初，德国驻济梁领事致函山东巡抚推荐德人费里斯出任德语教习，"至费里斯之学问人品是否堪充教习，即由贵总教习照章查明，秉公遴荐可也"；然而"原禀交赫总教习阅看"后，赫士并不同意这位德语教习，这位巡抚大人只能以"欲在上海选聘"和"经费支绌"为由，予以婉拒[16]。而当赫士离开山东大学堂之后，这位费里斯很快就成为了学校的西学教师。至于总教习的称谓，大概是沿袭了京师大学堂的做法，当时的丁韪良也是被称为总教习。

12 韩同文编著：《广文校谱》，青岛师专印刷厂，1993 年，第 20-21 页。

13 璩鑫圭、唐良炎：《谕政务处将袁世凯所奏山东学堂事宜及试办章程通行各省仿照举办》，光绪二十七年十月十五日，收录于《中国近代教育史资料汇编（学制演变）》，上海：上海教育出版社，2006 年，第 8 页。

14 崔华杰：《登州文会馆与山东大学堂学缘述论》，刊于《山东大学学报（哲学社会科学版）》，2013 年第 2 期，第 126-131 页。

15 筹笔偶存：《义和团史料》，北京：中国社会科学出版社，1983 年，第 646 页。

16 筹笔偶存：《义和团史料》，第 653-655 页。

赫士在任时，订立章程，整肃校风，为使学生能更好的掌握西方先进的科学技术，编辑了《西学要领》，内容包括西方各国史学、哲学名人的格言和声、光、电、化知识。并在山东大学堂全面实行星期天休假制度，开当时官办学校风气之先。然而随着袁世凯的离任，新任巡抚与赫士之间，因为学生是否必须跪拜孔子和皇帝牌位的事情上，起了不可调和的矛盾。这位巡抚大人认为"海总教习遇事存有意见，不易受商"，对这位前任聘请的总教习忍让有加"以顾大体"，赫士却坚持自己的信仰"非真神不跪拜"。这对于"以崇圣尊王为重"的新任巡抚来说是无法容忍的："其于国家典章制度何！是又于恪守国宪有碍也。"[17]又如："这位新巡抚让这所新建立的大学按他的意图教学，赫士感到应该谨慎地放弃自己的职务。"[18]1902年，赫士辞去山东大学堂总教习职务。赫士因为创办山东大学堂得到清廷褒奖，并受命为清政府制订全国的教育规划及规章制度，其中包括休假制度。

山东滕县华北神学院，选自《华北神学院年刊》，南京：灵光报社，1930年。

---

17 筹笔偶存：《义和团史料》，第647-648页。

18 [美]费丹尼：《狄考文传——一位在中国山东生活了四十五年的传教士》，关志远译，桂林：广西师范大学出版社，2009年，第137页。

礼拜天休假始于赫士的提议。中国古代既有休假制度，但大多是官员的休假。唐、宋时期，实行"旬假制度"，即一旬（10 天）休息一日。元代规定全年只有 16 天节庆假日，到了明、清两代，"旬假"制逐渐削减甚至取消，全年只保留 3 个假期，即春节、冬至及皇帝的生辰。1902 年前后，赫士利用在紫禁城内授课的机会，将每 7 天休息 1 天的提案放在慈禧太后要看的奏折中，阐述了中国要有自己的假期，并得到了她的认可，最终作为一项制度在全国推广。多年以后，赫士的孙女 Margaret Hollister 在其回忆录 *Inheriting China* 中指出，建立休假制度是令赫士特别骄傲的一件事情。

四、创建华北神学院

1917 年，齐鲁大学迁至济南，赫士任神学院院长。1919 年，由于学校内部对待自由主义神学思潮的问题上分歧严重，他辞职离开齐鲁大学，并着手创建华北神学院。后来赫士回忆说："华北神学院，创始于一九一九年秋，彼年因与齐鲁神科管理及道旨意见不同，长老会学员情愿退出，教员亦分离，同到潍县，另立神学……1922 年秋，因交通便利，并愿与美南长老会合组一道旨纯正信仰坚固之神学，即迁至滕县。"[19]新学校的学制从 3 年扩展到 4 年，因此最初的毕业班都很小，1924 年 1 月仅仅有一个毕业生。赫士还是满怀热情地描述自己在滕县最初建校的那两年："学生在学业和在城市以及附近乡村的福音传道工作中都表现出少有的热情，因此总的来说笔者觉得那是在 23 年中最令人满意的学期。"[20]此后大约六七年的时间里，在赫士的领导下，神学院的各项事务进展很快，不久就成为华北地区最有影响的保守派神学院。

尽管年事已高，但长期以来，赫士坚持亲自给学员上课，他所主讲的"教义神学"是华北神学院 2 至 4 年级的主要课程。1930 年 4 月，他出版了《教义神学》，作为神学院的教科书。除赫士以外，长期在神学院工作的外籍教师还有道雅伯（Albert Dodd）、卜德生（Craig Patterson）、何赓诗（Martin Hopkins）、毛克礼（Alexander MacLeod）等，他们都是学有专长的学者。道雅伯 1902 年毕业于普林斯顿神学院，具有博士学位，是当时国内为数不多的希伯来语教授。何赓诗早年也毕业于普林斯顿大学。毛克礼应赫士邀请到神学院上课时，

---

19 [美]赫士：《十年经过》，刊于《华北神学院年刊》，南京：灵光报社，1930 年，第 1 页。

20 《华北神学院志》，1926 年 8 月-1927 年 1 月。

已获得 4 个学位，其中两个是在普林斯顿神学院获得的。同时，赫士还经常聘请国内外著名学者来院讲演，开展学术交流活动。神学院人才济济、硕果频出，副院长贾玉铭是正统基督教保守派的传承者，也是神学本色化的代表人物，还有被誉为"中国的艾迪"的丁立美等优秀人才。华北神学院非常重视实学，把理化和天文学作为重要课程，并建有高标准的理化实验室大楼。

五、日本集中营中的抗争

1941 年 12 月 7 日，日本军队偷袭珍珠港，第二次世界大战全面爆发。在珍珠港事件中，由于一些日侨间谍充当别动队向日本法西斯军政当局提供情报、搞破坏活动，导致当时美国将国内的 6 万多日侨集中到洛杉矶统一看管。作为报复，1942 年 3 月，侵华日军也将西方同盟国在中国的外侨全部抓起来，分别关在潍县（今潍坊）乐道院、上海龙华和香港。其中，在潍县乐道院关押着整个华北地区（包括北京、天津、徐州、济南、青岛、烟台、滕州等地）西方侨民 2000 余人。后来日寇将 400 多位天主教人士转移到北京关押，其余人在潍县乐道院被关押达 3 年半之久。集中营的粮食实行配给制，少到不足以维持最低的营养。

随着战争的深入，集中营的生活更加困苦，日本人经常供应发霉的高粱米等劣质食品，由于严重的营养不良，赫士博士没有等到集中营解放的那一天。赫士是有机会获救离开集中营的，在国际红十字会的帮助下，日美首批交换战俘时让他回国，却被他婉言谢绝了，他把生的机会让给了别人，他说："我快九十了，又有严重的心脏病和糖尿病，我的志愿就是为中国的教育事业献身，还是让我葬在为之献身的异国吧。"[21] 1944 年 4 月 2 日，赫士博士因病去世，集中营的难友们为他举办了隆重的葬礼，数百名学生组成仪仗队，生前好友抬着他的遗体，在管弦乐队伴奏下葬在乐道院内外国侨民墓地。乐道院于 1945 年 8 月 17 日被解放，赫士夫人回国后不久去世。

结语

赫士对中国的科学与信仰教育做出了很多贡献，20 多岁他就带着自己的新婚妻子来到中国。赫士一生拥有 37 部著作以及译著，包括很多科学教育类和宗教信仰类书籍。赫士不是没有登上权力顶峰的机会，由于创办山东大学堂

---

21 韩同文编著：《广文校谱》，第 20-21 页。

成绩斐然，他获得清政府的双龙勋章，并深得当时的权臣袁世凯的信任。但是他坚持自己的信仰，支持山东大学堂的学生不跪拜皇帝牌位，反对偶像崇拜，而毅然辞去总教习职位。袁世凯又推荐赫士参与清末的教育改革事宜，他因反对张之洞等人把礼拜天休假制度改为皇太后、皇帝及孔子生日，再次辞职[22]。赫士坚守自己的信仰，即使到了晚年依然不忘初衷，因为反对齐鲁大学校内的自由主义神学思潮，又一次辞职，在没有任何经济保障的情况下，创办了华北神学院。

作为颂词，华北弘道院董事会在战后第一次会议中说道："赫士博士在中国辛劳工作 62 年。虽然他在山东工作和生活，但他的影响遍及中国。他是一个少有的中国文化学者，并不知疲倦地工作直至生命的终点。"受到尊敬的同时，赫士同样也有普通人的一面。一个年轻的传教士谈对他 70 岁时的一些印象："他很忙，很难接近，有时还会暴躁，但也很幽默。"然而他的妻子赫美吉却"害羞，是个很好的家庭主妇和厨师，是个滑稽的人，还很强壮"[23]。他们是一对令人敬畏的夫妇。

赫士是来华传教士的一个代表，他们为了信仰而来，给这片古老的土地带来了现代科学和文明。但是我们也必须清醒的认识到，传教士的根本目的是传教，即实现其"中华归主"的目标。以赫士辞去山东大学堂西学总教习这一事件为例，一方面可以说明赫士坚守自己的纯真信仰，但另一方面也反映了当科学教育事业与其宗教信仰之间必须作出选择时，他会果断的选择后者。当时的山东大学堂，财政经费充足，人才济济，招生规模和生源素质绝非民办高校的登州文会馆所能比的，而且赫士在大学堂有着很高的地位，山东的地方大员将其奉为上宾。可以想象如果赫士专心学生的科学教育，学校将会培养出很多优秀的科技人才，山东大学堂也将成为中国最优秀的大学之一。从山东巡抚的角度看，他和他的祖辈父辈都是跪拜孔子的，这已成为学校的固定礼仪，而且已经允许赫士等外国传教士可以不跪拜，只是学生必须跪拜而已，这也已经是他的底线了。礼仪之争导致了赫士的离开，这对双方都是巨大的损失。或许我们能从狄考文的一段话里找到答案："科学不是基督教的一部分，教授科学也不

---

22 韩同文编著：《广文校谱》，第 20-21 页。
23 [加拿大]毛大龙（A. Donald MacLeod）：《赫士与华北神学院》（Watson Hayes and the North China Theological Seminary），刊于网站：http://adonaldmacleod.com/china/watson-hayes-and-the-north-china-theological-seminary。

是教会的专门职责，但是它能够有效地促进正义事业（传教），教会不能否定或忽视这一点。"[24]对于传教士来说，科学教育只是方法，传播信仰才是目的。

（选自《中国科技史杂志》，第38卷第1期，2017年）

---

24 C. W.Mateer: The Relation of Protestant Missions to Education, *Records of the General Conference of the Protestant Missionaries of China held at Shanghai May 10-24，1877.*

关于赫士研究的两点释疑

郭建福

　　赫士，1857 年 11 月 23 日出生于美国宾夕法尼亚州默瑟县一个农民家庭。8 岁时，父亲在美国南北战争中战死，[1]由其母亲和姨母抚养成人。赫士自幼聪颖好学，14 岁进入本地小学，只上了 1 年，即升入本省威斯敏斯特中学，学习代数、拉丁文和希腊文。2 年后中学毕业，家中兄弟二人同时考上了大学，但因家境贫寒，兄弟两人只能通过抽签让一人上大学，最后赫士中签进入威斯敏斯特大学。在大学的 4 年里，赫士努力学习拉丁文、希腊文、是非学（逻辑学）以及理化诸科，毕业时获初级学士义凭。[2]1879 年他就读于匹兹堡神学院，师从著名神学教育家本杰明·布雷肯里奇·华菲德，三年后毕业得教士毕业文凭。跟随华菲德的 3 年对他产生了巨大影响，使他成长为一名坚定的守旧派长老会会员。1882 年 8 月 15 日赫士按立为牧师，同年 11 月受美北长老会派遣，偕新婚妻子赫美吉到达山东登州，开始了他为之奋斗一生的科学教育和传教事业。[3]1944 年 4 月 2 日，赫士在潍县日本集中营去世。在华期间，赫士翻译和编写了大量科学和宗教书籍，为西方科学在中国的传播作出巨大贡献。他在登州文会馆教授天文学、地质学、物理学、理财学和算学达 18 年之久，培养了中国早期的教育师资力量。1895 年赫士接任登州文会馆监督，创办山东第

1　王元德、刘玉峰《文会馆志》（潍县：广文学堂印刷所，1913 年）中说赫士 9 岁丧父，是指的赫士的虚岁，美国南北战争是 1865 年 4 月 9 日结束的，那时的赫士只有 8 岁，崔华杰一篇文章《登州文会馆变迁史补证一则》有说明。

2　赵曰北：《历史光影中的华北神学院》，北京：中国国际文化出版社，2015 年，第 16 页。

3　赵曰北：《历史光影中的华北神学院》，第 14 页。

一份中文报纸《山东时报》，1901 年创办中国第一家省级大学堂——山东大学堂，1919 年创建华北地区最具影响力的神学院——华北神学院。

赫士为近代化中国的科学与信仰事业做出了重要贡献。目前关于赫士的研究文章也逐渐增多，笔者在赫士的研究中，觉得有两点疑问需要做出说明。一是传言关于赫士在中日甲午战争日军炮击登州时，登上日舰并劝说日军停止对登州的炮击一事；二是赫士与路思义的矛盾关系。

一、日军炮击登州时的赫士

中日甲午战争时期，日军为掩盖他们进攻清军驻守在威海卫海军部队的真实目的，曾派出三艘舰艇佯攻登州，也就是所说的 1895 年日军炮击登州事件。当时赫士已接替狄考文担任文会馆的监督一职，有传闻称赫士为保护文会馆及登州百姓生命财产安全，与日军交涉，最终劝说日军放弃炮击登州。据韩同文编著的《广文校谱》记载：一八九五年一月十八日，甲午海战日本军舰炮轰登州，赫士挺身而出，在炮火下乘舢舨登日舰，说服日军停止了炮击，保护了文会馆师生及登州城人民的生命和财产。[4]这段文字确实彰显了赫士不畏强权、舍己为人的精神，但从另一个角度考虑，一群武装到牙齿的日本军人，怎么会因为一个传教士的只言片语就放弃早已制定好的军事计划？一群拥有坚船利炮的虎狼之师怎么可能允许一只小舢舨靠近军舰，并允许一名陌生人登船？无独有偶，笔者在一则报道中也看到了台北华北神学院的一则院报上也有近乎相同的报道，而且该报道是引用的一位著名教授的著作《信仰与生活》第 43 卷。

1895 年 1 月 18-19 两日正当隆冬之际，日本海军舰艇连续对山东登州城发炮。猛烈攻击造成极大财产损失，人民伤亡，陷于恐慌时，当时赫士牧师在登州传道，他以美国长老会牧师身份不怕危险，奋不顾身挺身而出，驾驶一叶扁舟，船桅顶端高悬白布，其下有美国的星条国旗飞扬，冒炮火亲至日舰会见舰长，说明登州已开埠，未设海防，美国有侨民眷属居次城内，务当即刻停止战争行为，以免惹起国际公愤云云，结果日本海军停了炮击。赫士牧师此一壮举，挽救了登州城内很多人民的生命免于日本炮火杀伤和死亡。

显然这样的说法并不是空穴来风，于是笔者查阅了当时的相关史料做了考究。首先查阅了日本关于甲午战争的记载《日清战争实录》第八册，在该册第 166 页有关于炮击登州的记载。日军为了攻取我威海卫的海军基地，采取佯

---

4 韩同文：《广文校谱》，青岛师专印刷厂，1993 年，第 136 页。

攻登州，实行"牵制性炮击"的战略，炮击共有两天，一月十八日下午三时开
始，四时六分停止，一月十九日下午一时四十五分开始，按"预先商定时间"
停止炮击并撤回。期间确实看到一艘小船驶来，日军"于二时少时体息，二时
三十分再次开始炮击。此时，在海岸方向似有一只中国船悬白旗向日军三舰驶
来，但因浪高，不易靠近。"清军战败溃散，"这时，原来的那只小船改悬美国
国旗驶来，"但日舰"已经向东驶去，小船知追赶不上，返回海岸"。这段文字
显示赫士并未登上日舰，更无从谈起劝说日舰停止炮击了。

　　郭查理（Charles H. Corbett）著，陶飞亚译，由珠海出版社出版的《齐鲁
大学》关于这段历史的记载："1895 年 1 月 18 日，3 艘日本军舰炮轰登州，20
余发炮弹落在城里。8 发炮弹打在登州学院附近，1 发擦过狄考文的头顶，强
大的气流把他冲到一边。这些军舰次日再度发动进攻，当时的学院院长赫士打
着白旗和美国国旗，坐小船出海，希望劝说日军司令停止攻击登州。但他没能
和日本人接上头。"[5]该书记录与日军的战争记录相一致，也显示赫士未登上日
舰，但提到了狄考文当时也在登州，赫士在驾船出海时，应该与狄考文商量与
日军交涉的内容，因此前文所说会见船长的谈话内容应为赫士与狄考文商谈
登船后与日军如何交涉的方法。

　　连警斋编著的《郭显德牧师行传全集》甲午（1894 年）之役，"日本欲取
威海，乃先以炮击登州，除夕之夜，登州居民正在过新年，吃水角子，焚纸烧
香，请老爹老母前来过年，忽然大炮一响，天地震动，蓬莱阁被击中，城墙为
穿，毁城北一带，草房失火，瓦屋为摧，所有建筑悉遭浩劫，惟文会馆巍然独
存。日舰目标正在狄考文之楼尖及电气房之大烟囱。狄考文以美国旗登楼扬摇
之，其击愈密，赫士（教授）驰至海边，以美国旗打话，亦不听。二百余炮弹
悉落于文会馆之四周，距离五尺或一丈远，坑深一丈有余，而未有一枚击中狄
楼及烟囱者。事后向美领事请求交涉，亦等虚牝。"

　　从这三段历史记载可以看出赫士确实是乘坐小船出海要求与日军对话，
但并未与日军直接接触，日军在达到佯攻吸引清军注意的目的后自行撤离，并
不是由于赫士的劝说才离开的；赫士是 1895 年 1 月 19 日下午出海携带白旗
和美国国旗请求日军停止炮击的，并不是 1 月 18 日；事后，狄考文、赫士等
人请求美国领事馆协助与日本交涉，由于文会馆并未受到人员和财产损失，美
领事馆没有答应他们的要求。之所以有赫士退兵的传言可能是登州城的老百

5　郭查理：《齐鲁大学》，陶飞亚、鲁娜译，珠海：珠海出版社，1999 年，第 51-52 页。

姓看到赫士冒着日军炮火出海，也看到日军撤退，而且再没回来，误以为是赫士劝说日军放弃了炮击登州的行动，也有可能是狄考文等人为了安抚城内百姓情绪，请大家放心日军不会再来所以这样说的；还有可能是登州的百姓和文会馆学生为了凸显赫士的功绩故意编写的。不管是出于何种原因，结果如何，赫士确实是为了登州城的百姓冒着日舰炮火去和日军交涉，虽未成功，却同样彰显出赫士、狄考文等宣教士的无畏精神和崇高品格。

二、赫士与路思义的矛盾与斗争

赫士大家都已经比较了解了，那么路思义是谁，他又与赫士有什么矛盾和斗争呢？路思义（Henry Winters Luce，1868-1941 年）出生在美国马萨诸塞州的斯克兰顿（Scranton）一个虔诚的基督教家庭，父母从事杂货店生意。路思义家族原籍英国，移民来到美国。路思义是他的中文名字，是他的中文老师给起的：路者道也！思乃意图、寻求之意，而义则为公义，路思义全名的意思是"一个寻求公义的人"。[6]

路思义的母亲曾经跟他说：记住孩子，我已经把你奉献给了上帝。而他的父亲更是给他送了一本《家庭医生》的书，内容多是一些医药常识，还为他准备了一个药箱，以备在传道途中使用。[7]1888 年路思义考入耶鲁大学，他热爱体育运动、兴趣广泛，路思义最感兴趣的还是宗教事务。对他来说，在耶鲁最重要的事是遇到了与他志同道合的朋友霍瑞斯·皮特金（Horace Pitkin），他们一起聚会，一起祷告，一起谈宗教理想。[8]后来路思义和皮特金一起到纽约协和神学院学习，这是一所坚持自由神学主义思潮的学校。在这里，他们还结识了同是来自耶鲁的谢伍德·埃德（Sherwood Eddy），自此"耶鲁三杰"开始谋划他们的海外传教计划。路思义与伊丽莎白·鲁特（Elisabeth Root）于 1897 年结婚，并争取到了去中国传教的资助，同年乘船到达山东登州，在登州文会馆教授物理、体育、数学、历史和英语；他早年薪水微薄、居无定所，却回国募集数百万美元，建立起在中国北方地区最著名的两所大学：济南的齐鲁大学和

---

6 B. A. Garside: *One Increasing Purpose*: *The Life of Henry Winters Luce*, New York: Fleming H. Revell Company，1948 年。

7 B. A. Garside:《勇往直前：路思义的心灵世界》，甘耀嘉译，台北：雅歌出版社，1999 年，第 9 页。

8 布林克利:《出版人亨利·卢斯和他的美国世纪》，朱向阳、丁昌建译，北京：法律出版社，2011 年 11 月，第 3 页。

北京的燕京大学，当时学界有"南齐鲁、北燕京"之说，[9]并先后担任齐大副校长和燕大副校长，成就了一段中国近代教育史上的传奇。

由上可知，路思义是即狄考文和赫士之后，迅速成长起来的文会馆实际上的第三代领导人（文会馆第三任监督是伯尔根，于1916年因病去世）。路思义和赫士会有什么矛盾呢？之前的资料、书籍，几乎未有任何人提及此事。我们不妨从文会馆发生的三件事来考察。

第一件事：1901年，赫士应袁世凯之邀去济南兴办山东大学堂。在这件事上，我们可以看出赫士是倾尽了文会馆所有之人力物力。1901年旧历九月份，赫士率领文会馆教习张丰年、刘永锡、王锡恩、仲伟仪、刘光照、王执中、姜渔渭、刘玉峰、周文远、李光鼎、罗绳引（以上9人都是文会馆早期毕业生），并挑选文会馆毕业的学生冯志谦、郭中印、连志舵、李星奎、王振祥、郭风翰、赵策安、张正道等人，还有赫士夫人、富知弥和文约翰、维礼美森等美籍教习4人，包括赫士本人共22人，沿用登州文会馆办学的方法、条规，采用文会馆的课本、教材及教学仪器设备，参照文会馆办学的各项经费开支编制预算，历时仅月余，便于当年旧历十月份，在原济南泺源书院（现山东省统计局院内）正式开学，中国第一所省办大学堂宣告成立。[10]受到慈禧太后的嘉奖，并赐予赫士双龙勋章，清廷谕令全国"通行各省，立即仿照举办，毋许宕延"[11]。

查看当时文会馆的人员名单，几乎只有路思义及其夫人没来济南，留下的只是一个布道站，山东教会总部派遣伯尔根前去，路思义作为耶鲁大学的高材生，在近四年的工作中，已经表现出杰出的工作和领导才能，赫士为什么即使不带领他去济南，连一个几乎废弃的学校和布道站都没留给路思义。

第二件事：赫士在济南办学阻力重重，与当时的官僚集团矛盾激化，愤然辞职，文会馆的大部分教职员工及学生纷纷回归文会馆，而赫士先是去紫禁城给慈禧太后讲解天文学，而后在青州等地传教，再没回过文会馆任职，而这时狄考文由于忙于《圣经》《官话类编》的编辑工作，主持文会馆具体事务的正是伯尔根和路思义。

9　赵丽，宋静：《历史上最早的教会大学——齐鲁大学》，刊于《山东档案》，2010年2月，第69页。

10　韩同文：《广文校谱》，第20-21页。

11　璩鑫圭，唐良炎：《谕政务处将袁世凯所奏山东学堂事宜及试办章程通行各省仿照举办》，收录于《中国近代教育史资料汇编（学制演变）》，上海：上海教育出版社，2006年，第8页。

第三件事：1915 年 12 月，新组建的齐鲁大学选举校长，在伯尔根的极力保举下，路思义仍然没有当上校长，只当了一个负责基建的副校长，而依据常规，谁从美国能募集建校的款项，谁就是校长，而力压路思义当上齐鲁大学校长的是卜道成，与赫士长期志同道合的一位传教士。赫士是当时齐鲁大学神学院的院长，是学校董事会的重要成员，先后当过文会馆的校长（监督）、山东大学堂的校长，是有很大发言权的，赫士显然并没有支持路思义当校长，而是支持了卜道成。

那么这一系列的事件联系起来，赫士与路思义究竟有什么根本性的矛盾和冲突呢？我们从路思义辞职和卜道成和赫士辞职可以得到一些端倪。路思义 1917 年 4 月突然宣布辞职，他对齐鲁大学倾注了太多的心血，他是很不情愿辞职的，辞职的原因是来自董事会的压力，那么压力更多的来自哪里呢；1919 年 8 月卜道成和赫士被迫辞职，辞职的原因是：学校当局纵容自由主义神学思想的蔓延，校园里各种奇谈怪论甚嚣尘上。赫士还指名道姓地批驳了菲斯克（Fiske）："此人曾在早晨礼拜时，公开嘲笑旧约，把求雨祷告说成旧时代的迷信。"[12] 由此可以看出，赫士是一位坚定的保守主义神学家，他深受其老师华菲德的影响。路思义则毕业于自由主义神学盛行的耶鲁大学，赫士与路思义的格格不入也就不难理解了。当时齐鲁大学是各个宗教团体合作建立起来的大学，保守主义和自由主义都有很多的支持者，这也是赫士离开齐鲁大学建立华北神学院的真正原因。

显然，赫士与路思义之间的矛盾和斗争，是基督教两大派别的斗争，绝非个人恩怨，所以在赫士和路思义的信件以及作品中都未提到双方的矛盾，他们只是信仰不同。他们之间的争斗也只是"君子之争"而已。

三、结论

赫士对中国的科学与信仰教育做出了很多贡献，20 多岁他就带着自己的新婚妻子来到中国。赫士一生在山东乃至中国创造很多第一，创建山东第一份报纸《山东时报》、创办山东民间的邮政系统、创建中国最早的省级大学堂——山东大学堂、译著编印了中国最早的大学物理教科书——《声学揭要》、《光学揭要》和《热学揭要》，赫士还为建立中国的休假制度做出了贡献。赫士不是没有登上权力顶峰的机会，由于创办山东大学堂成绩斐然，他获得清政府的

---

12 赵曰北：《历史光影中的华北神学院》，第 30 页。

双龙勋章，并深得当时的权臣袁世凯的信任。但是他坚持自己的信仰，支持山东大学堂的学生不跪拜皇帝牌位，反对偶像崇拜，而毅然辞去总教习职位。袁世凯又推荐赫士参与清末的教育改革事宜，他因反对张之洞等人把礼拜天休假制度改为皇太后、皇帝及孔子生日，再次辞职。赫士坚守自己的信仰，即使到了晚年依然不忘初衷，因为反对齐鲁大学校内的自由主义神学思潮，又一次辞职，在没有任何经济保障的情况下，创办了华北神学院。

作为颂词，华北弘道院董事会在战后第一次会议中说道："赫士博士在中国辛劳工作 62 年。虽然他在山东工作和生活，但他的影响遍及中国。他是一个少有的中国文化学者，并不知疲倦地工作直至生命的终点。"受到尊敬的同时，赫士同样也有普通人的一面。一个年轻的传教士谈对他 70 岁时的一些印象："他很忙，很难接近，有时还会暴躁，但也很幽默。"然而他的妻子赫美吉却"害羞，是个很好的家庭主妇和厨师，是个滑稽的人，还很强壮"[13]。他们是一对令人敬畏的夫妇。

赫士是一个杰出的人，一个优秀的宣教士，每次读到他的事迹，都让人非常感动，但他并不伟大，我们没必要也不应该去美化他。用宣教士自己的话说：伟大的只有上帝，而不是宣教士。

---

13 [加拿大]毛大龙（A. Donald MacLeod）：《赫士与华北神学院》（Watson Hayes and the North China Theological Seminary0，刊于网站：http: //adonaldmaclcod.com/china/watson-hayes-and-the-north-china-theological-seminary。

赫士与华北神学院

赵曰北

　　从上个世纪二十年代开始，鲁南小城滕县声名日彰，在香港、朝鲜、北美等地区，很多人可能不知道山东有济南，但却知道有滕县，知道滕县城里有一位年过花甲的长者，以非凡的智慧和毅力带领大家倾心构筑人们心中圣洁的精神殿堂。2002 年春天，著名宗教史学家、波士顿大学博士姚西伊教授，悄然来到滕州这个在他心中仰慕已久的地方，"站在硕果仅存的两幢教授住宅前"，心中充满崇敬之情。往事并非如烟，岁月的风尘掩不住拓荒者的光辉业绩，赫士与华北神学院依然熠熠闪耀在历史的星空，近百年来吸引着无数人不断温情地仰望。

　　赫士，1857 年 11 月 23 日出生在美国宾夕法尼亚州默瑟县，9 岁丧父，16 岁起在维斯敏斯尔（又译"威斯敏斯特"）学堂学习 6 年，毕业后就读于匹兹堡神学院，师从著名神学教育家华菲德。跟随华菲德的三年对他产生了巨大影响，使他成长为一名坚定的守旧派长老会会员。1882 年 8 月 15 日赫士按立为牧师，同年 11 月受美国北长老会派遣，偕同新婚不久的夫人赫美吉（W. M. Hayes）到达山东登州，开始了在华 62 年的漫长传教生涯。

　　赫士精通现代自然科学，他是作为大学师资被派到登州文会馆协助狄考文工作的。从美国出发时携有大批良好的物理和化学仪器设备，其中有一架很好的天文望远镜。赫士在文会馆里教授天文学、地质学、理财学和算学达 18 年之久。36 岁起兼任上海广学会会长、书记各三年，期间因协定化学名目，声闻日彰，被母校维斯敏斯尔高等学堂授予神学博士学位。39 岁时赫士接替狄考文任文会馆馆主，同年创办山东省第一家报纸《山东时报》。为适应教学需要,他先后翻译和创作了《对数表》、《声学揭要》、《热学揭要》、《光学揭要》、《天文初阶》等现代科技著作,许多内容开中国现代自然科学之先河。

滕县校园里的赫士[1]

1901 年初,应山东巡抚袁世凯邀请,赫士率领义会馆教习和毕业学生张丰年、刘永锡、王锡恩、仲伟仪等人,历时月余成功创办山东大学堂,并出任西学总教习。1904 至 1917 年间,赫士主要在青州、潍县等地从事神学教育,民国元年出版《耶稣实录讲义》。1917 年赫士前往济南,担任合并成立的齐鲁大学神学科教授。为保守纯正信仰,1919 年 9 月他带领 18 名神学生离开齐鲁大学,在潍县创办山东神学院。1922 年 9 月,赫士将神学院迁到滕县北关,并更名为华北神学院。此后不久,在赫士的卓越领导下华北神学院逐渐发展成为中国最大最强的神学院,被国内外普遍看作是"在中国基督教教牧人员中维持基要主义的大本营",在中国神学教育史上写下了浓墨重彩的篇章。

---

1 [美]玛格丽特·霍利斯特(Margaret Hollister)《在中国的传承:一部回忆录》(*Inheriting China: A Memoir*),Washington: Easten Branch Press,2010 年,第 292 页。

赫士对于华北神学院的巨大贡献，首先体现在他始终坚持保守纯正的信仰。旗帜鲜明地维护《圣经》默示、无误的权威和教义的纯正，是华北神学院的一贯主张。赫士曾说："华北神学院永远不培养贬低基督、怀疑福音的人。"尽管年事已高，但长期以来赫士都坚持亲自给学员上课，他所主讲的"教义神学"是华北神学院二至四年级的主要课程。1930 年 4 月，他出版了《教义神学》，作为神学院的教科书。这部书内容博大精深，堪称近世中西绝无仅有、学渊道纯的神学课本。同时，神学院还非常重视引导学生学习《圣经》语言、音乐、宗教比较学，后来又增加了基督教社会学、旧约考古学、地理学和生物学等。开设这些课程的目的，主要是帮助学生坚守纯正的神学理念，以便更好地反驳现代派神学的观点。

"所谓大学者，非谓有大楼之谓也，有大师之谓也。"华北神学院之所以取得如此大的成就，还与赫士为之延聘的一流师资分不开，教授们扎实的学术背景是神学院经久不衰的内在根源。除赫士以外，在华北神学院工作 20 年左右的外籍教师还有道雅伯（Albert Dodd）、卜德生（Craig Patterson）、何赓诗（Martin Hopkins）、毛克礼（Alexander MacLeod）等，他们都是道旨淳厚、学识渊博之士。道雅伯 1902 年毕业于美国普林斯顿神学院，具有博士学位，是当时国内为数不多的希伯来语教授；卜德生是地质学博士，1937 以中文编译出版《古物学与圣经》，以考古学的发现来印证《圣经》内容的正确性和可靠性；何赓诗早年毕业于普林斯顿大学，著有《耶稣基督的启示》、《哥林多前书注释》等；毛克礼应赫士邀请到神学院上课时，已获得四个学位，其中两个是在普林斯顿神学院获得的。另外，长期在滕县传教站工作的申乐道（Roy M. Allison）牧师，1903-1906 年就读于普林斯顿大学和神学院；在神学院工作八年之久的高晤生（Kenneth M. Kepler）也是普林斯顿大学和神学院的高材生。长期以来，正是普林斯顿神学的精神纽带支撑着华北神学院，并将它的校友们紧紧联系在一起，共同在遥远的东方小城滕县，抒写着普林斯顿传统不朽的神话。正因为有着这样千丝万缕的联系，华北神学院一度曾被称作"普林斯顿姊妹学校"。

先后应聘到神学院执教的中国教师有贾玉铭、丁立美、张学恭、管耕汶、丁玉璋等。丁立美 1892 年毕业于登州文会馆，是二十世纪上半叶中国教会最为知名、影响力最大的奋兴布道家之一。贾玉铭 1901 年毕业于登州文会馆，1922 年秋任华北神学院副院长，1928 年被维斯敏斯尔大学授予神学博士学位，

1946 年任华北神学院院长,是中国福音派领袖,1954 年当选中国基督教三自爱国运动委员会副主席。张学恭是赫士选定的接棒人,早年毕业于齐鲁大学和华北神学院,后被送到美国进修。管耕汶作为国学教授,根底深厚,著有《老子道德经注释》、《佛学管窥》、《周易浅释》和《儒学阐微》等,亦长于书法和绘画。丁玉璋自 1921 年到神学院就读,到 1952 年带领师生合并到金陵,是唯一一位与华北神学院三十多年办学历程相始终的艰辛的操劳者和坚定的守护者,曾任华北神学院副院长和院长、南京金陵协和神学院副院长、江苏省基督教三自爱国运动委员会主席等职。

华北神学院行政事务的处理,很大程度上是依靠赫士的崇高声望和卓越领导才能。为了兴建校舍,赫士从美国请来一位工程师进行精心设计,神学院的主题建筑既宏伟壮观又经济实用,凝聚着赫士匠心独运的大智慧:"在前面是三间大建筑物,中间是一间礼拜堂,是戏院式的设计,所以任何一个位置均可以看到讲台;上面左中右均有小楼,礼堂内可坐一百五十人,楼上可坐一百人。左面是一座两层楼的建筑物,楼上是图书馆,楼下是一间能坐一百五十人的大礼堂,每逢赫士博士授课时全体四级的同学均需去听课。右面也是一座两层楼的建筑物,分为四间课室,每一间可容纳一百五十人。大礼堂的地下室是厨房及饭堂。"这三座连在一起的欧式楼房,是当时滕县城内的地标性建筑,也是整个北楼区被人们称作"北大洋楼"的重要组成部分。

太平洋战争爆发后,华北神学院的教育教学活动受到很大干扰,学院一度停课。1943 年 7 月 28 日前后,年迈的赫士夫妇被日军押上开往潍县集中营的囚车。在集中营期间,日军经常供应发霉的大米,但赫士依然放弃了国际红十字会主持下的美日两国交换俘房的机会,把生的希望留给了年轻人。1944 年 4 月 2 日,赫士死在潍县集中营。值得庆幸的是,在痛苦的经历中他的儿子赫约翰(John D. Hayes)和父母生活在一起。集中营被解放以后,赫士夫人返回美国,1949 年去世。赫约翰则留在中国传教并教授英文,1951 年前后回国。

1945 年 12 月底,滕县城烽火四起,动荡不定。华北神学院的师生在隆隆的炮火声中仓促搬迁到徐州。不久,神学院的校舍被毁,校产被哄抢。1946 年 4 月,张学恭院长因在南京创办泰东神学院,辞去院长之职,临时董事会聘请贾玉铭为院长,校务主要由丁玉璋和何赓诗主持。徐州院址系临时借用,又因战乱期间交通不便,各地学生难以就学,董事会遂决定在无锡购得新址,1948 年 7 月初迁到无锡。1952 年 8 月,华东地区神学教育座谈会决定把包括华北神学院在内的十一家神学院校合并，于当年 11 月 1 日成立金陵协和神学院。至此，华北神学院结束了它 33 年的办学历程。

为再现华北神学院的历史细节，笔者于 2015 年编撰出版了《历史光影中的华北神学院》，之后又进行了两次修订。在收集整理材料的日子里，赫士院长面带微笑的形象经常浮现在眼前。我深深地知道，赫老夫子不仅是华北神学院的缔造者，也是中西文化交流史上罕有相匹者的杰出先驱，他坚定的信仰、坚毅的品格、丰富的学识、卓越的才能以及对中国教会和普通中国人的深远影响，值得大书特书，永载史册！狄考文、狄邦就烈、郭显德等人都有传记传世，赫士和他们共事多年，所取得的成就并不逊色，但其生平业绩却隐而不彰。

历史亏待了他，期待着有人能够尽快弥补这个缺憾！

赫士与丁立美师友关系考

刘 平

在十九世纪末、二十世纪上半叶，美国宾夕法尼亚州（又译"片司非捏省"）的赫士（又称"海牧师"、"黑牧师"，Watson Mcmillen Hayes，1857-1944 年）与中国山东省的丁立美（Ding Lee May，Ding Limei，Ting Li Mei，Ting Limei，1871-1936 年）成为师生。他们亦师亦友，共同在近现代中国基督教史上留下深刻的烙印。本文考证这段跨国师友情谊的过往，为深入研究近现代中国基督教史提供一段佳话。

一、赫士与丁立美：其人其事

根据《文会馆志》的记述，"文会馆之始基，基其经营而缔造之者，惟赖狄考文先生一人而已。其学问器度，嘉言懿行，业已口碑载道，勿烦琐陈。赫君士自一八八二年来华，首充本馆教习，富有思力，足于智谋，博学强识，狄公依之如左右手。一八九五年受监督任，诸生畏之，鲜不率法。一九〇一年，山东巡抚袁世凯，慕先生盛名，聘为山东高等学堂总教习[1]，时狄公方在沪上，文会馆经理乏人，差会乃推柏尔根先生为监督。未几回国，越一载复返登郡，至一九〇五年学堂迁潍更名广文，先生仍监督之。"[2]登州文会馆创

---

1 关于文会馆与山东大学堂之间的关系，参见崔华杰：《登州文会馆与中国现代高等教育起源》，刊于《北京教育学院学报》，第 33 卷第 4 期，2019 年 8 月，第 69-76 页；崔华杰：《登州文会馆与山东大学堂学缘述论》，刊于《山东大学学报（哲学社会科学版）》，2013 年第 2 期，第 126-131 页。

2 王元德、刘玉峰总编辑者：《文会馆志》，潍县：广文学校印刷所，民国二年（1913 年），重刊于郭大松、杜学霞编译：《中国第一所现代大学——登州文会馆》，济南：山东人民出版社，2012 年第 1 版，第 89-90 页。另外参见陈谷嘉、邓洪波主

建人、美北长老会先驱传教士狄考文（Calvin Wilson Mateer，1836-1908 年）自创校至光绪二十一年（1895 年），因担任官话和合译本《圣经》修订委员会主席，主要精力用于负责官话和合译本《圣经》修订工作上，遂交文会馆馆长之职于赫士。赫士是美北长老会来华教育传教士、自然科学家、汉语圣经学家、汉语神学家，出生于美国宾夕法尼亚州的默瑟县（Mercer County，Pennsylvania）；1882 年偕夫人来登州。赫士颇具语言天赋，数年间精通汉语，另外精于拉丁语、希腊语，对伦理学（又作"道德学"）及理化诸学科均有研究，在办学理念上与狄考文志同道合。赫士在文会馆从事教学工作（1883-1895年），开设算学、天文、地质、理财等课程，与此同时，在栖霞、蓬莱、黄县、掖县等地传教。1891-1895 年，赫士先后兼任上海广学会书记、会长，"协定化学名目"，"声闻日彰"。[3]赫士接任文会馆馆长之职之后，自 1895 年至 1901年履职，还创办山东省第一份中文报纸《山东时报》。1901 年，应山东巡抚袁世凯（1859-1916 年）之聘，赫士率文会馆 6 名毕业生赴省城济南创办山东大学堂。是年底，山东大学堂经考试首批招生 100 名，举行开学典礼，建成全国推行新政改革、第一所省级官办大学堂。赫士被聘为西学总教习（1901-1903 年），受到清政府嘉奖。1904-1919 年，他担任齐鲁大学神科（theology faculty）教授，后因反对神学自由主义即现代派而离开齐鲁大学，另立门户，在潍县（今潍坊）创办山东神学院（1919-1922 年），后迁至滕县易名华北神学院（1922-1949 年），担任院长。1942 年，赫士与其他英美人士一起被日军关押在潍县集中营，在集中营逝世。赫士在教学、布道之余，笔耕不辍，配合教学需要，编译有 24 本教科书，其中包括自然科学类的《对数表》、《热学揭要》、《声学揭要》、《光学揭要》、《天文揭要》、《光电揭要》、《天文初阶》、《是非学体要》[4]，以及圣经学、神学类的《使徒史记》、《救世略说》、《诸教参考》等。[5]

编：《中国书院史资料》，下，杭州：浙江教育出版社，1998 年第 1 版，第 2098页。

3　王元德、刘玉峰总编辑者：《文会馆志》，第 61 页。

4　是非学，即逻辑学。

5　王元德、刘玉峰总编辑者：《文会馆志》，第 61-62 页。另外参见夏宝枢：《中国哈佛：广文大学述略》，刊于《天津市教科院学报》，2015 年第 4 期，2015 年 8 月，第 28-32 页，特别参见第 30 页。

1910 年代的丁立美[6]

在近现代中国基督教史上，丁立美被誉为"中国的慕迪"[7]、"中国的穆德"[8]、"第一位华人布道家"[9]、"山东使徒"（The Apostle of Shantung，Apostle for Shantung）[10]、"东亚大布道家"、"中国的施洗约翰"[11]等。慕翟（又译"穆迪"，Dwight L. Moody，1837-1899 年）是十九世纪最著名的美国奋兴布道家之一。他小学三年级都未读完，但在英国女王面前布道，足迹遍及美洲、欧洲、亚洲、非洲、澳洲。芝加哥闻名的慕迪圣经学院（Moody Bible Institute），即以他的名

6　A.R.Kepler：《丁立美：中国基督徒中的佼佼者》（*Ding Li Mei: China's Great Winner of Men for Christian Service*），New York: Woman's Board of Foreign Missions of the Presbyterian Church，1915 年，封面。

7　《丁立美小史》，收录于谢颂羔编：《证道录》，第 3 集，明灯报社主编，上海：广学会，1929 年 7 月，第 79-81 页，特别参见第 79 页。

8　谢扶雅：《谢扶雅晚年基督教思想论集》（N. Z. Zia's Thoughts on Christianity in His old Age），香港：基督教文艺出版社，1986 年，第 175 页。

9　[新加坡]杜祥辉（Timothy Tow）：《丁立美：第一位华人布道家》（*Ting Li Mei: The First Chinese Evangelist*），Singapore: Far Eastern Bible College Press，1988 年。杜祥辉（Timothy Tow，Timothy Tow Siang Hui，1920-2009 年），丁立美的学生之一，是新加坡圣经长老会（Bible-Presbyterian Church，1955-1988 年）创会牧师远东，担任圣经学院院长（Far Eastern Bible College，FEBC，1962 年-）。

10　王友三主编：《中国宗教史》，下，济南：齐鲁书社，1991 年 11 月第 1 版，第 1002 页。

11　谢扶雅：《丁立美纪念册序言》，收录于谢扶雅编：《丁立美牧师纪念册》，上海：广学会，1939 年，第 1 页。

字来命名，用来纪念他的奋兴布道之功。[12]丁立美则是近现代中国新教奋兴运动的先驱之一。穆德（John Raleigh Mott，1865-1955 年）长期致力于开展基督教青年会（YMCA）和学生志愿宣教运动（Student Volunteer Movement）。丁立美则在中国本土推进学生传教工作，带领大批学生归主，成为近现代中国三大先驱学生传教运动（pioneer student evangelist）之一。丁立美出生于也长期活跃在儒家文化发源地山东，山东既是他的故乡，也是他成长及最初传道活动的区域。1922 年 10 月，当时影响极大的英文报纸《密勒氏评论报》（*The Weekly Review of the Far East*）开展的"中国当今十二位杰出人物"问卷调查中，丁立美在全国包括政治工商学术各界的 171 位被选举人中，居 142 位。丁立美"是清末到民国三十年代中，在基督教圈内，结果累累，最出色的一位奋兴布道家。"[13]

光绪二十一年（1895 年），文会馆馆主赫士
给李好禹颁发的毕业证书原件。李义提供

根据谢扶雅（1892-1991 年）的观点，丁立美的一生可分为三个历史阶段：少年修德（1871-1900 年），"好比是萌芽"；中年播道（1900-1923 年），"好似所

12 谢颂羔（Z. K. Zia）编著：《慕翟生平》（*A Short Life of D. L. Moody*），最初由上海广学会出版，香港：基督教辅侨出版社，1955 年 7 月再版。

13 查时杰：《中国基督教人物小传》，上卷，台北：中华福音神学院出版社，1963 年，第 108 页。

开之花"；晚年施教（1923-1936 年），"好似所结之果"。而丁立美本人在临终前总结自己的人生进程时，从灵修学角度，以圣殿为比喻，也将一生分为三个部分——外院、圣所、至圣所，对应于人生的三个阶段。[14]在丁立美的三个阶段，赫士与之多有交集之处。他们先师生，后同事。赫士对丁立美的一生影响至为深远。赫士曾这样评价自己的门生："他在大学时代本是好学的人，后来人人说他是一位道德君子。在他的同学中，没有另外一人比他领人归主更多，也没有另一人比他感人更深。每次想到他，便生有无限的敬重和亲爱之心。"[15]

二、赫士与少年丁立美

Large College Building   End of Chapel   College Bell
(formerly Kwan Yin Temple)   Small Schoolroom

左边建筑为文会馆新教学楼；中间建筑曾经是观音堂（Kwan Yin Temple），后改为小礼拜堂；右边木杆上端有铃，用于上下课或集合学生，木杆后小平房是文会馆备馆学生用的小教室。[16]

---

14 谢扶雅：《编者序》，收录于谢扶雅编：《丁立美牧师纪念册》，第 1 页。

15 曲振民：《丁立美小传》，收录于王忠孝编辑：《窄路上的背影：叙述贾玉铭生平透视中国教会百年历史》，内部资料，自行印刷，2009 年 7 月，第 29-32 页，特别参见第 31-32 页。

16 [美]费丹尼（Daniel W. Fisher）：《狄考文行传：旅居山东四十五年的美北长老会传教士》（*Calvin Wilson Mateer: Forty-five Years a Missionary in Shantung, China: A Biography*），Philadelphia: The Westminster Press，1911 年，第 140-141 页之间插图。该

1882 年，少年修德阶段的丁立美离开家乡大辛疃前往登州府，入美北长老会传教士狄考文创办的"文会馆"（Wen Huiguan, Tengchow College, Christian Middle School and College，The Teng Chow Fu College，1877-1883 年，1883-1900 年，1901-1904 年）读书。年仅 12 岁的丁立美自踏入文会馆校园[17]之后，先在此完成 4 年制中学学业，之后继续深造读大学[18]，1892 年由专门文理科学满毕业，为第十四届毕业生，时 22 岁。十年读书期间，丁立美经历的"艰辛卓绝之过程，迥非今日吾人所能领喻！"[19]当时乡间风气未开，交通梗塞。登州与胶州之间距离 480 里，寒暑假期间，丁立美跋涉，极尽行役之苦事，但年少的丁立美也毫无色沮心寒。另外，当时中国仇教排外火焰正浓，渴慕基督要道以及追求新学者，饱受世人奚落与嘲讽，逼迫交加。对于当时的丁立美而言，基督徒身份以及学习新学，都是逆流之举。对于以考取功名获取利禄为主流价值取向的晚清社会而言，文会馆的学业非但无益，反而有害，即自绝于进入主流社会的渠道，毕竟科举制度完全不容纳一切新学。所以，惯沐慈亲钟爱莆满髫之龄的丁立美，"竟能背乡井，排讥诮，冒艰险万难，十年如一日，其毅力与乐道之诚，又岂常人所能望其项背耶？"[20]1892 年卒业后，丁立美在潍县担任山东老会（即美北长老会）差会日校视学（supervisor）（1892-1894 年）。工作约两年后，1894 年，丁立美回母校文会馆，担任教职，教授"格物学"（物理学）课程。从三年的工作经历中，26 岁的丁立美"憾经学之未娴，道心之未固"，深感神学装备的需要，随之于 1896 年入美北长老会教士馆（Seminary）即神学院，接受神学训练。[21]不过，当丁立美入读教士馆时（1896-1898 年），他是义务传道学生，半年学习，半年传道，接受神学训练 2 年。

书中译本参见：[美]费丹尼（Daniel W. Fisher）：《一位在中国山东四十五年的传教士——狄考文》（*Calvin Wilson Mateer*：*Forty-five Years a Missionary in Shantung*，*China*：*a Biography*），郭大松、崔华杰译，北京：中国文史出版社，2009 年 3 月第 1 版。

17 也有记述，1883 年丁立美入读文会馆，1894 年毕业。参见词条"丁立美"（Ding Limei），收录于[美]孙奎德（Scott W. Sunquist）编辑：《亚洲基督教辞典》（*A Dictionary of Asian Christianity*），Grand Rapids，Michigan：Wm. B. Eerdmans Publishing Co.，2001 年，第 244-245 页，特别参见第 244 页。

18 也有资料记述，丁立美先入读文会馆小学，再中学、大学，参见谢扶雅：《本传》，收录于谢扶雅编：《丁立美牧师纪念册》，上海：广学会，1939 年，第 2 页。本书依据曲振民：《丁立美小传》，第 29 页。

19 谢扶雅：《本传》，第 2 页。

20 谢扶雅：《本传》，第 2 页。

21 谢扶雅：《本传》，第 3 页。

TENGCHOW MISSION COMPOUND, FROM THE NORTH
Extreme left, Entrance to Dr. Hayes' House. Behind this, part of back of Dr. Mateer's House.
Foreground, Vegetable Gardens belonging to Chinese

从北部拍摄的美北长老会登州差会大院，最左边的入口同向赫士住宅，在赫士住宅之后，是狄考文住宅后门部分。大院前的地基是蔬菜园，属于中国人。这也是少年丁立美经常去的地方。[22]

　　丁立美自 1882 年踏入文会馆，至 1898 年从教士馆完成神学教育，前后学习 12 年。而这一个本命年正是丁立美人格形成时期。他深受师长的感召与训诲。他们为他奠立一生的信仰根基及西方知识基础。[23]对丁立美人生影响至为关键的人物离不开"中国西敏神学院"华北神学院创建人赫士。1882 年，丁立美入读文会馆时，赫士来华开始在文会馆从事教学工作（1882-1895 年）。由此来看，丁立美有 10 年时间在赫士等传教士门下接受现代基础及高等教育。1894 年，丁立美回母校文会馆从教，而自次年即 1895 年至 1901 年赫士接替狄考文担任文会馆馆长。以此来看，丁立美有近三年时间与赫士在文会馆共事，而这也是丁立美第一次与自己的恩师成为同事。而当丁立美在教士馆进修神学时，他则再次成为赫士的神学生。就此而论，丁立美有 13 年的求学生涯以及第一次与赫士同事 2 年的经历都受到赫士的耳濡目染。赫士的学识为丁

22 [美]费丹尼（Daniel W. Fisher）：《狄考文行传：旅居山东四十五年的美北长老会传教士》（*Calvin Wilson Mateer：Forty-five Years a Missionary in Shantung，China: A Biography*），第 80-81 页之间插图。

23 刘翼凌、王峙等：《群贤掠影》，香港：宣道出版社，1998 年，第 89 页；曲振民：《丁立美小传》，第 29-30 页。

立美掌握现代自然科学以及长老会的圣经学、神学打下坚实的基础。毫无疑问，赫士为丁立美成长为杰出的布道家提供了完备的知识装备。而赫士笃志于现代教育，热心于传教工作。这种自我牺牲的道德品格对丁立美有着潜移默化的影响，乃至于丁立美一生的杰出成就于传教及高等教育紧密联系在一起。

光绪年间文会馆毕业文凭样本[24]

---

24 王元德、刘玉峰总编辑者：《文会馆志》，第 78 页。

三、赫士与中年丁立美

　　1900-1901 年，而立之年的丁立美在莱州府掖县宁家支会担任驻堂牧师。庚子年间，山东兴起大刀会，继有义和拳乱作，如火燎原。晚清政府嘉励排外及摧锄教会。时山东巡抚满人毓贤（Yü Hsien，1842-1901 年）尤其夙怀仇教成见，逼迫基督徒，鼓励大刀会，终酿成教案，有罗马天主教德国传教士 2 人被杀。同年，一般信众因为恐慌，纷纷将《圣经》毁弃，而丁立美深信神与他同在，毫不畏缩，依旧捧读《圣经》不辍。为此丁立美在莱州府遭暴徒袭击，并被面目狰狞的公差强行入门。丁立美面对公文，面不露仓皇惊惶忧虑之色。时其弟丁立介（原名"立玠"，1877-1954 年）在场，见丁立美从容入内室更衣，携带《圣经》及铅笔、小册子数本而出门，"坦然就道，其倚靠上主镇定安宁之态度，非常人所克企也。身在囹圄，读经不间，时方盛暑，羁狱四十日不怨不悱，不以此而堕其信仰。知县提讯，责改教，不屈，笞杖二百，皮开血溅，仍不肯丧义贪生。"[25]适逢袁世凯上任山东巡抚，经由文会馆第二任校长赫士提交陈情书请求，袁世凯通电莱州府，丁立美始得开释。[26]袁世凯在发迹之前，曾任宋庆（1820-1902 年）将军麾下军头，驻防登州，与文会馆创办人狄考文、继狄考文为校长的赫士交好。除早期被杀的 2 名罗马天主教传教士外，山东省的洋人在义和团时期无一伤亡。[27]此事上达北京后，慈禧太后（1835-1908 年）对袁世凯大为不悦，称之为"山东那个洋巡抚"。[28]被释之后，丁立美没有因为遭遇苦难而埋怨消沉，而是深感国人人性的幽暗，深深体会到中国人灵魂的需求，立志要把福音传遍中国。另外，他深刻认识到，正是因为中国教会没有实现独立自主，才导致教案频发，为此立志建立中国人自己的教会，拯救中国万万同胞之灵魂，最后成长为一代杰出的中国本土传道人。而丁立美中年之初的重大人生转向过程中，他的恩师赫士于他有救命之恩。

25　谢扶雅：《本传》，第 4-5 页。
26　《丁立美小史》，收录于谢颂羔编：《证道录》，第 3 集，第 80 页。
27　曲拯民：《美国长老会和山东自立会》，收录于山东省政协文史资料委员会编：《山东文史集粹·民族宗教卷》，济南：山东人民出版社，1993 年 6 月第 1 版，第 137-157 页，特别参见第 147 页。
28　曲拯民：《丁立美牧师生平简记》，刊于"翼报"（ebao monthly）网站：https://chs.ebaomonthly.com/ebao/readebao.php?eID=e05214，发布日期：2008-11-01，引用日期：2022 年 8 月 30 日。丁立美是曲拯民的大姑丈丁立介的大哥。

登郡文会馆誤:《天文揭要》,美国赫士口译,
清周文源笔述,上海美华书馆铅板,光绪二
十四年（1898 年）第五次印,扉页。

四、赫士与晚年丁立美

上文在介绍对丁立美的成长发挥重要作用的赫士生平时提及,1919 年 9
月底赫士坚持基要派神学,反对自由派神学,被迫辞去齐鲁大学神科主任职
务。齐鲁大学成立之初设立的神科日益兴盛自由主义神学。这种现代主义神
学,也称"新神学",导致齐鲁大学神科创办人、教授、美北长老会海外传道
部（the American Presbyterian Board of Foreign Missions）教育传教士赫士出走
事件。他带领 18 位神学院学生另组新校。9 月 29 日,在中华基督教会（The
Chinese Christian Church,Independent）和美南长老会苏北区会（The Southern
Presbyterian North Kiangsu Mission）的支持下,赫士选择潍县为临时基地,组
建一所长老宗神学院,称"山东神学院"（Shantung Theological Seminary）。此
即"中国西敏神学院"的来源,起源于一次教会大学分裂风波。因此,山东神
学院具有自身独特而又与西敏神学院类似的经历。传教士在华创办神学院通

常是白手起家，而山东神学院属于另起炉灶，为此神学院初创时艰难异常。时校址校具一无凭籍，借用他人楼下地窖为教室，借助他校破教具上课。神学院的经费由山东的教会，如江苏南长老会、北长老会、潍县区会、山江区会以及美国热心的基督徒定期奉献支持。后因美南长老会苏北教区负责经费筹措，1922 年 9 月赫士将学校迁往靠近苏北教区的滕县，改称"华北神学院"（North China Theological Seminary）。华北神学院的经费主要依靠山东和苏北地区的自立教会奉献，一部分来源于差会的拨款支持，在一定程度上实现自养目标，是一所体现"三自"精神的神学院。华北神学院与鲁南新民学校（South Shantung Bible and Normal School）即后来的华北弘道院（Mateer Memorial Institute）共用一处校园。华北神学院逐步发展成为中国新教基要主义的大本营。[29]

青州神道学堂撰：《耶稣实录讲义》
（*Expository Life of Christ*），赫士编辑，
Printed at the University Press, Weihsien, 1912
年第 2 版。

---

29 王德龙：《基要派与滕县华北神学院》，刊于《枣庄学院学报》，第 33 卷第 6 期，2016 年 12 月，第 17-21 页，特别参加第 17 页。

丁立美全家福[30]

　　华北神学院虽然以基要主义为底色，但招生并不拘泥于宗派。该校创设之目的在于造就一般依据《圣经》正义而传道的人才，故在录取学员上，不分公会，不分地区。凡正宗福音派之学生，皆可前来。虽然学校对学员的出身并不作限制，但慕名来华北神学院的大多数学员都具有基要派倾向，热衷于传福音、救人灵魂。一部分学员在入学前已经是传道人。华北神学院根据新学员的基础，将课程划分为正科和副科。正科，需要大学毕业或神预科毕业，肄业三年。高中毕业者，须肄业四年。若长于汉文，富有阅历，为主作工成绩昭著，兼有特别保荐者，可收入正科，其学年与高中毕业者同。副科则招收高中修业而未毕业者，有志肄业者，可随同上班，学完一切课程，予以副科证书。[31]

---

30 [美]布朗（Arthur Judson Brown）：《中国革命》（*The Chinese Revolution*），New York: Student Volunteer Movement，1912 年，第 106-107 页之间插图。该书中译本参见[美]阿瑟·贾德森·布朗（Arthur Judson Brown）：《辛亥革命》（*The Chinese Revolution*），北京：解放军出版社，季我努译，2011 年 10 月；[美]阿瑟·贾德森·布朗（Arthur Judson Brown）：《中国革命 1911：一位传教士眼中的辛亥镜像》（*The Chinese Revolution*），季我努译，重庆：重庆出版社，2018 年 10 月。本文采用原著。

31 王德龙：《基要派与滕县华北神学院》，第 18 页。

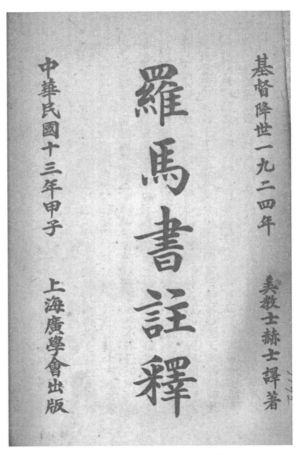

基督降世一九二四年　美教士赫士译著

羅馬書註釋

中華民國十三年甲子　上海廣學會出版

赫士译著《罗马书注释》封面

　　自创办至抗战后期，赫士一直任名誉院长，副院长依次是中国牧师丁立美，继任为贾玉铭，抗战前后为张学恭、丁玉璋（兰田）。在华北神学院任教过的美国传教士有道雅伯（Albert Dodd）、申乐道、何赓诗（Martin Hopkins）、毛克礼（Alexander N. MacLeod）、卜德生（Craig Patterson）、卜有存、华以德等；中国人有丁立美、张学恭（1898-1960 年）、宋道九、苗子九、丁玉璋（1895－1975 年）、管耕汶，邓天锡、胡敬武、翁楚望、成寄归、高国桢等。[32]1923年，丁立美返回山东帮助赫士，至滕县任教，在担任副院长之同时，授课 8 年（1923-1926 年，1928-1932 年）。也就是说，在此期间，他与恩师赫士再次同事，前后有 8 年之久。在华北神学院任教期间，1926-1927 年，丁立美暂停教职约一年半，北上哈尔滨信义会自立教会任驻堂牧师。

32　王德龙：《基要派与滕县华北神学院》，第 19 页。

赫士编译:《使徒历史》(*Apostolic History*),上海:
美华书馆,1917 年第 4 版。

华北神学院专为培养教牧人员与教师,学制 4 年,课目内设专为研究《圣经》之多种学科,并设天文、地质、文学、哲学、希伯来文等课程。毕业后,成绩优秀者授于学士学位。华北神学院在一般课程设置上与其他神学院没有多大区别,但坚持基要派立场,强调《圣经》权威和《圣经》基本要道,因此尤为重视《圣经》研究和教学。学院"将圣经分为六部分,每部分皆有教员负责,如创世纪至申命记,高牧师负责,约书亚至撒母耳下,卜牧师负责,列王上至以斯帖,张牧师负责,约伯记至以赛亚,道牧师负责,耶利米至玛拉基,丁牧师负责,新约,赫院长负责。"[33]由此可见,丁立美在华北神学院主要从事"圣经"课程的教学工作。

---

33 张学恭:《华北神学院周年报告(1934-1935)》,刊于《通问报》,1935 年 4 月,第 20 页。

[美]Thomas Murphy:《司牧良规》（*Pastoral Theology. The Pastor in the Various Duties of His Office*），青州神学校校撰，赫士翻译、改编，上海：广学会，1916年改正再版。

华北神学院的前身山东神学院在潍县成立之初，仅有 18 名学生，1920 年人数也只有 24 人。1922 年搬迁至滕县以后，随着经济状况的好转和管理措施的提升，学生人数不断增加。1923-1924 年度，在校生迅速增长到 84 人。学生来自国内 9 个省和周边国家韩国，其中 9 人为女生。1925 年学生来自南北各省，及新加坡、韩国，公会达十余省。今季统计男女学生一百二十名。1925-1926 年度，有男学员 105 人，女学员 34 人，共计有学员，共计有学员 139 人。1927 年，华北神学院在校学生数达到历史顶点，为 186 人，其中女生 51 人。在二十世纪二十年代中期，仅从学生人数这个角度看，华北神学院的规模已经超过金陵神学院，成为当时中国最大的神学院。有许多来自朝鲜和东南亚地区的学生在此接受造就。后来受到北伐战争的影响，招生出现萎缩，到 1928 年，学生人数锐减至男生 65 人、女生 13 人。北伐战争结束以后，华北神学院又在三十年代迅速恢复活力，1933-1934 年度，在校学生达到男生 102 人、女生 31 人。[34]神学院招生人数不断增加，其中有赫士、丁立美等同仁的功劳。这也说明在此期间，中外人士同心协力，华北神学院的办学成绩取得显著的成效。

赫士编辑：《教会历史》（*Church History*），卷一，
上海：商务印书馆，1915 年。

1930 年，在滕县布道会中，丁立美被圣灵充满，与圣灵相通，提升属灵能力。此后，注重圣洁与灵恩。[35]丁立美教授离开滕县华北神学院前 1932 年春参与发起"赫士牧师来华传道五十周年纪念"。丁立美是发起人之一。其他

---

34 王德龙：《基要派与滕县华北神学院》，第 18 页。
35 曲拯民：《丁立美牧师生平简记》。曲振民：《丁立美小传》，第 31 页。

中外发起人包括贾玉铭（1880－1964 年）、卜德生、道雅伯、何赓诗、管耕汶、丁玉璋、张学恭、华北医院的于道荣、罗密阁（Arthur Mathes Romig，1907-1995 年）、孙光斗、吴信全，在著名的《布道杂志》发文，其目的："一以尊重赫牧师表彰其精神毅力，一以保守其晚年所创设之神学得以稳固持久。而最大目的，乃感谢三一真宰慎选古滕一片干净土，立此信仰纯正之神学院，栽培许多合用之青年，作美好见证。"[36]

---

36 小土：《不旧的新闻:赫士牧师来华传道五十周年纪念》，刊于《布道杂志》，第 5 卷第 3 期，1932 年第 5、6 月号，第 75 页。

赫士研究综述

赵曰北

赫士是美国北长老会传教士，1882 年 11 月受派遣来到山东登州，开始了他长达 62 年的传教生涯。赫士不仅是一位坚持保守信仰的传教士，还是中西文明交流史上杰出的先驱，他的卓越贡献在很大程度上影响了今天中国教会的面貌，极大地推动了中国社会由传统向现代转型。近年来有关赫士的研究成果不断涌现，使我们对他有了更深入的认识。2022 年是赫士来华工作 140 周年，谨以此文纪念这位伟大的先行者。

一、有关赫士生平的研究

有关赫士的生平情况，目前最可靠资料是赫士孙女玛格丽特·霍利斯特所著回忆录《在中国的传承：一本回忆录》[1]。书中用了 20 多页的篇幅介绍赫士的情况。玛格丽特·霍利斯特出生于 1917 年，毕业于燕京大学历史系，赫士去世时她已 27 岁，她特殊的身份经历和专业素养，使本书成为研究赫士生平的权威参考资料。

这本书提到一般著述很少涉及的赫士原生家庭的一些情况下。赫士出生在宾夕法尼亚州默瑟县，他的父亲待人真诚正直，很有责任心，作为一名志愿名兵参加了南北战争，在战争即将结束时被射杀，当时赫士还不到 8 岁。赫士的母亲是当地一个农场主的女儿，既精明又能干，在丈夫去世后带着四个孩子艰难度日。赫士的母亲在信仰方面非常虔诚，她经常带孩子们去教堂并且献身于联合长老会的福音传播工作。她慷慨地捐赠自己的财产，恳切祷告，勤勉服

---

1 [美]玛格丽特·霍利斯特（Margaret Hollisber，1917-2017 年）：《在中国的传承：一部回忆录》（*Inheriting China: A Memoir*），华盛顿（Washington）：东部分支出版社（Eastern Branch Press），2010 年，第 273-297 页。

务。赫士和母亲非常亲近，当他决定将自己一生投入到海外传教事业时，母亲给予了充分的肯定和支持。相传赫士曾经上书慈禧太后建议星期天休息，一改中国传统的旬假制度，这个说法在本书中也得到了确认。

民国二年（1913 年）潍县广文学校印制的《文会馆志》[2]，收录了 1912 年7 月刘玉峰撰写的《赫士先生行年事略》。刘玉峰，字蓬山，高密周戈庄人，1900 年登州文会馆毕业。1901 年袁世凯聘请赫士担任山东大学堂总教习，刘玉峰追随赫士来到济南任教习。写这篇传记时，刘玉峰正在广文学校担任理化教习职务，赫士也在潍县、青州一带工作。此文当是在征求赫士意见的基础上完成，所以也比较可信。

加拿大丁道尔神学院毛大龙所著《赫士与华北神学院》[3]、《美国对中国改革宗神学教育的支持：华北神学院美国理事会（1942-1969)》[4]、《革命前美国长老会对中国的宣教：从一封信的片段中洞察到的反映本土现实的神学冲突》[5]等论文，其中多次提到赫士。毛大龙 1938 年出生，他的父亲毛克礼（Alexander Napier MacLeod，1901-1994 年）是苏格兰人，1932-1950 年执教于华北神学院。毛大龙作为华北神学院的第二代，对华北神学院满怀深情，念念不忘，2006年曾携妻子到滕州寻访华北神学院遗址。2018 年毛大龙出版了一本回忆录，记载他 1938 至 1955 年作为传教士的后代在中国生活的情形。料想这里面肯定也会涉及赫士和华北神学院其他教工的不少情况。毛教授万里迢迢寄给了我一本，可惜我英文程度不够，目前还看不了。期待对赫士宣教经历感兴趣并且能够阅读英文资料的研究者，作进一步译介。

宗教史学家姚西伊对赫士以及华北神学院也非常关注，近年来他先后发表了《传教士与中国现代化关系的嬗变——以赫士为例》[6]、《为真道争辩——

2　刘玉峰：《赫士先生行年事略》，刘玉峰、王元德编：《文会馆志》，山东潍县:广文学校，1913 年，第 19 页。

3　[加拿大]毛大龙（A. Donald MacLeod）：《赫士与华北神学院》，陈小勇译，2013 年1 月 2 日，刊于 http://adonaldmacleod.com/china/watson-hayes-and-the-north-china-theological-seminary/，2015 年 8 月 6 日。

4　[加拿大]毛大龙（A. Donald MacLeod）：《美国对中国改革宗神学教育的支持：华北神学院美国理事会（1942-1969)》，胡承斌、李天鸽译，赵曰北：《历史光影中的华北神学院》（第三版），苏格兰：汉塞尔出版社，2017 年，第 182-201 页。

5　[加拿大]毛大龙（A. Donald MacLeod）：《革命前美国长老会对中国的宣教：从一封信的片段中洞察到的反映本土现实的神学冲突》，胡承斌译，参见本书。

6　姚西伊：《传教士与中国现代化关系的嬗变——以赫士为例》，收录于卓新平、许志伟主编：《基督宗教研究》，第七辑，北京：宗教文化出版社，2004 年，第 484-500 页。

在华基督新教传教士基要主义运动（1920-1937）》[7]、《华北神学院的北美风波，1946-1952 年》[8]等论著，其中记载了不少有关赫士的信息。并且这些资料多数来源于美国的档案馆、图书馆，让人眼界大开。

　　山东神学院的贺爱霞牧师在香港读博士期间，把华北神学院作为研究课题。2016 年和 2019 年两次前往美国收集有关资料，并拜访了玛格丽特·霍利斯特等赫士的后人。这些新发现的史料被写进了《新酒觅新瓶——赫士探索中国本土神学教育之路径》[9]一文中，堪称近年来有关赫士研究最系统最扎实的力作。

二、有关赫士神学思想的研究

　　赫士是华北神学院的灵魂人物，保留下来的早期资料《华北神学院年刊》[10]、《晨光》[11]、《华北神学志》[12]、《华北神学院简章》[13]、《华北神学院一九五零级毕业纪念刊》[14]，有不少内容反映了赫士一贯的神学主张。赫士曾说："华北神学院永远不培养贬低基督、怀疑福音的人。"他为华北神学院制定了八则信条，第一条即为："本院深信凡正宗福音派之各教会所共认之圣经，即新旧约全书六十六卷之记载，全由神灵默感其言。为记事者，即为记事；为预言者，即为预言；为吾人信行之惟一无上准则。"[15]这些期刊，是研究赫士神学思想的重要资料。

　　姚西伊在《为真道争辩——在华基督新教传教士基要主义运动（1920-1937）》、《都市对乡村？——20 世纪前半期在华传教士基要主义运动的地域因素》[16]、《本世纪二三十年代基要派——自由派之争与新教在华传教事业》[17]等

7　姚西伊：《为真道争辩——在华基督新教传教士基要主义运动（1920-1937）》，香港：宣道出版社，2008 年。

8　姚西伊：《华北神学院的北美风波（1946-1952 年）》，参见本书。

9　贺爱霞：《新酒觅新瓶——赫士探索中国本土神学教育之路径》，参见本书。

10　《华北神学院年刊》，南京：灵光报社，1930 年，北京大学图书馆馆藏。

11　王恒心主编：《晨光》，无锡：锡城印刷公司，1931 年，上海华东神学院图书馆馆藏。

12　何赓诗、丁玉璋主编：《华北神学志》，南京：诚信印书馆，1934 年，上海华东神学院图书馆馆藏。

13　《华北神学院简章》，1940 年，民国档案 U110-0-39，上海市档案馆馆藏。

14　《华北神学院一九五零级毕业纪念刊》，上海：中国制版印刷厂，1950 年，山东省滕州市第一中学校史馆馆藏。

15　《华北神学院年刊》，南京：灵光报社，1930 年，第 55 页。

16　姚西伊：《都市对乡村？——20 世纪前半期在华传教士基要主义运动的地域因素》，收录于陈建明、刘家峰主编：《中国基督教区域史研究》，成都：巴蜀出版社，2008 年。

17　姚西伊：《本世纪二三十年代基要派——自由派之争与新教在华传教事业》，刊于《道风：汉语神学学刊》，第十期，1999 年，第 200-215 页。

著述中，均把赫士看作是基要主义的代表。他还补充说，从宗派的角度看，赫士是以改革宗或长老会传统为基本底色。此说获得了学术界普遍认可，许应许《中国人的坐标系》[18]、《教育的真相：19 世纪末 20 世纪初在华传教士的信仰分歧及其影响浅议》[19]、王德龙《基要派与滕县华北神学院》[20]、王政民《二十世纪三十年代中国基督教基要派与自由派之冲突的起源与回响》[21]、胡冰冰《赫士〈教义神学>末世论思想述评》[22]等论著，均采用了这个说法。

毛大龙则在《赫士与华北神学院》、《美国对中国改革宗神学教育的支持：华北神学院美国理事会（1942-1969)》等文章中，坚持认为赫士是改革宗神学的代表，在末世论上赫士属于前千禧年派，并且受华菲德[23]的影响，是一位坚定的《圣经》无误论者。

贺爱霞结合对赫士两部重要著作《司牧良规》和《教义神学》的解读，认为赫士基本上持无千禧年派的立场，不过度解释"末世论"，充分尊重其玄妙之处。对于赫士的神学教育理念则概括为三点：以虔德生命为首要、以《圣经》教导为根本、以福音宣道为目的。[24]

胡冰冰在深入研究赫士《教义神学》的基础上，重点对其中的"末世论"思想进行了述评。他认为赫士对"末世论"问题更加侧重"今生"与"来世"的区别，"今生"注定是不圆满的，很多无法实现的事情要到"来世"才能实现，突出强调了"来世"观念在基督教信仰中的"要端"地位。看重具有永恒意义的"来世"，今生以此为首要目标活着，相应地就不会过于在乎"今生"的福祉。正是在这个意义上，他们才不把改良社会作为首要任务。[25]"末世论"观念是赫士作为基要主义代表人物的思想根源。

---

18 许应许：《中国人的坐标系》，刊于《杏花》，2012 年冬季号。

19 许应许：《教育的真相：19 世纪末 20 世纪初在华传教士的信仰分歧及其影响浅议》，刊于《杏花》，2013 年秋冬合刊。

20 王德龙：《基要派与滕县华北神学院》，刊于《枣庄学院学报》，2016 年 12 月，第 17-21 页。

21 王政民：《二十世纪三十年代中国基督教基要派与自由派之冲突的起源与回响》，刊于《基督时报》，2018 年 8 月 20 日。

22 胡冰冰：《赫士〈教义神学〉末世论思想述评》，参见本书。

23 华菲德（Benjamin Breckinridge Warfield, 1851-1921 年）曾任教于匹兹堡西方神学院，赫士来中国之前跟随他学习。1887 年以后，华菲德任教于普林斯顿神学院，是影响深远的改革宗神学家。

24 贺爱霞：《新酒觅新瓶——赫士探索中国本土神学教育之路径》，参见本书。

25 胡冰冰：《赫士〈教义神学〉末世论思想述评》，参见本书。

三、有关赫士自然科学成果的研究

赫士是一位虔诚的保守派传教士，在持守《圣经》的同时，对自然科学、特别是天文学保持着终生的热情。赫士最初是作为大学的师资被派遣到登州文会馆，从美国出发时携有大批良好的物理和化学仪器设备，其中有一架很好的天文望远镜。在登州期间赫士建有天文台，在滕县工作时也经常用望远镜观察天象，华北神学院在二年级还开设了天文学课程。[26]赫士晚年被日本人拘禁在潍县集中营，他每天至少记录两次气温，早晚各一次。赫士认为，地球是上帝创造的，《圣经》是上帝说的话，真正的科学探究会将一个诚实的人引向创造宇宙的上帝。

首先应该看到，赫士是中国现代天文学的重要奠基者。早在登州文会馆期间，他就开设天文学课程。[27][27]为了适应教学的需要，赫士相继编译出版了《天文揭要》（1891 年）、《天文初阶》（1895 年）、《天文新编》（1911 年）、《天文入门》（1926 年）。精心译编教科书之外，赫士还采用循序渐进的授课方式，组织合理的考试检测，配备了必要的教辅用具，建有天文台，装备了口径为 10 英寸的望远镜，拥有天球仪、经纬仪、经限仪以及行星绕日表、恒星表等，藏有《谈天》[28]、《中西天文算学精蕴》等图书。整体上说，当时登州文会馆的天文学教育已经达到了很高的水准。

就笔者所见，目前对赫士天文学成就研究最深入的当为叶璐《晚清天文教育与天文启蒙——以天文教科书为中心》[29]。这篇博士论文用了 30 页的篇幅，设立专章（第四章）深入探讨了登州文会馆的高等天文教育，对于赫士在现代中国天文学上的贡献给予了充分肯定。叶璐通过对比发现，《天文揭要》不仅选取泰西诸天文学著述之粹精，阐述了天文学领域内的重要知识体系，而且还有针对性地弥补了以前著述的不足，以至于这部书被时人视为"多新说，足以校正《谈天》之误者"。[30]在专业学术名词翻译方面，《天文揭要》订正了《谈

26　赵曰北：《历史光影中的华北神学院》，第三版，苏格兰爱丁堡：汉塞尔出版社，2017 年，第 66 页。

27　郭大松、杜学霞编译：《中国现代第一所大学——登州文会馆》，济南：山东人民出版社，2012 年，第 7 页。

28　《谈天》是英国天文学家约翰·赫歇耳的天文学名著，1859 年李善兰与传教士伟烈亚力合译此书，后被广泛用作教材。

29　叶璐：《晚清天文教育与天文启蒙——以天文教科书为中心》，上海交通大学科学史与科学文化研究院博士学位论文，2017 年。

30　[清]王韬、顾燮光等编：《近代译书目》，北京：图书馆出版社，2003 年，第 216 页。

天》不少名词的译法，因其更具现代性和合理性，故被广泛接受，沿用至今，例如小行星、子午线、流星等。后来，赫士在前两部天文学著作的基础上，融合西方新的天文学理论和新的观测方法，又编撰了《天文新编》一书。赫士所编译的天文学教科书具有鲜明的逻辑性、系统性和前瞻性，非常适合教学的实际需要，因此多次再版，被不少学校当作教材，为我国近现代天文学的发展培育了诸多人才。这其中尤其以王锡恩最具代表性。

王锡恩，字泽溥，山东益都县（今青州市）东王车村人，1893 年登州文会馆毕业后留馆任教，1901 年随赫士一起被聘为山东高等学堂数理教习，后任潍县广文学校数理教习。1917 年，王锡恩随着齐鲁大学合并到济南任职，一人承担了所有的天文学课程，同时兼任天文算学系主任，是当时齐鲁大学担任系主任一职中唯一的中国人。赫士 1919 年离开齐鲁大学之后，依然和王锡恩保持着密切交往。赫士曾把王氏最具代表性的《论日月食测算法》[31]代译为英文，送交英国皇家学会审议，受到国际天文学和数学界的重视。英国皇家学会赠予王锡恩理学硕士学位，国际天文学会特邀他为会员。1925 年王锡恩《实用天文学》出版，请赫士撰写序言。赫士称赞到："该作者在实用科学上的能力，以及毕业之后在众多应用中的精通，足以经受考验。或许中国没有一人能够更为胜任解决此类问题。"齐鲁大学天文算学系培养了大批天文学方面的人才，其中包括苗永瑞院士等。1952 年院系调整，齐鲁大学天文算学系与中山大学天文系合并，组建了新的南京大学天文系。

探讨中国天文学发展史，赫士是绕不过去的存在。近年来有关研究成果《晚清时期西方近代天文学的传入和普及》[32]、《登州文会馆天文教育及其教材〈天文揭要>研究》[33]、《晚清西方天文学在中国的传播与影响》[34]等，对赫士均有提及。

除了天文学之外，学术界对赫士的三部物理学译著——《光学揭要》、《热学揭要》、《声学揭要》，也表现出极大的兴趣。这三本书，是赫士以法国物理

31 据贺爱霞查考，赫士著有《计算日食的方法》一书，王锡恩的研究大约是建立在赫士相关成果的基础之上。

32 邓可卉：《晚清时期西方近代天文学的传入和普及》，刊于《哈尔滨工业大学学报》（社会科学版），2008 年 9 月。

33 李瑞鹏：《登州文会馆天文教育及其教材〈天文揭要〉研究》，东华大学科学技术哲学专业硕士学位论文，2016 年。

34 陈婷：《晚清西方天文学在中国的传播与影响》，中国科学技术大学科学技术史专业博士学位论文，2017 年。

学家阿道夫·加诺《基础物理学》英译本为蓝本，分别选择了其中的"光学"
"热学""声学"部分，根据课堂教学实际的需要改编而成。《教务杂志》曾给
予很高的评价："赫士编写的教科书更适合中国的高等学校和大学堂使用。书
籍不仅印刷和插图美观、精良，内容也很丰富，和之前出版的《格物入门》、
《格物质学》、《格致图说》等对比，赫士的译书更为全面、新颖。"这三本书
也是多次再版，被不少学校当作教材，影响深远。

　　改革开放之后，较早关注到这三部书的是王冰。他在《明清时期（1610-
1910）物理学译著书目考》[35]一文中，介绍了明朝晚期至清朝末期300年间100
种重要的物理学译著，"三揭要"榜上有名。高黎平的博士论文《传教士翻译
与晚清文化社会现代性——以中国第三次翻译高潮中译坛美士"三杰"个案等
为例》[36]，肯定了赫士"三揭要"在推动晚清社会向现代转型中的贡献。由乔
洋敏《美国国会图书馆所藏19世纪来华新教传教士中文作品探析》[37]，可知
美国国会图书馆对"三揭要"也很重视，多年来一直有收藏。

　　目前学界对赫士"三揭要"关注较多的是《光学揭要》。科技史学者邹振
环将它视为"影响中国近代社会的一百种译作"[38]之一。这本书是赫士在文会
馆时期的"光学讲义"，也是中国近代意义上的第一本大学光学教科书。这本
书之所以特别引人注意，原因之一是从第二版开始，书中附录部分详细介绍了
德国科学家伦琴1895年发现的"X射线"，这一发现被视为现代物理学的发
端。曹增友考察后认为："X射线是19世纪重要的物理发现，由赫士最先介绍
到我国。"[39]近年来，学界对《光学揭要》的研究不断深入，王广超《赫士译编
〈光学揭要〉初步研究》[40]对成书经过、内容特色、使用以及影响情况进行了
阐释。他认为，和同时代的光学译著相比，《光学揭要》偏重于对理论和规律
的揭示，并且介绍了前沿的光学仪器。郭建福《晚清译著〈光学揭要〉主要内

35　王冰：《明清时期（1610-1910）物理学译著书目考》，刊于《中国科技史料》，第7
　　卷，1986年第5期。

36　高黎平：《传教士翻译与晚清文化社会现代性——以中国第三次翻译高潮中译坛美士
　　"三杰"个案等为例》，上海外国语大学英语语言文学专业博士学位论文，2011年。

37　乔洋敏：《美国国会图书馆所藏19世纪来华新教传教士中文作品探析》，徐以骅、
　　张庆熊主编：《基督教学术》，第二十三辑，上海：上海三联书店，2020年。

38　邹振环：《影响中国近代社会的一百种译作》，北京：中国对外翻译出版公司，1996
　　年。

39　曹增友：《传教士与中国科学》，北京：宗教文化出版社，1999年。

40　王广超：《赫士译编〈光学揭要〉初步研究》，刊于《或问》，第29号，2016年。

容与特点分析》[41]一文，对《光学揭要》各章内容分别作介绍，并总结了这本书的特点：编排合理，内容系统；学练结合，宜于教学；实验先行，联系生活；光学仪器种类繁多；精选插图，注重实效。田锋的博士论文《西方光学知识在中国的传播（1853-1902）》[42]，对这部重要著作也给予了格外关注。

在这里，笔者还想澄清有关赫士的一个不当的看法。刘玉峰在《赫士先生行年事略》中说他："三十六岁兼充广学会书记、会长各三年，始协定化学名目，自是声闻日彰，维斯敏斯尔高等学堂擢先生为神学博士。"[43]可见"协定化学名目"是赫士人生中的一件大事。然而纵观赫士的一生，他本人对化学并无专长，怎么能够以此"声闻日彰"呢？1896年，益智书会[44]成立了科技术语委员会，意在负责统一科学术语译名，狄考文担任主席。科技术语委员会成立之后，计划首先修订化学名词，这项工作名义上由赫士和师图尔（美国传教士，哈佛大学医学博士）负责，但是赫士和师图尔均非化学专业人士。《协定化学名目》1901年出版，这本书应当是在傅兰雅（英国人，时任江南制造局翻译馆专职译员）编译的《化学材料中西名目表》等一系列化学专著的基础上编撰而成。[45]傅兰雅1896年去美国担任加利福尼亚大学东方文学语言系教授，本书出版时他已离开5年之久，已经淡出了人们的视野。笔者猜想，赫士在这项工作中所做的贡献恐怕非常有限，由此被授予荣誉博士学位，理由有些牵强。

四、有关赫士办学方面的研究

相比较而言，人们对赫士在办学方面的成就了解得多一些。赫士一生参与创办的学校有六所：四所大学，一所师范学校，一所中学。李涛在《赫士与山东近代高等教育》[46]一文中，重点梳理了赫士参与创办的三所大学。兹按照时间先后分别介绍如下。

---

41 郭建福：《晚清译著〈光学揭要〉主要内容与特点分析》，刊于《新西部·下旬刊》，2017年第4期。

42 田锋：《西方光学知识在中国的传播（1853-1902）》，上海交通大学科学技术史专业博士学位论文，2016年。

43 刘玉峰、王元德编：《文会馆志》，山东潍县：广文学校，1913年，第19页。

44 1877年，在华新教传教士第一届大会决定成立益智书会，委员有丁韪良、狄考文、傅兰雅等，主要任务是编教科书供教会学校使用。

45 王扬宗：《清末益智书会统一科技术语工作述评》，刊于《中国科技史料》，第12卷，1991年第2期。

46 李涛：《赫士与山东近代高等教育》，刊于《山东高等教育》，2019年第4期。

一是协助狄考文经营登州文会馆。赫士1882年在文会馆升格为大学之初即到达登州，在文会馆工作19年之久，并一度担任馆主（校长），使登州文会馆成为享誉中外的中国第一所现代大学，为山东乃至中国近代高等教育培养了一批难得的人才。这期间，赫士编译了多部介绍西方自然科学的教科书，为我国近代高等教育提供了很好的教材。目前关于登州文会馆的研究成果非常多，其中以郭大松教授的贡献最大，他所编译的《中国现代第一所大学——登州文会馆》保留了许多珍贵资料，是这个研究领域的关键参考书。

二是参与创办山东大学堂，为清末新政中各省立大学的创办提供了一个成功的样板。[47]赫士在山东大学堂的时间虽然不长，但其开山之功却是影响深远。2019年11月10日，山东大学召开重点中学校长会，刘建亚副校长介绍校史时，把赫士作为建校初期的"三贤"之一。关于这一段历史的研究，崔华杰所著《登州文会馆与山东大学堂学缘述论》，提供的资料最为详尽。

三是参与创办青州共合神道学堂。离开山东大学堂之后，赫士主要在潍县从事神学教育工作。1906年美北长老会决定把在登州、烟台、潍县、沂州等地所办的教士馆与英国浸礼会所办的青州葛罗培真书院合并，成立青州共合神道学堂，赫士在合并初期曾一度代理神道学堂监督（校长）一职。[48]此后，赫士在青州工作了10多年，培养了大批基层神职人员。可惜的是关于赫士在青州小学的情况，专题研究成果还很少见。青州时期是赫士人生的重要转折点，他从此潜心于神学教育，为后来创建华北神学院积累了宝贵经验。

四是参与创办滕县新民学校。创建于1913年的滕县新民学校，是笔者所供职的滕州一中的前身。赫士是建校初期的六位委办（董事）之一。[49]正是因为有这样的机缘，1922年9月，赫士把华北神学院迁到了滕县，建设永久院址。2013年10月26日，滕州一中隆重举办百年校庆，厘清了学校的发展历史。2020年8月，笔者出版《岁月深处的华北弘道院》，较为清晰地呈现了学校在民国时期的发展历程。

五是参与创办齐鲁大学。1917年在美国北长老会和英国浸礼会的主导下，青州共合神道学堂、潍县广文学堂和济南共合医道堂合并成立齐鲁大学。赫士

47　《华北弘道院二十周年纪念大会志盛》，刊于何赓诗、丁玉璋主编：《华北神学志》，
　　第一卷第二期，南京：诚信印书馆，1934年，第67页。

48　郭大松：《齐鲁大学发祥地辨正》，刊于《北京教育学院学报》，第32卷第1期，
　　2018年2月。

49　《华北弘道院二十周年纪念大会志盛》，第67页。

搬迁到济南担任齐鲁大学神学科科长。当时齐鲁大学由三个学科组成，即神学科、文理学科、医学科。首任校长卜道成是英国浸礼会牧师，曾经和赫士一起任教于青州共合神道学堂。由此可见，神学科在齐鲁大学建校初期的地位非常重要，并非可有可无的点缀。由于信仰和人事方面的分歧，赫士于 1919 年 9 月带领 18 名长老会的学生离开，导致齐鲁大学的一次分裂。[50]目前关于齐鲁大学的研究成果很多，但是关注早期神学科发展情况的尚不多见。

六是倾心创办华北神学院，使之成为闻名遐迩的中国保守派神学教育的大本营，对山东乃至中国的基督教宗教教育做出了重要贡献。本笔者在收集整理华北神学院历史资料的过程中，深切地感受到一个世纪以来，散布在各地的华北神学院近千名优秀毕业生，秉持纯正的信仰，严于修身，勤奋耐劳，很多人成长为教会的领袖，在信徒中享有崇高的威望。这批长期扎根于基层教会的良牧，是中国近百年教会史的重要参与者，他们具有鲜明保守色彩的神学立场，对中国教会性格特质的构建产生了直接而深远的影响。[51]

五、目前赫士研究存在的不足之处

近年来笔者一直觉得，历史欠赫士一部传记。早期在登州的美国北长老会传教士狄考文、郭显德、倪维思、狄邦就烈等人都有传记传世，赫士的贡献和他们相比并不逊色，也应该有传记传世。赫士的生平以及所做出的巨大贡献，长期被有意或无意地忽略，这是一件非常令人遗憾的事。每一位对赫士有所了解的人，都会为他感到惋惜和不平。李涛坦言："与享誉天下的狄考文相比，同时期的赫士受到的关注和研究显然不够。"徐以骅教授认为："华北神学院是我国一所其影响被低估的重要神学院校。作为我国基督教保守派／基要派的重镇，该校向来兵多将广，师资和生源颇为充沛，尽显保守派神学人数上的优势，在二十世纪二十年代末和三十年代的大部分时期里处于发展的鼎盛期。在此期间鼎足而立的燕大宗教学院、金陵神学院、华北神学院在某种程度上代表着中国基督教左、中、右三派势力。"[52]目前赫士生平情况有不少地方还很模糊，最大的问题是大量英文资料没有充分地利用起来。这些资料主要保存在耶鲁大学神学院图书馆、费城长老会档案馆以及美国国会图书馆。还有民国时期

---

50 赫士：《十年经过》，《华北神学院年刊》，南京：灵光报社，1930 年，第 1 页

51 赵曰北：《历史光影中的华北神学院》，2017 年。

52 徐以骅：《基督教神学教育中国化的回顾和展望》，刊于徐以骅、张庆熊编：《基督教学术》，第十五辑，上海：上海三联书店，2016 年，第 1-8 页。

传教士出版发行的英文报刊杂志，时常刊登赫士的信息，也是不可忽视的材料。

基督教在华传教运动有一句流行语："神学院校是整个宣教事业的冠冕。"华北神学院的教员几乎是清一色的普林斯顿神学院毕业，他们中有不少人像赫士一样，在神学方面有着良好的装备，著书立说，泽被后学，这些著作大部分目前都可以找到。据贺爱霞统计，赫士宗教方面的著述至少包括：《教义神学（上下编）》、《诸教参考》、《耶稣实录讲义》、《教会历史（上下卷）》、《司牧良规/宣道良规》、《以弗所书注释》、《使徒历史》、《保罗达罗马人书新注释》、《信道揭要》、《希伯来书注释》《约翰书信释义》、《救世略说／救世之妙》、《伦理学导论》、《是非学体要》、《基督的生活》、《宣道学》、《教会的规则与术语》、《新约圣经注释的新评鉴》、《中国长老会圣诗》、《忏悔》、《教义教理问答》、《洗礼略论》、《西敏小要理问答》等 20 余部。这些著作中蕴含的神学思想以及在中国教会史上的意义与价值，有待进一步发掘、整理和弘扬。

如前所述，有关赫士天文学以及《光学揭要》已经有不少研究成果。但是对于赫士的其它著作，如《声学揭要》、《热学揭要》、《对数表》、《地学要旨》、《地学略论》等还很少有人问津。审视和评价这些作品需要广博的专业学识，难度比较大，一般文史研究者往往会望而却步。

赫士在登州文会馆工作期间创办了山东境内第一份中文报纸《山东时报》，1898 年 10 月 22 日召开的山东传教士大会上，曾高度赞扬赫士办报在开启民智方面的杰出贡献。对于《山东时报》，山东社科院刘晓桦在《莒州人民反洋教斗争》[53]一文中多次引用，大约还有不少留存于世，但却没看到专题的研究文章。相传赫士还曾在通商口岸烟台设立山东省第一个邮局，以便于与各地加强联系，之后迅速被其它地方效仿。青岛市档案馆编辑的《帝国主义与胶海关》附录了《20 世纪初期山东省内邮差送信路线表》[54]，由这张表可以看出，美国北长老会早期在山东开办的主要传教站——烟台、济南、青岛、潍县、沂州、滕县、济宁等，都是邮差的必经之地。笔者猜想山东早期的邮政网络和赫士创办的邮局之间应该有些关联，但是这方面的研究至今也尚为空白。

---

53 刘晓桦：《莒州人民反洋教斗争》，刊于网站：https://www.docin.com/p-240191269.
html，发布生日：2011 年 8 月 5 日，引用日期：2022 年 4 月 25 日。

54 青岛市档案馆编：《帝国主义与胶海关》，北京：中国档案出版社，1986 年，第 89
页。

赫士在山东生活了 62 年之久，并最终死在山东，葬在山东，完成了他与这片古老的土地生死与共的最后心愿。赫士对山东乃至中国社会所做出的卓越贡献，值得大书特书，永世纪念和传扬！期待着有关赫士的研究，能够不断取得更大的成果。

第二辑　华北神学院：历史、思想与人物

十年经过

[美]赫士（Watson Hayes）

华北神学院，创始于一九一九年秋，彼年因与齐鲁神科管理及道旨意见不同，长老会学员情愿退出，教员亦分离，同到潍县，另立神学。那时教员三位，学员十八位，次年二十四位，又次年三十六位。一九二二年秋，因交通便利，并愿与美南长老会合组一道旨纯正信仰坚固之神学，即迁至滕县，该秋聘妥贾玉铭牧师为副院长，刘延庭牧师为教员。而弘道院之卜德生博士、司迪恩牧师，亦帮助授课。学员不久增至一百多位。

初时无意招收女生，但有几位热心求道之女子，恳求准其留院。本院不得已遂勉强收纳，此即华北女子神学院之起点也。以后每年约有三十余位与男神学同堂受课，无非班数减去三分之一，故其毕业程度，不与男神学相等。

统计男神学毕业者一百四十二位，女神学毕业者四十位。内有六位神学程度与男毕业生等（四年毕业）。本学院完全凭信心创立，无总差会拨来之经费，不过有美北长老会为其区会生所劈分之膳费、补助费，每年自四百元至五百五十元不等。本学院之学员，志在求道，以故衣服之华美非所尚也，故家道困难之学员，若天资可以，即不愁来学，除路费衣服之外，每月化费六元钱，即足敷用。一九二十年道雅伯牧师，一九二三丁立美牧师，一九二五张学恭牧师，一九二七何赓诗牧师，一九二九韩凤岗牧师相继来院教授。奈一九三〇春韩凤岗牧师被请到营口创立圣经学校，本学院为真道发展起见，不得不准其辞职，而另聘妥丁玉璋牧师于秋季来为教授矣。

本院之信条有八（见下简章内），凡在本院作教授者与董事会各位董事，每年对信条必须画押，表明信仰。本学院虽为长老会所派组之董事会管理，但学员却从十五六个公会而来，彼此不分会界，都是相助相爱，如同弟兄，所注重者，即完全持定《圣经》之言。

（选自《华北神学院年刊》，南京：灵光报社，1930 年）

去年回顾

[美]何赓诗（Martin Hopkins）

感谢神！我们在此一年之内，得以享受平安，未受战事影响，亦未有土匪扰乱，除奉山东教育厅令将华北神学改称华神道院外，余仍照常进行，何幸如之！一九二八年秋卜德生牧师，自美来校，丁立美牧师由辽宁回校，并新聘国学教员管耕汶先生，学问渊博，对于佛老等学，亦研究有素。以此教授得人，尤为欣幸！副院长贾玉铭牧师，蒙美国韦斯敏斯德大学赠以神学博士学位，贾牧师著作宏富，长于宣讲，受此学位，可谓名实相符。一九二九春，更欢迎道雅伯牧师自美回校，彼在美时，蒙其母校普林斯顿神学，聘为每年远方布道之演讲员，至其所著之《彼得前后书释义》，亦行将出版矣。

本期学员共五十八名，来自十四省分，属十二公会。其所以如此之多者，因各公会之信仰纯正者，乐意送学生于信仰纯正之学校也。本期之末有学员十五位，领受毕业文凭，此外有二位授以修业证书。毕业者悉于未离院之前，工作地点，完全定妥，颇有供不应求之概。似此情形，一方面感受稿多工少，一方面深觉此神学在中国教会内占重要地位，非徒存形式者可比。本院学员多殷勤读书，课余之暇，辄布道于城厢内外及附近之乡村，其特色即个人灵修，读经有恒，祈祷虔诚，更不减于往昔，且皆出于自动。春假内学员在各处布道，均有美好之信息，中西教员，亦多趁此余暇服役教会，如在各处领奋兴会，及特别布等工作。由此可见本院教学之实用焉。

本年春，赫院长夫妇回国，临行前，对于中国教会、神学教科，有两种著名的贡献：一为《教义神学》，已正式出版。此书内容博大精深，为赫院长在中国积五十年教授经验而成，凡数易其稿，堪称近世中西绝无仅有、学渊道纯之神学课本。二为《罗马书注释》的重订出版。诗云："他们年老的时候，仍要结果子。"此言正应验于赫院长云。

（选自《华北神学院年刊》，南京：灵光报社，1930 年）

华北神学院一九三四至
一九三五周年报告

张学恭

本院自一九一九年九月二十九日，在潍县开班，迄今已十五寒暑，其间的经过，处处均能看见神的慈爱与护卫。一九一九至一九三三年之概况，诸位谅已闻知，兹将一九三四至一九三五年之情况，略述于后。

（一）教员方面：本院教员共十一位，其中有七位（中四西三）完全负本院教职，有两位西教员，半担任本院教授，半担任弘道院教授。音乐教员两位，中西各一。在职员中，有一件事，最令我们感谢神，即院长赫老师，年纪虽七十有八，然而身体健康，精神壮旺，于教授之尽心，著作之殷勤，办事之精明，仍不失青年常度。他如卜牧师、道牧师，虽年逾花甲，亦仍孜孜不倦，殷勤教授。其余诸位年轻教员，不但尽力课程，热心布道，且竭力栽培学生灵性，为此种情形，我们不能不感谢上主。去年暑期，何赓诗牧师回国休养一年，教员缺席，幸有山西莲城高国桢牧师，来院教授，本院课程，得进行无阻。高牧灵性高尚，教授得法，故来院后，为众所敬爱，惜于本年三月，发现肺病，经医院诊治，须有三月休息，方能健强。现高牧业已返里，治健壮后，再来院复职。

（二）课程方面：本院课程与其他高等神学相等。惟特重《圣经》之直接教训，《新约》除有耶稣实录、使徒历史外，详细研究约翰福音、罗马、哥林多前后、加拉太、以弗所、歌罗西、牧师书信、希伯来、彼得前、约翰书信、启示录等。旧约亦详细研究以赛亚，择要学旧约历史、旧约诗歌等。各先知书，虽非过细研究，仍逐卷探讨其精华与要训，及先知各人之模范，时代之背景等。去年董事会议，定规凡学员来院，每年必须将全部《圣经》研读一遍，教员会竭力遵办，遂将《圣经》分为六部份，每部份皆有教员负责，如创世纪至申命记，高牧师负责；约书亚至塞缪尔下，卜牧师负责；列王上至以斯帖，张牧师负责；约伯记至以赛亚，道牧师负责；耶利米至玛拉基，丁牧师负责；新约，赫士院长负责。各学员尽力研究，《旧约》五部份业已考过，成绩颇佳。本院所以如此注重《圣经》者，因《圣经》是神的话，当以神学一切的基址，人虽有智慧知识，然神言超乎一切，为完全可靠之准则。

（三）学员方面：本院创设之目的，在造就一般本《圣经》正义而传道之人材，故对学员之收入，不分公会，不别省分，凡正宗福音派之学生，皆可前来。惟对学员之资格，正科，须大学毕业，或神预科毕业，肄业三年。高中毕业者，须肄业四年。若长于汉文，富有阅历，为主作工成绩昭著，兼有特别保荐者，亦可收入正科，其学年与高中毕业者同。如不及以上程度（指高中修业而未毕业者），有志肄业本院者，可随同上班，学完一切课程，予以副科证书。女神学入院资格，与男神学同，惟三年毕业。去年九月六日开学，男神学一百二十六名，女神学二十三名，统计一百四十九名。学员的籍贯有十六省，隶属二十二公会，南至海南岛，北至哈尔滨，西至陕西，尚有四位，来自朝鲜，如此情况，足证本院毕业者，蒙神祝福，合乎教会需用。本院学员之来历，虽如此复杂，然仍各从其本会条例，所以不但没有争端，且彼此同心，相亲相爱，努力读书，追研真道，此种团契精神，诚令人感谢主恩不止。

（四）布道方面：本院历年布道原无一定地点，每逢主日，教员及男女学员，随意布道于城关及四乡。去年春季，蒙山江区会定规，将滕南铁路东之二十九个村庄，及滕南铁路西之二十九个村庄，划为本院布道区域。本院自接收该地布道事业后，即依里数之远近，分为特别区与普通区。特别区共七组，上午出发；普通区共九组，下午出发。此外尚有福音堂、监狱、火车站、麻疯院、沈家庄、苍沟等六组，每组约五六人，负责布道于两三村庄，如此划分，即将该地分配无遗。但本院素无布道特款，历来用费，均由教员学生捐输。现本院既有定规之教区，故不得不思妥善之办法，因此除由主日捐内抽出一份外，于每礼拜六开布道祈祷会时，增加捐款。感谢主，籍此两项捐款，供给了我们的需要。自本院划定教区后，男女学员皆踊跃参加，每主日下乡布道，所以接收虽仅一年，效果业已显著，已收到教友五十余人。记名者尚多，更有几件值得我们留意的：即（1）王开建筑礼拜堂。其中的花费，除由本院师生募得六十余元外，本地教友尚捐出四十余元。（2）大彦一家八口皈主。该家除一小孩外，其余七人皆于今春受洗，与主立约。（3）监狱布道佳况，本院监狱布道工作，近年蒙神祝福，故引领多人皈主，如李光吉，薛英兰，陈鸿烈等，这些人悔改信主后，充满快乐，被释回家后当为主作证，述说神在他们身上所行的奇事。还有一位顾天诚，自信主后，天天读经祈祷，心身快乐，只因案情重大，已被枪决，临法时怀带约翰福音，从容就刑，大有身被枪决，灵魂得救之慨。我们看以上的情况，不能不皈荣耀给主，赞美他的盛名。

（五）灵修方面：本院于实行布道外，尤重灵修工夫，每早五点半举行晨更祈祷，与会者平均四五十人。晚间九点三刻，举行个人私祷，每礼拜一晚间，有各班祈祷会，教员祈祷会。每礼拜六晚间，有布道祈祷会，专为主日工作，及所引领之人代祷。此外尚有守望楼之设立，每日自上午八点十分，至晚间九点，轮流守望，使本院不断绝祈祷之声。其余自由组织之查经会、同乡祷告会、工人祷告会，又属多多，学员之热诚，由此可见。

（六）经济方面：本院无总差会之拨款，一切需用，均由爱主之美国朋友及中国几处教会捐助（如江苏南北长老会，潍县区会，山江区会，及南长老会一位的特别捐款），由已往之经过，确知神之爱护和供给，无时稍离，兼赫院长对本院经济计划，非常周密，花费非常俭约，故虽于美国经济恐慌，中国农村破产之际，本院非但蒙神祝福，得以渡过，更于今年增加校址，为工人建筑宿室十余间，为教员建成楼房一座，如此情况，不能不令吾人赞美上主，确信上主。

本院于上述之情形外，尚有可注意的一点消息，即于去年九月开学之时，特请美国巴尔好施博士来院讲道。巴博士信仰纯正，富有灵力，加以口才利巧，讲演得法，故本院得到帮助不少。本年四月，有韦格尔博士来院演讲，韦博士系美国耶鲁大学神科科长，此次来华，特为调查各地神学，于本院讲演宗教教育、祷告实义、基督徒处世态度，言词恳切，态度庄严，我们得益不浅。

总之，本院之经过，处处蒙神赐福，于此十五年间，已造就出学员三百余名，散布国内及朝鲜各处，为主作证，今暑又有男女毕业学员三十四名，出发前线，与魔交战。甚望诸君作本院后盾，切切为我们代祷，阿门。

（选自《华北神学志》，第二卷第一期，1935 年）

华北神学之新气象

李既岸

滕县华北神学，成立虽只三载，而蒙主指导发达，则大有可观。学生来自南北各省及新加坡、韩国，公会达十余会，今季统计男女学生 120 名。开学后，亦有继续负笈来学者，按例迟到，收为旁听。查本校教宗正，派其经费系南北长老会合组之董事部。稍负责任，能绵延发展者，殆均赖上主之爱也。爰将近事述于左。

礼拜堂之落成。本校礼拜堂，为美马斐弼牧师哲嗣捐资建筑，以纪念马牧师者。前有钟楼，内分两层，可容 400 余人。兹于 11 月 9 号行落成礼矣。谨志数语，以谢马牧。

体育场之开辟。本校南于今季另辟体育场一大方，内分网球、足球、篮球各区域。夕阳西下，活动其中，直接有益于身体，间接因专念运动，有助于道心也。

藏书楼之建筑。本校鉴于学术造就之精深，端赖参考书之宏富，况值此教会派别歧出之时，尤宜博考群书，以资研究，而定信仰。以是本校校长赫士博士，募捐美土，继续送来捐项，足为本校合宜的藏书楼之建筑费，惟购备书籍之费，的款无多，顺祈宗主兄弟姊妹代祷，求主以成美举。

本科第一班毕业预志。本校本科第一班期满，将于明年一月举行毕业考试。按该班学生共 24 名，多系大学毕业，再攻读神学者，工作地点亦均经各公会聘就云。

贫儿院职员改选。贫儿院，系学员刘荫五君所创办。贫儿 20 余名，内分教育、作工两股，其干事人员均由学生负责办理，成绩昭著，实华北神学之宁馨儿也。重要职员名列下：院长赫士博士，董事部长贾玉铭牧师，干事刘荫五君，教育股长李既岸君，工作股长刘向义君。

学生会之组织。本校校友为扶助母校发展起见，特组织该会。分文字宣传股（本校月刊），实地布道股，灵修股，服务股，交谊股，庶务股，以进行之，其简章已经二读会全体通过，将于下月开成立会矣。

（选自《通问报》，1924 年 12 月）

神学院与神学志

张业安

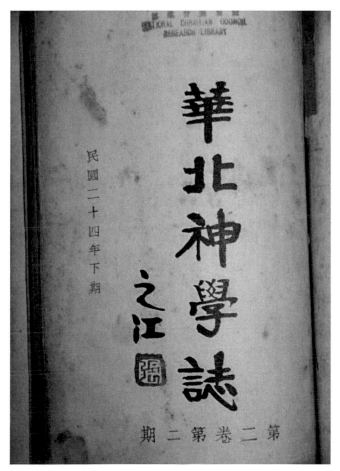

《华北神学志》封面，1935 年下期，第二卷第二期，现
存华东神学院图书馆[1]

---

1 编者提供。

溽暑乍临的时节，已饱受热浪的侵袭，虽然寄居在"天下第一江山"的镇江，也苦於无法消遣！一日，听说母校的神学志，在首都诞生了，便毫不迟疑地，飞函索阅，不多几日就从邮差手里，收到目的物，如获拱璧一般。开卷便见院长赫老博士，伉俪双影，庄严的面庞上，含着胜利的微笑，老夫子学殖的丰富，诲人的不倦，不愧为当代的经师人师。展谒之下，如坐春风。次帧便是学院的略图，回想昔日风潇雨晦，吟哦於斯，枪林弹雨，避难於斯，恍如置身图中！此后便只字不遗地看下去，比较看任何书报，格外有趣些。

偶念在三年前的一日，神学将要聚校董会的时候，校友会所举的校董，来函征询建议案。当时我便倡议举办神学志，所持的理由，现在不十分记得清楚，兹特补叙一点，阐述我们的神学院为什么需要神学志。

一、广播电台

当此异端蜂起，百喙争鸣的时候，多少信徒，无所适从。端赖富有《圣经》知识，与信仰纯正者，与以领导，方不至误入歧途。别的神学院与神科，以及圣经学校，几乎都有文字宣传品。华北神学院，地位的重要，已经从事实上为之证明。平时韬光敛迹，不求闻达，以至除了学员以外，别人无从私淑。所以多抱"宫墙万仞"之感！许多非基督徒，纵有心向道，也以"不识庐山真面目"为憾！现在有了神学志，虽然距离遥远，也可以人手一编，其收效之宏，真不下於广播电台。

二、留声机器

宣道的人们，大声齐呼，发出宏伟的言论，直至舌弊唇焦而后已。在初次听道的人们，反以"莫测高深"为憾！常听道者，到了受感最深的时候，用记忆力强记着，想留着以后细细咀嚼，但苦於过而不留！文字布道，可以弥补以上的缺憾。将宣道师精心结构的伟论，记载下来，如同收入留声机器一样；想着仔细研究的人，任何时间与地点，只消把书本展开来就可以了。并且使那无机会听道的人，也有信道的可能。

三、校友园地

在神学志未出版以前，校友的言论已散见教中各报，若果投稿於信仰不同的报章，便不免鱼目混珠。神学志就是为校友特辟的园地，欢喜作文字布道的人，今后可以耕耘自己的园地，不必耘人之田了；不常作文字布道的人，也可以自己勉力尝试尝试。

四、通讯机关

近代的每一机关里，差不多都有他的机关报；机关里边有什么新闻，只要在机关报上一登，马上机关全体人员，都可以知道了，神学志就是神学通讯机关。散处国内外的校友，离群索居，既难免落寞；天涯地角，后无缘把晤。今后请在神学志里，畅谈契阔罢！

总之，华北神学志算已经由理论达到事实，今后我们惟希望神学志与神学院能一同悠久，并且还有一点奢望，就是将来能够增刊，以饱我们的眼福。

（选自《华北神学志》，第一卷第二期，1934 年）

神学院、弘道院庆祝圣诞音乐大会记

[美] Charles Y. Feng

音乐教育，小之影响于各人身心，大之关系到民族性情，盖国民志操之修养，与美感之养成，胥赖于此，音乐之义大矣哉！吾辈信徒乃拣选之族类，上帝之子民，圣洁之国度，这样的培养，尤所必需。

音乐在圣教中之本旨，是要使一般信徒们得到多量的生活能力，更适合于灵命的舒畅，亦能借以打动人们的感情真性。有人说音乐界在普世感力最大，而价值最高尚者，乃基督教之圣诗歌。敢发这论调的人，不是忙卒说出的，乃是根据经验的话柄，我所以来与之附和，乃因我是由这受感而回转的。自古不知有多少愁城坐困，凄风苦雨的俘虏们的生命，曾得到了快乐与安慰。例如《旧约》中恶魔手下的扫罗，《新约》中捆锁监狱中的保罗和西拉，以及今日王载先生归主动机，均为好证，不但得到了一种快乐与安慰，更同时也得到一种新的悲伤与回忆，音乐既有如此大的感力与功效，今日的一般信徒们不能不注重到这一点，更不能不思想到教会历史上的几个成功立业的改教伟人。路得马丁、低累铎与韦斯理约翰等，他们曾借用诗歌作了他们奋发教会之帮手，亦成了他们的当代精神的表现。

近几年来，自李德辰、华以德二教授来本院服务后。音乐一课，一日千丈，对祷告方面，不时给本院带来大的光彩，更于我们同学们音乐知识方面大有帮助与兴致，除最高音乐教授外，更有对于各公会普通圣诗曲谱常识，无不实地使吾辈同学得到一种完满音乐知识，以备将来出外工作之辅助。历年本院每学期终结前，曾有音乐大会之举，今冬圣诞佳节庆祝音乐大会尤为出色，当晚虽阴雨绵延，来宾众观，仍重重叠叠，前拥后挤，座无空栖，两次洪钟鸣响之后，会场秩序，立作安静，观众无不神高彩烈，会中各项不能详记，只特取摘数节略述之：

（一）会场之布置；会场之装饰，对于人们的感情与心理，有密切之关系，尤其对于音乐会更有莫大的影响，本院同学李君乐安天禀美术天才，历年各会场修饰布置，均出席服务，今已四年将尽，未曾一次重复，师生均称之为美术大师。

（二）丁牧之讲演：题为《圣经》中的音乐会，本院即为神学院，特注重《圣经》，取题于本会最为适宜，大体略为三段：a 现在信徒在地之音乐会，例如今夕所聚者，b 已过天使天军在空中之音乐会，例如一九三五年前救主诞生之夜半，c 将来在天家之音乐会，即在天之诸灵，环绕宾座，同口同音所咏唱者，今晚不过是将来在天开工之预表，然而信徒们的大盼望，是要将来唱那新歌，直到求远！讲后，掌声大作，全场无不喜气流盈。

（三）西来宾之独唱；能独唱，是人类之一大幸福，若能用独唱，乃神赐的一份恩赐，此某西来宾之唱式，诚一演讲式的，字字清白，句句感人，若能用作布道工夫，实益不浅也。

（四）男女咏诗班；此为本音乐会之最末项，此项亦为全会感动力最大者，所咏唱者，乃弥养亚全集杰作之一——即哈利路亚，音调之雄伟，辞意之魁壮，久为普世名驰，唱时会全场站立，观众的一般镇静与兴奋的表现，都包含着一种极严重的状态，听者与唱者，均被这时的感力溶化了！我想在那唱的刹那，我们每个的自己，至少有了一种渺小的复兴！九时半会闭返卧室后，偶有所感故提笔记之。今将本届音乐会秩序列于后。

1. 三一颂　全体
2. 祈祷　潘子丰牧师
3. 主席报告开会宗旨　罗密阁牧师
4. 钢琴三人合奏　吕振丙、姬庆元、苏佐扬先生
5. 口琴四人合奏　胡诚义、胡诚实、石君轼、陈希美先生
6. 男咏诗班　神爱世人 For So Loved the World
7. 二人合唱　惟主是尊 I Will Magnify　秦凌云、王辉文女士
8. 独唱　面对面 Face to Face　潘天民先生
9. 提琴独奏　March from Fannhouser　李德辰教授
10. 独唱　基督愿住那里？ Where Did He live　丁美临女士

11. 风琴独奏　（a）Pastluse（b）March　尚洪亮女士

12. 啦叭独奏　March　张寅生先生

13. 女咏诗班　是他旨意 It Is His Will

14. 钢琴独奏　Selection　毛克礼师母

15. 四人合唱　就近我来 Draw Nigh　福建同学

16. 讲演　丁玉璋牧师

17. 独唱　犹大古城 In Old Judea　胡敬武教授

18. 钢琴合奏　Grand Galop Do Contert　华以德牧师、姬庆元先生

19. 男女咏诗班　赞美真神 Praise Ye the Lord.

20. 修息五分钟

21. 钢琴三人合奏　Marche Militaire　吕振内、姬庆元、苏佐扬先生

22. 二人合唱　神圣之爱 Love Divine　潘天民、姬庆元先生

23. 八人合唱　他作何事？ What Did He Do?　职教员

24. 独唱　万古盘石 Rock of Ages　秦凌云女士

25. 四人合唱　兴起发光 Arise Shine　胡敬武、潘天民、冯超远、王敦信
先生

26. 独唱　喂养群羊 He Shall Feed His Flock　李德辰教授

27. 男女咏诗班　圣诞之歌 Christmas Carols

28. 独唱　王之诞辰 The Birthday of a King　王敦信先生

29. 西乐合奏　圣诞曲 Christmas Song　陈希美、陈无穷、吴昭智、苏佐
扬先生

30. 钢琴合奏　海浪 Waves of the Ocean　苏佐扬、吕振丙先生

31. 男女咏诗班　哈利路亚 Hallelujah　全堂肃立

32. 祝福散会　赫士牧师

（选自《华北神学志》，第一卷第二期，1934 年）

鲁南大战时的华北神学[1]

谢鸿范

　　那是去年冬天的时候了，因了韩复榘的不抵抗，敌人很快的顺着铁路线攻到了鲁南，滕县眼看就要不守了，幸亏四川的英雄将士们赶到，才把滕县救下了。

　　有一天在学校的门口，看见一位兵士包着手，我们就问他说，受了伤吗？他回答说："手冻坏了。"他随即从怀中摸出一个小布包，打开给我们一看，不看还罢了，一看都不由得打了一个寒战，原来包内就是他冻掉的手指，他不忍把它丢掉，所以好好的存着作为纪念。同时我们又看见来来往往的兵士，还有很多光着脚穿草鞋的。我们的良心上立刻感到万分的不安，都觉得若不想法给这般抗战杀敌的将士一点物质上的帮助，真是太没有人性了！于是立即向学校当局接洽，当天就成立抗战将士慰劳会，也就是在当天一面捐钱为兵士做鞋袜，一面征募现成的衣服鞋袜、帽子、手套等物品。钱立刻捐了几百元，鞋、袜子等也立刻收了几百双。老师们同学们没有一个不将多余的衣服、鞋袜、手套等捐出来的，甚至有人将头上戴的皮帽，身上穿的毛衣当场脱下来捐出，其中最叫人受感动的是创办华北神学的美国人赫士博士，他老人家已经是八十多岁的人了，他有两件大衣捐出了一件，三副手套捐出了两副。每次凑成几百件衣服，或几百双鞋袜的时候，我们就找几头牲口驮着送到前线分发给将士们，那时前线离滕县不过几十里路，我们在前线上有时就能看见敌人的行动。危险诚然是很大，但那时候，谁也不曾想到"危险"两个字。

1　这是华北神学谢鸿范先生口述的报告，由编者记下的大意。

我们的慰劳工作，始终没有间断过，完了一件，又开始一件，我们多半是为兵士们筹办一些必需的用品，尤其是能挡冷的物品，有时也自己做点糖果点心一类的食品送给兵士们吃吃。这里特别值得一提的是，每次不论做衣服或做糖点（现成的买不到），所有中外老师的太太小姐们，都全体下手干，并且还全都是在外国老师的家里做，把钱花过了，又几乎每次赫老牧师都说："这算我的。"那时从滕县来来往往的军队，没有不知道华北神学的，我们每次的慰劳品，驻军办事处都是特别用大字写出来，张贴在滕县城的四门上，并且以后滕县各界凡有慰劳募捐一类的会议，也都是每次一定先请华北神学院参加。

使我想起来最痛心的一件事，就是当滕县危急，我们开始成立慰劳会的时候，城里的绅士们也正在组织维持会，预备着欢迎敌人进城。这些人都是平日一般人，甚至是各机关都很重看的。

后来滕县终于不得不放弃了，我们也不得不流着泪随着军队离开了滕县这座古城。滕县陷落已是半年多，但那时一切情形还好像昨天一样，我们将永远不会忘记，尤其是不能忘记那留在滕县的赫老牧师。我的陈述，并不是向人夸口，乃要证实我们基督徒的爱国并不落人后，而且我更敢相信凡真有基督精神的中国人，没有不格外爱护国家的，真有基督精神的外国人，也没有一个不十分同情中国抗战的。

（选自《田家半月报》，第五卷第二十四期）

忆童年的事迹

张宝云

我在 1925 年（民国 14 年）3 月 21 日生于山东潍县乐道院医院：家中又生了一个女儿。因为上有大姐宝静，大哥宝诚（建法），我是次女宝云，那时父亲在文美中学任校长，应该很开明，无奈旧礼教的笼罩下，仍是重男轻女。记得有位邻居（丁姓）奚落我说：当年你爷（父亲），都是抱着你哥哥领着你。由这句话就很明显了解当时的情景。

两岁时，从潍县迁到滕县，父亲到华北神学院任职，由教员而升任副院长，又到院长。到了滕县，母亲在十几年里，接连生了七个儿子，二子宝文、三子宝安、四子宝华、五子宝义、六、七双生宝恩及宝惠、八子宝望三岁病亡。

居住的环境，东南西北没有围墙，只用铁丝网隔绝外人冲入。东大门为前，有门房看守；南靠近南沙河，去洗衣物都晒在沙滩；西边也有门房，到火车站要从西门出入；北边是一条河流，常常有人会去游泳。在北边建筑了四座西式洋楼，由西往东第一栋为美籍音乐家华牧师住；相隔一片花园第二栋住着英籍毛克礼牧师及师母，师母有音乐家身份，会钢琴与小号，我幼年时就跟她学习钢琴；再相隔一座花园第三栋为赫牧师的住所，他是一位发明家，好像发明了热水胆及自己在当时制作天文望远镜，他是一位博士，为首创华北神学院的院长；第四栋住着美籍道雅伯牧师及师母，道牧师曾用一章以赛亚书五十三章整学期证道，每个主日请他证道，他总是以赛亚书五十三章，整整讲了一个学期，让我的印象极深。后来在台湾相遇多次，他以九十高龄逝世于台北。南边也有座西式洋楼，住有美籍何赓诗夫妇，并兼管理。神学生女同学及弘道院高、初中的女同学，共十排平房，神学生与高、初中生各半，每间房屋两人共住；院内有门房及自习的教室，楼下有厨房及饭厅，院内有树木、花园，住在里面快乐学习。

院外即是网球、篮球、足球场，经过运动场就到我们的住处三层楼房，我在童年及成年时都住那里，有花园，樱桃树每人种一棵，按着排行栽种，等结果子时，颜色不同。很奇怪，我种的那棵颜色为粉红色，又大又甜，都争吃我种的；回忆起来，神真是特别恩待我，感谢神的恩典。右边一墙之隔是丁蓝田牧师，前面的管老师（长老）教国文，也是位中医生，后面是邓老师，教摩西五经，中间有三座大楼：

1. 藏书楼（即是图书馆），也有上课的地方。

2. 中间为五层的课堂楼（即是教室），记得小时候没有幼儿园，就请神学院的大姐姐们来教我们（各家的幼儿），把我们安置在五楼上，上楼都很高兴，跑得很快，下楼时我常跟随大哥从五楼扶梯滑下来，有时候因滑行速度太快，一不小心被压伤。

3. 聚会的教堂，建筑很宏伟，上了大理石台阶进入礼堂，是有坡度的。大礼堂后半部有二层，专门为诗班或独唱者用的，教堂前面有钢琴，左边有管风琴。那时滕县还没有电可用，都是用豆油灯或煤油灯，管风琴无电可用，只好请工人在旁边打气，所有学生中，会用的只有一位男同学吕振炳，他是天才，并有好友帮他打气练习。

在西方人士的协助下，整个院区有了发电机，有了电灯可用，但当时滕县城内外还是无电可用。

在经过两旁为槐树的林荫大道后，到达一座高达八层的大楼，左右两边每层都是课堂教室，顶楼装置一鼎大钟，专门请工人拉绳打钟报时，上下课专用，连城外都能听见钟声，真使人怀念，建筑师为美籍狄考文。在潍县的广文中学也有一座同样式的建筑，也是狄考文的杰作。

在校舍中间是为神学院男同学及弘道院高、初中男同学设计的十排宿舍。

后面有四栋洋楼，为高、初中的老师居住。

院子宽阔，有时还可以骑自行车去上课。我从幼年开始就受了父亲的影响，什么事都准时，早起、吃饭、睡眠都准时，到今天仍是如此。

童年时期常常与外国牧师的子女到野外露营、野餐，无形之中双方都用国语、英语对话，甚是好玩，彼此努力沟通。像到今天，我仍喜欢吃西餐，如我们在台湾结婚时，就在励志社用西餐招待宾客。

　　在城外有两座洋楼，一座为美籍卜牧师使用，另一座住着英籍申牧师夫妇。靠近小学一座洋楼，住着一位美籍老小姐道教士，她开了一间孤儿院，像尹清枫的母亲道美文就是被孤儿院收养的一位，我小学一年级就在那里度过，学习如何与孤儿院的院童，相处自如。在台湾冈山醒村，大哥（宝诚）曾带我去看过道美文，而在台湾也仅见过这一次。

　　　　　　　　　　（选自《张宝云的回忆与追思》，2016 年 7 月翻印）

十二月八日这一天

王真光

十二月八日，一九四一年的这一天，同往常任何一个日子一样，早晨是安详的，幽静的校园里，阳光普照，有几个男学生在林荫道上跑步锻炼。每天在七点四十分时，教学大楼上高耸的钟楼便会响起悠扬的钟声，远播四方，那是准备上课的预备钟声。可是今天，钟声却不响了，代之的是在学校大门口传来的一阵喧哗嘈杂声，一大群全副武装的日本兵突然闯了进来。立刻，整个校园便出现了惊恐混乱的场面。

"日本兵怎么进了学校？发生了什么事？"学生们纷纷从校园后部的宿舍里跑了出来，互相探询。

这所学校，是教会设立的，校长和部分教师都是美国人，学校名叫"弘道院"，英文名是：Mateer Memorial Institute。因为涉及他国人，日本人是从来不进入的，也不准他们进入，虽然日本兵几次来校交涉，要进校搜查，但都被校长何赓诗牧师（Rev. Martin Hopkins）挡了回去。因为不让他们进入，日本人便在学校院墙外面刷英文标语："打倒英美！""不买美货！""美国人滚出去！"这些标语，曾被同学们讥笑说："是日本鬼该滚出去！"今天，这道紧闭的大门怎么被日本兵打开了呢？同学们纷纷猜测。第一个猜测是：一定是来搜查日军一直想抓到的"中国兵"。一九三八年三月，日军进攻学校所在的这座城池时，驻守城内的国军122师（川军），浴血奋战，但寡不敌众，三月十八日城陷，师长王铭章及以下官兵绝大多数壮烈殉国，只有少数士兵突围逃到城北郊的这所教会学校里，为学校收容，当时学校区域内成立一个"国际收容所"，用这块牌子挡住了日军。学校收容的这些中国军人，在两年后均被悄悄送走，返回他们的四川老家了，今天再来搜捕，岂不是扑空？没有实际意义了。第二个猜测是：搜捕"抗日分子"。这所学校当时在日军统治下是与外面隔绝的，学校从来不与外界打交道，那些公立学校的活动绝不参加，当然也不允许外人到学校里来。但是在学校的天地里，却弥漫着浓重的抗日气氛，学生中不乏抗日思想和激烈的抗日情绪。有些家在苏皖一带的同学，常从家乡得到抗日的消息。我的同班同学黄锦和与阚瑞谦二人便是其中最活跃的人物。黄锦和是苏北盐城人，每次暑假归来，都带回许多关于新四军的情况；阚瑞谦家在徐州，精于无线电，每次回家都把日本人剪掉短波的收音机接上，收听大后方的"XGOA"广播，带来全国抗日战场上的新闻。我们就用这些新闻开演讲会。由于受到这些活动的影响，有几位同学离校西下，投笔从戎去了。就连我们佩带的校徽也别具一格。校徽设计为盾牌形状，分成蓝、白、红色三斜条，红条内有"弘道"二字，白条内是校名缩写"M.M.I."，三色寓意是："青天、白日、满地红"。这个校徽，在火车站曾被日军宪兵盘查过，幸被同学搪塞过去，没有出事。由此可见，当时校内确是抗日气氛浓厚和人们的思想激烈。校内的这些情况，虽然没有向外泄露，但会不会被日本特务侦知了呢？大家胡乱猜测，但结果谁也没猜对。

不一会，一个穿军服没有领章的人和两个持枪的日本兵来到我们的宿舍前。那个没有领章的人吹起哨子，然后用中国话喊道："大家听着，全体都到操场集合！"这个人原来是个翻译。"到操场集合，我们学校没有操场呀，只有篮球场网球场……"同学们的窃窃私语被翻译听到了，说："那就到球场集合，快，一个也不许落下！"

到了球场一看，四周架着机关枪，士兵端着上了刺刀的枪，遍布各个角落，看到这个情景，不由我们心惊肉跳，不知道将要发生什么事。那个翻译命令我们"列队"，但我们这些男女同学们，平时从来没有演练过什么操典，学校没有这个课程，不懂"稍息、立正"这一套，从我们的服装上看，也不适宜做操练的。男女同学们包括教师，全是一袭长衫。站队更不用说了，不知序列，乱成一团。一个日本军官站在凌乱的"队伍"前开始"训话"。他通过翻译传译说："从今天开始，这个学校由日本军实施军管理。这里是敌国美国人把持的学校，日军不能允许这种现象存在下去。中日是友邦，日本有责任帮助中国收回这所学校……"

我们都很惊奇。这是什么话！？美国怎么成了敌对国家？又何须日本来帮助中国？

军官继续说："虽然实施军管，但是你们可以照常上课……"

军官讲完一大篇"训话"之后，宣布解散。但他说的"照常上课"让大家半信半疑。不过，一小时之后，钟楼上的钟倒真的敲响了，依然像往常一样嘹亮，但没有一个学生一位老师走进教学大楼。

下午，那个翻译和十几个武装日本兵又来到宿舍，把所有的学生都赶到了教学楼地下室的大食堂里去。这一下大家心慌了，到那里去干什么？是不是把我们都关起来？到了食堂一看，门口并没有把守的士兵，食堂里只有一个日本军官和翻译。那军官站在中央，通过翻译让大家坐下，他笑容可掬，很和蔼的样子，大家更摸不清是干什么。军官开头说"米那桑"，我们不知何意，接下便叽里咕噜讲了一大段话。然后翻译说："诸位，下午好！我是大日本军宣抚班少佐池田，现在想和大家谈谈心。刚才钟声已经响了，为什么不去上课？中国有句话说，一寸光阴一寸金，你们求学不能荒废光阴呀，所以我劝你们赶快走进教室上课，快进教室吧！"

原来如此！我们全明白了。但没有人应声。

那个军官又说："怎么样？快上课吧！有很好的教师教授日语，日语是最好的语言……"还是没有人应声。

那军官突然大声说："不去上课，就是对抗日本军的行为，那是不允许的！你们应该清楚后果是什么！"

这时，同学黄锦和站了起来，说："我们都是中国人，不接受日本的奴化教育！"

那军官一愣，问翻译：他说什么？翻译译出黄锦和的话，军官一改和蔼的笑容，拉下了脸，暴怒了，疾步走向黄锦和，用半吊子中国话吼道："你的，什么的干活？"这时，同学们也都围了上去，军官看人多势众，便止步吼了几句，让翻译译出来。翻译说："少佐说了，不去上课，那就统统滚蛋！"军官说完，又盯了黄锦和一眼，悻悻地走了。

食堂内顿时一片沉寂。过了好一阵才有人说话。有的说，黄锦和不该当面顶撞日本人；有的说，这下可惹大祸了。黄锦和说："同学们不要怕，有什么事，我一个人担着！"但大家仍然觉得事情不妙。有的说："既然叫我们滚蛋，那我们就走吧，回家去……""对！回家去！""回家去！"许多人响应。回家，就意味着永远离开这个学校；回家，就意味着朝夕相聚的同窗好友的离别，但是不回家又怎么办呢？看来大家是非分手不可了。顿时，一种难以言说的感情涌上心头，男同学悲愤长叹，女同学嘤嘤啜泣。这时，不知谁带头唱起一首赞美诗：*God Be Will You till We Meet Again*。这首赞美诗平时在礼拜堂不知唱过多少遍，都没有异样感觉，而这一次，却充满了悲怆情怀，令人伤感。歌声在食堂里回荡，同学们声泪俱下，女同学更是个个泪流满面。那一幕是那样凄然痛心。之后，大家在唏嘘中回到宿舍收拾行囊，并且劝说黄锦和尽早脱身，以免落到日军魔掌之中。晚上，我们帮他翻越围墙走脱，后来他去了大后方。

在离开学校的时候，同学们依依惜别，无限伤感，不知何时再相见？全体学生都离开了学校，只有中国籍的教师留在校内，所有美国人均不见踪影，后来听说，美国人，包括校长何赓诗牧师，都被关进了集中营。

在我们离开那所学校时，谁也不清楚究竟发生了什么事，为什么日军突然占领了那座学校。直到以后，才知道在十二月八日那天发生了日军偷袭珍珠港事件。日军偷袭珍珠港是在一九四一年十二月美国时间七日六时，但到了中国时间八日八时，日军就进了学校，可见他们是早有预谋的。珍珠港事件构成日美两国事实上的宣战。十二月九日，中国政府正式发布对日宣战的命令，中国由此加入了世界反法西斯同盟战线。谁也没有料到，我们的那所学校会与万里之外的夏威夷群岛上的珍珠港联系起来，但历史竟这样记载了下来。

一九四一年十二月八日，发生在六十八年前的事已经成为历史。历史可以在时光中远去，但不会消失。历史永存，因为它是客观存在，任何力量都不能改变或者抹去。中国人民遭受抗日战争的苦难，也不会忘记。会永远铭刻在中国人的记忆里。每逢看到有关珍珠港的影片，便会忆起这段尘封的历史，不是怀旧，而是警醒。随手记录下来，留给后人评说。

（选自高守民主编：《岁月沉香——记忆中的滕州一中》，北京：中国文史出版社，2017 年）

华北神学院——半世纪沧海桑田录

苏佐扬

华北神学院是由美国北长老会差派来中国传道的宣教师赫士所创立的。赫士博士在山东居住，多年学习山东话及精研中文，他所学的山东话乃是胶东话，有很多字的发音与标准的普通话不同，他努力研究中文，后来竟用很艰深的文理撰写中文书籍，包括教义神学及要理问答，并天文学。十多年之后，美国长老差会分派他往齐鲁大学神学院为教授，他教了二年之后，发现不少神学院的教授信仰有问题，就是不相信《圣经》许多神迹，于是写信去美国差会说自己不能长久与不同信仰的人为同工，他说他想另外开办一间信仰纯正的神学院，为全中国教会造就信仰纯正的传道人。美国长老差会收到此信后，就回信给他说："如果你要自己创办神学院，我们是不会再给你生活费。"赫士博士便写信到美国各地方请他们大力支持他的工作。

于是赫士博士开始他的信心生活了。

美国很多朋友都支持他的计划，不断有人将现金寄来，他就到了山东西南面一个地方名叫滕县，买了三百亩地。滕是古时小国，古书有云："滕，小国也，间于齐楚，事齐乎？事楚乎？"赫士博士从美国请了一位工程师来与他洽商如何兴建校舍，下面就是完成建筑后的情形：

一、在前面是三间大建筑物，中间是一间礼拜堂，是戏院式的设计，所以任何一个位置均可以看到讲台：上面左中右均有小楼，礼堂内可坐一百五十人，楼上可坐一百人。左面是一座两层楼的建筑物，楼上是图书馆，楼下是一间能坐一百五十人的大礼堂，每逢赫士博士授课时全体四级的同学均需去听课。右面也是一座两层楼的建筑物，分为四间课室，每一间可容纳一百五十人，大礼堂的地下室是厨房及饭堂。

二、三楼之后是学生宿舍，共分五排。第一行有两个人一间房为新来的学生预备的，第二三四行是为二三四年级预备的，第五行特别为夫妇及有孩子的学生居住的。

三、神学院的建筑物后面另建一座大楼是为高中生建设的，名为弘道院，该院高中三年级的学生毕业后可升上神学院的二年级，因此我们神学院里面有许多未曾读过第一年课程的，其实神学院的课程大都是大学生的课程。弘道院包括他们的课室及宿舍。

四、神学院三座大楼前面是一块空地，该空地有一个足球场，一个网球场，一个排球场，还有一块空地给学生打太极或作其它运动，学生每日下午均在该处运动。

五、在各球场对面是女生宿舍，何赓诗夫妇在该处居住，何师母是女生舍监。

所有留学生均需穿着中国的长衫，男女同学虽然一同上课，但彼此不谈话，男女同学在街上遇见也不打招呼，除非是夫妇或兄妹才可以谈话，这就是男女授受不亲也。

我由香港到山东滕县读神学院时，听说滕县已开办了十七年。我是 1934 年入学的，1937 年毕业。毕业后三年，神学院的院长张学恭来香港主领布道会，当时我在伯特利神学院教《圣经》，张牧师再邀请我返山东，为母校做点工作，为教希伯来文的道雅伯博士，将希伯来文小字典翻译为中文，同时因我所作的天人短歌，在校内的同学都喜欢唱，所以每日早上 5 点半灵修会要我弹琴。冬天冷至零下十度，真是不好受。当年院长赫士博士 83 岁大寿，同学要我为他作一首歌来恭贺他，我就用一首民歌加上歌词（愿赫老师再来一个 83，愿贺老师再来一个 83，我们大家恭喜他老人家，再来一个 83，83），这首民歌一直留存到现在，还有很多同学都记得，现在彼此通讯时都提到这首歌，可惜到 1941 年，日本军队侵华将所有的外国人都阁在集中营，赫老师夫妇也被阁在其中，而且在集中营安息主怀，该年是他 87 岁。

抗战胜利后学院继续开学，但神学院四围加上围墙。中国开始有内战，结果神学院因战争的缘故全部毁灭，正如耶稣所说的："没有一块石头在第二块之上，不被拆毁了。"（马太 24 章 2 节）于是学校便南迁到江苏省太湖旁边的梅园一块空地上继续上课，不久中国政府命令国内所有的外国人都要离开中国，当时做院长的是何赓诗博士，于是他便离开中国回美国了，不久他便安息主怀。

　　赫士博士建立华北神学院，完成了他在中国造就传道人的责任。但我们希望主耶稣再来之后，华北神学院复校并将改名为华北神道大学院，可以颁发学士学位，也可以颁发硕士学位及博士学位，这是华北神学院各位同学的盼望，到那时，赫士博士不但再可以活一个87，而且可活一千年了。

（选自《天人之声》，2001 年第 167 期）

我所了解的华北神学院

孙汉书

    我是 1939-1943 年在华北神学院读书的，在此期间，有我自己的亲身经历，也有间接通过当时的老师和同学的讲说，了解到一些华北神学院的情况。1949-1952 年我又在华北神学院任教，这一段时间的情况自然也有所了解。现就回忆略叙于下。

    赫士是华北神学院的创办院长。在开办华北神学院之先，曾任袁世凯主办的山东高等学堂主任教习（相当于教务长），袁世凯垮台后，赫士转而立志开办神学院。

    华北神学院前身是齐鲁大学、协和医学院等教会大学的联合性大学。赫士由于坚持他的"基要派"（保守的基督教派）信仰，与其他学院分离，先在山东潍县、烟台等地与广文学院合办，最后单独在山东滕县开办华北神学院。

    据称，赫士开办华北神学院不依靠一般的教会"差会"支援，完全自己筹募经费，有他自己的"独立差会"。当时在华北神学院曾传为"美谈"的是，赫士不接受洛克菲勒石油大王的捐款，是因为洛氏财团曾使很多小石油企业破产，造成别人的不幸。

    赫上办神学的方针仍带有中世纪修道院的色彩，并且主张学生毕业后应能适应农村的艰苦生活，固而十分强调学员的生活朴素。学生宿舍都是一人一间的十分简易的小平房，当时我们有个描写我们住房的歌谣："一张床没有腿，两张床一条腿。躺在床上看天文。""一张床没有腿"是说单人房间只一张床那样的宽度，从东墙到西墙穿一根床框，再加三根横梁，铺一张高粱秸编的蘼子作床垫，就是这样睡觉的。"两张床一条腿"是说一年级学生住的双人房间，在没有腿的床框上方的地方，另插一根与它成 90°角的床框，直接一根腿，再加三根横梁，就形成一条腿的两张床。至于"躺在床上看天文"，是因为房顶就是极其简单的一层瓦，夜间可以在床上看到天上的星星。因此，华北神学院培养出的教会工作人员，大部分都是中小城市和农村的牧师或传道人。

赫士在买地、建房等开办神学院的做法上，还是带有十足的殖民主义者作风。据说他在滕县买土地建校舍时曾有这样一段故事，开始他只能买到两片靠近而不相连接的土地，中间隔着的一片土地的地主，坚持不把祖业卖给洋人，赫士出了个主意，把买到的两块土地中较小的一块作学生宿舍，另一块作校本部，这样学生就一天不下三、四次的踏过当中那家不肯出卖的土地，叫人家种不好庄稼。结果，那家地的主人被迫把地卖给了赫士。当时他还洋洋得意地认为自己有办法。

抗日战争期间，赫士和华北神学院师生员工基本上是反法西斯战争，同情抗日的。滕县沦陷后，华北神学院曾掩护过一位受伤撤退的川军战士（当时在鲁南一带抗日的有一部分是川军），之后又设法把他护送到后方。珍珠港事件后，赫士被囚于山东潍县的集中营，结果病逝于该集中营。

抗战胜利，二次世界大战结束后，由何赓诗代表华北神学院在美国的"顾问委员会"（相当于董事会），重返中国恢复华北神学院。（珍珠港事件之后，外籍教员都被遣送回国，由张学恭、丁玉璋继续维持华北神学院。以后张学恭自己脱离华北神学院，在南京另办泰东神学院。）何赓诗因为敌视解放战争，怕滕县不安全，于 1946 年在徐州寻得落脚点，先行恢复华北神学院，以贾玉铭为名誉校长，丁玉璋为副院长。不久，淮海战役开始，徐州又不是何赓诗久居之地，又于 1947 年将华北神学院迁往无锡，这就是为什么名为华北神学院却地处江南的原因。

华北神学院在无锡开课之后，多数学员自然是慕华北神学院"信仰纯正"之声誉而来报名读书的。但也的确有一些逃亡地主，甚至有一个是伪乡长（镇反时被捕并镇压）来作"神学生"，还有少数解放战争中被俘的国民党，经教育后，前返回家的人，也来"读神学"，"放下屠刀立地成佛"。

何赓诗虽然还没有清楚的证据，（能够证明他）是与美国特务机关有组织关系，但他的思想是极为反动的，明目张胆地反共反苏，对抗中国人民的解放运动，这就不可避免地影响当时的整个神学院的政治气氛，逃亡地主、反动乡镇长之流来读神学当然就受到他的包庇。

　　无锡于 1949 年 4 月份解放，华北神学院难以维持，何赓诗曾有打算继续南迁到福建再度逃避解放，并打算由福建逃亡台湾，但都没有得以实现。不久，外资冻结，经济来源断绝，何赓诗等外籍教员都先后被迫离开新中国。

　　何赓诗离开中国之前，曾把华北神学院的部分教员，包括张志道、胡敬武、翁楚望等弄到上海（具体安排不清楚），留在无锡的有丁玉璋、管耕汶、邓天锡、孙汉书继续维持华北神学院。这时候无锡市文教局已开始领导华北神学院，有一位叫过醒哉的同志经常对华北神学院进行帮助。在经济断绝的情况下，过同志设法帮助出售一些旧物资，暂时维持不多的教职员和学生的生活。以后，又设法买到三架打草绳的机器，打草绳出卖，维持学校。

　　1952 年夏，华东十几（所）神学院研究联合，丁玉璋代表华北神学院参加了预备联合的会议。终于，1952 年 9 月底，联合于南京成立了金陵协和神学院。至此，华北神学院告终。

　　1984 年 1 月 25 日

（1984 年 1 月，龙厚昙先生采访时，孙汉书牧师任金陵协和神学院教务长，本文是孙牧师的回复，未刊稿）

华北神学院

龙厚昙

一、创办背景、宗旨与沿革

（一）创办背景与宗旨

华北神学院，1919 年 9 月 29 日由首任院长赫士创办于潍县，1922 年迁至滕县。赫士是美国法学、神学博士，又精通天文、数学等，亦涉猎物理与中国的儒释诸学说，通晓古汉语。此人虽博学多才而其思想却十分顽固。他于1901 年曾任山东巡抚袁世凯办的山东高等学堂总练习，与袁世凯成莫逆之交。后来他协助狄考文办学。齐鲁大学成立时，因赫士没有当上大学校长，而不愿甘居人下，哄骗了 18 名学生与齐鲁大学公开分裂，于是华北神学院应运而生。而赫士办学的另一主导思想，则在于他要坚持"基要主义"的保守神学观点。他主张《圣经》里每一个字都是神的启示，由《圣经》无错的理论引申出一系列的保守神学和反对道理，企图以此披上"笃信圣经"的外衣，一方面可以报效其国家，一方面则在中国加强帝国主义对中国人民，特别是基督教里工作人员的思想统治。

（二）历史沿革

华北神学院于 1919 年 9 月初创时，是由原齐鲁大学神科分离出来的神学班，学员只有十八人，教师三人。1920 年学员二十四人，1921 年学员始增至三十六人。"1922 年秋，因交通便利，并愿与美长老会合组一道旨纯正信仰坚固之神学，即迁至滕县。该秋聘妥贾玉铭牧师为副院长，刘延庭牧师为教员，而弘道院之卜德生博士、司迪恩牧师亦帮助授课，学员不久增至一百多位。"（赫士：《十年经过》，见 1931 年春出版的《华北神学院年刊》）

该学院搬到滕县后，赫士即在座落于北关的华北弘道的西边购地建房，与弘道院一起用铁丝网围成了一个大院。购地时有的农户不愿卖给"洋人"，赫士竟使出了一个恶毒的办法：开始他只买到两块相近而不相连的土地，他就把较小的一块建成学生宿舍，把较大的一块建成校部和教室，这样学生每天不下三四次要踏过中间那块地，叫人家种不成庄稼，逼得那家没办法，最后还是卖给了赫士。赫士在滕县立足之后，就按他的既定宗旨培养起神学士来。他又是教书，又是著述，又忙于募捐和布道。至1934年，学院已具有相当规模：教员共十一位，其中有七位完全负责本院的教职，有两位西教员，半担任本院教授，半担任弘道院教授。音乐教员两位，中西各一。当时学员有男126名，女23名，计149名。学员的籍贯有十六个省区，隶属二十二个公会，南至海南岛，北至哈尔滨，西至陕西，尚有四位学员来自朝鲜。足见该学院在国内外基督教界影响之大。还有一种说法是美国普林斯敦神学院与华北神学院是姊妹校，所以有相当名气。

1941年底，日本侵略军发动了太平洋战争，对英美宣战，华北神学院以赫士为首的英美籍教师都被押到潍县关进集中营。院长由中国牧师张学恭担任，副院长为丁玉璋，中国教师只有管耕汶、邓天锡等，学员只有六七十人。是年十一月，日伪"华北教育总署"下达了《华北各省市封闭英美等国籍人所办各级学校善后处置纲要》，学院聚会、礼拜以及讲道皆须当局许可，处于极为艰难的半停顿状态。

1943年，日伪华北中华基督教团总干事康德馨在《华北中华基督教团周年回顾》的报告中说："……查山东滕县华北神学预科（按：即指弘道院）经营有年，规模宏大，学生众多，为我教会中唯一自办之中学式的圣道学院，堪为各级基督教学院之预科……其他如山东滕县华北神学院、黄县神学院、天津圣经神学院，均竭诚合作，极愿在教团指导之下进行工作，只以某项关系，尚在调整中。"这一个"调整"，似乎把华北神学院降了一格。这时的滕县华北神学院已经不是四年制的高等神学院，而设有预科二年（以初中毕业生为对象），本科三年（以预科毕业为对象）的乙种神学院。经常在校的学员虽尚有六七十人，但受到多种限制与监视，有时要随日伪呼喊"大东亚共荣"，并接受一次严于一次的"治安强化运动"，师生精神之苦当可想见。

抗日战争胜利以后，何赓诗代表在美国的"顾问委员会"（相当于董事会）重来滕县，本想重整旗鼓，局势不稳，复兴华北神学院的计划未能得逞。

旋于 1945 年 12 月，八路军第一次解放滕县。院长张学恭等人对美国抱有幻想，带头跑到国民党重兵驻守之徐州。张学恭本人又去南京办了个泰东神学院。在徐州的华北神学院即聘贾玉铭为名誉院长，丁玉璋为主持工作的副院长。实际掌权的乃是何赓诗，外国教师尚有道雅伯和何赓诗的妻子何碧西。张志道做学院的总务，中国教师有邓天锡与翁楚望。院址是徐州王陵路的"三座楼"（基督教会产业，其中一座是何赓诗的私人住宅，现为徐州十五中）。开课时学员只有二十多人，分两个班，后来才发展到三十几人，多系徐州本地与河南籍的。这时美国南长老会供给经费，加以学院与联合国善后救济总署驻徐办事处毗邻，何赓诗也易于申请到救济，故师生的食宿供应还是比较充裕的。

此时内战方炽，徐州局势亦同样不稳，固非何赓诗久居之地，他遂于 1948 年暑假带领全院师生迁往无锡之梅园附近（现为红梅电视机厂）照常上课。在无锡，华北神学院又有了一些发展，学员增至近百人，多数学生自然是慕该学院"信仰纯正"之声誉而来报名就读的，但他们中也确有少数逃亡地主，甚至有一个伪乡长（镇反时被捕并处决）来作"神学生"，还有少数在解放战争中被俘的国民党军官，经教育后遣返回籍，也来"读神学"。上述种种人物，当然会受到何赓诗的多方庇护。无锡于 1949 年 4 月解放。何庚诗曾打算继续南迁福建，再渡海去台湾，因遭到爱国师生的抵制而没能实现。不久，外资冻结，经费来源断绝，何庚诗等外籍教员都先后离开新中国。何赓诗离开中国之前，曾把华北神学的部分教员，包括张志道、胡敬武、翁楚望等带到上海，留在无锡的有丁玉璋、管耕汶、邓天锡、孙汉书等，继续维持上课。这时，无锡市军管会文教部已开始扶持华北神学院，派过醒哉同志经常来院了解情况帮助工作。在学院经济来源断绝，人民政府尚无拨款补助的情况下，过醒哉设法帮助出售一些旧物资暂时维持教职员与学生的生活。以后又设法买到三架草绳机，靠打草绳出售以维持学校。

当时居住香港的某些老校友，知道了学院的经济困难状况，有的人就寄来捐款资助。在当时形势下，以丁玉璋院长为首的全体师生权衡了轻重，于 1952 年 8 月 24 日回信义正辞严地予以拒绝了，表现了爱国师生的气节，兹节录该信数节：

> 我们已经看透了：帝国主义者利用宗教，以香港为根本地，正
> 企图阴谋利用小恩小惠，腐蚀祖国善良信徒们的心灵，向祖国人民

教会进行挑拨离间，企图实现其恶毒的分化毒化政策，侵犯我们伟大的人民祖国。

……我们体会了共产党绝不是教会的敌人，而是我们史无前例的朋友。人民祖国的共同纲领，明确保障了我们的信仰自由，而且对于教会革新和前途，给了我们无限鼓舞和帮助。

我们也诚挚地盼望你们，能回到祖国人民这一边来，否则我们彼此就没有互助的共同基础。因此，我们除通知金城银行，将该款港币三百元原数退回外，今后对于这一类的捐款，我们将坚决的永远的拒绝接受。

1952 年 8 月，华东区神学教育座谈会决定十一家神学院校（包括华北神学院）联合，于 1952 年 11 月 1 日成立了金陵协和神学院。

至此，山东滕县华北神学院的办学历史共三十三年。

二、校董会、教职员与学生

（一）校董会

华北神学院有一个在美国的"顾问委员会"（相当于董事会），爱尔恩即为五名委员之一。1945 年秋，何赓诗曾代表美"顾问委员会"来华恢复华北神学。

又据 1935 年 5 月 1 日《华北神学院董事会记录摘要》，中国的董事会由下列人员组成：马景唐、任恩庚、杜立、吴明甫、樊都森、史苠忱、刘恩义、芮道明、孙光斗等。董事会工作与校务活动，由张学恭译成英文报告总会。

学院另有"教员会"的组织，负责日常教学管理工作。

（二）教职员

先后在华北神学院工作的外国人有 10 人：他们是：赫士（W.M.Hayes，美国）、道美贝（任女神学监督）、道雅伯（A.B.Dodd，美国）、毛克礼（A.N.Macleo.d，英国）、卜德生（Putterson，B.C.美国）、何赓诗（HoPKens，M.A.美国）、吉长庆（Gellies，R.，美国）、司迪恩（Stvens.Geo.D.，美国）、佐治（日籍牧师）、大森（日籍牧师）。他们中，有的是虔诚正直的基督徒，能和中国师生平等相处，甚至结成了深厚的友谊，但有的却以"高等民族"自居，下面数例，有助于我们进一步了解这些外国传教士"盎格鲁撒逊"人的真面目。

卜德生牧师一家[1]

1915 年 8 月，由刘寿山等人筹设了"山东中华基督教会自立会"。后来，滕县基督教长老、弘道院教师于子懿发动信徒参加山东自立会时，美国传教士道雅伯、申乐道等坚决反对，不准信徒参加，并说："你们要自立，可以把美国长老会改为滕县长老会就行了，不要改称自立会"。当信徒们表示意志坚定，非参加自立会不可时，传教士们又以不准使用原有礼拜堂相威胁。但于子懿并未退缩，遂与吴道泉长老共同筹款，另在北关购地建堂聚会（按即后来的福幼院地址），终于摆脱差会的辖制，走向自立。

有一次，赫士到园子里修复桃树，不慎摔断了胳膊，由华北医院的于道荣大夫替他包扎好。后来，一位姓徐的大夫去换药，赫士居然嫌他"手指头粗"，不让换！

----

1 编者提供。

1941 年以后，日本侵略军当局派了特务工作人员佐治、大森、田头等担任"牧师""教授"，这些人除了教日语以外什么也不会。有一次，学校欢送佐治"回国"，不几天大森却出吐露出真情，说是去了汉口前线，佐治的腿被地雷炸断了，还要学生为他祷告。

英美传教士在中国都过着优于中国教牧人员的生活，每家都拥有一座西式楼房。特别是卜德生，他的三层楼房（现滕县一中大门内正东）有十几个房间，宽大的院子占地数亩，种着时鲜蔬菜和果树，喂着奶羊，雇用中国男女仆人，并有专职阍者和厨师。在当时衣衫褴褛、鹄形菜色的大多数中国人中间显得"高贵"极了！他们为什么如此阔绰呢？主要是美国差会寄钱来中国后，折实价值比在美国高出多少倍，因为中国的东西便宜，劳动力则更贱。所以他们多不愿回国。卜德生约七十二岁回国后，与其儿子一起到果园摘水果，走到半路实在累了，把水果暂时放在路旁，准备到家休息一下再回去取，回去一看果子竟让人偷走了。看来虽然年老，卜德生在其国内也根本没有呼奴唤仆的条件。

华北神学院（无锡）教师合影[2]

---

2 选自《华北神学院一九五零级毕业纪念刊》，上海：中国制版印刷厂，1950 年，第 6 页。——编者

先后在华北神学院工作的中国教牧人员有：贾玉铭、刘延庭、管耕汶、张学恭、丁玉璋、吴效张、高国桢、胡敬武、李德辰、张志道、翁楚望、邓天锡、孙汉书等。

中国教师薪金比英美教牧人员低得多。由于外国人作威作福，跋扈专横，言行不一，曾引起中国教师的严重不满，如邓天锡老师就说过："道雅们骂人，是他帮我离开了上帝！"（按，邓天锡老师已不信仰基督教）。

（三）学生

华北神学院之鼎盛时期是从创办到 1934 年十五六年时间。1935 年秋，副院长张学恭的报告中曾有"于此十五年间，已造就出学员三百余名，散布国内及朝鲜各处，为主作证，今暑又有男女毕业学员三十四名出发前线，与魔交战"等语（以后的十八年期间，其毕业学员只能小于上列数字）。1935 年 5 月 1 日华北神学院董事会记录的第（7）项"区会待遇学生问题：现在在人才经济两方面，教会前途，均无乐观，讨论既多，结果须要特色大学毕业生，用祈祷、宣讲激劝，使人愿意入神学，献身为主……"。可见这时神学招收新生已成问题。

原来华北神学院招收学员的条件是分别对待的。1935 年副院长张学恭的报告中说"学员方面：本院创设之目的，在造就一般本圣经正义而传道之人才，故对学员之收入，不分公会，不别省分，凡正宗福音派之学生，皆可前来，惟对学员之资格，正科，须大学毕业，或神预料毕业，肄业三年。高中毕业者须肄业四年。若长于汉文，富有阅历，为主作出成绩昭著，兼有特别保荐者，亦可收入正科，其学年与高中毕业者同。如不及以上程度（指高中修业而未毕业者）有志肄业本院者，可随同上班，学完一切课程，予以副科证书。女神学入学资格，与男神学同，惟三年毕业。"当时一些男女青年不满现实，而又逃避现实，愿意从研究神学中求得某种慰藉而考入神学院；一部分则是孩童时领洗的"基督家庭"出身的人，笃信基督，而甘心做一名未来的传教士。这些虽然同窗探讨神学，而他们对社会人生的看法则是各种各样的。

为了钳制学生思想，赫士又仿照美国各大学的做法，组织"中国笃信福音学生联合会"，总部就设在华北神学院，并办了《生命》杂志。该联合会的目的，是为了使学生"保守纯真的信仰"。但中国神学生的思想总是禁锢不住的，如发表在《生命》第二期的一首诗《神学生》中，就表露了他们忧国忧民的思想，喊出了"林林总总的同胞，渴望你去救援，急须你去指领，岂可常作神学生！"的呼声。

三、教学情况

华北神学院课程与其他高等神学相等。招收学生要经过考试，并须交论文以观程度高低。新生入学之后，要在教师辅导下，把《圣经》全部熟读一遍。

主要教学形式为课堂讲授，然后学生阅读自学。有时也请国内外著名神学学者来院讲演，如中国牧师成寄归、美国巴尔好施博士、美国耶鲁大学神科科长韦格尔博士、日本作家、博士贺川丰彦，均曾来院讲学。

四、经费与其他

华北神学院的经费主要由美国的顾问委员会捐募，及中国几处教会捐助（如江苏南北长老会、潍县区会、山江区会及南长老会一位的特别捐款）。

另据有关资料记载，赫士主持的华北神学院每年都有一次募捐运动。特别大的一次是 1934 年以"赫士牧师师母来华五十周年纪念"名义的募捐，是"在全世界范围内发动的一次大勒索"，当时捐册满天飞，华北神学院校友又广为宣传，于是中国教友三角五角，中国教牧人员一元两元，学院华籍教员四十元五十元，个别富有信徒二百五百的摊派起来，凑得两千余；英美传教士（主要是美国长老会的传教士）在他们国内到处宣传，募集共得一万余元。梁荩忱长老为赫士来华五十周年纪念捐了一顷地。

凭着赫士当年的"声望"和本人又敛财有方，一有机会他就动脑筋搞钱，如弘道大楼"走电焚毁"以后，赫士也大肆宣传，曾得到美国迪氏姐妹的巨额捐款，建成的洋楼中的一座竟以赫士死去的女儿"爱莲"命名。

广开财源，节约度用，是华北神学赖以长期维持的重要方法，特别是对中国教牧人员与学员，赫士则一再压低他们的生活待遇。学生虽然不交学费，但膳费都由学生自己或学员所属教会负担，书籍费自备，每季须交杂费三元。生活清苦，特别是住宿条件更差。赫士办神学仍带有中世纪修道院的色彩，主张学员毕业后能适应农村的艰苦生活，因而强调学生在校生活朴素，学生宿舍都是十分简单的小平房，墙上挖洞穿入横木棒，铺上高粱秸即成床；一年级学生的双人房间更节约，在没有腿的床柜上三分之一处另插一根与之成 90°的横棒，用一根竖棒在两棒相关的下面做支柱，即成了两人用的"爬头床"。而房顶只有单层瓦片，夜间在瓦隙里可以看到星星。学生当时就有一首歌谣描写这宿舍："一张床没有腿，两张床一条腿。躺在床上看天文（儿）"。

（选自《山东教育史志资料》，1986 年第 4 期）

基要派与滕县华北神学院

王德龙

　　基要派在中国的影响也许没有自由派那么明显。中国的基要派基督徒致力于传扬福音、引导人们认罪悔改，皈依上帝，在日常生活中注重灵修。他们较少的像自由派那样关注社会活动、提倡人格救国，所以从社会影响方面来看，显得默默无闻。当自由派在社会各个方面开创事业的时候，基要派却在理念上持守基要真理，一心一意的致力于福音的传播活动。然而，伴随着中国主权的独立和现代化的进程，自由派所从事的教育、医疗、慈善等事业被淹没在历史的潮流之中。相对而言，基要派所强调的对中国人"人心"的改变工作，却如同一粒种子一样，日益显示出其不同于中国传统的道德文化价值。位于山东滕县的华北神学院[1]就是汇集了中外基要派人士的大本营。滕县华北神学院在当时中国影响较大，与燕京大学宗教学院、南京金陵神学院成三足鼎立之势，在中国教会史上具有重要的地位。

　　滕县华北神学院在创建之初，就满含着基要派的因素。1919 年，齐鲁大学美国长老宗基要派传教士赫士因反对自由派神学，被迫辞去齐鲁大学神学院院长的职务，带领十八位神学院学生准备另组新校。9 月 29 日，在中华基督教会和美北长老宗差会领袖的支持，赫士选择潍县作为临时基地，组建了一所长老宗神学院，号称华北神学院。神学院初创时期艰难异常，"当时校址校具一无凭籍，只好借用人家楼下地窖中作为教室，又在某校权借助点破教具，便上起课来"。[2]神学院的经费由山东的教会，如江苏南北长老会、潍县区会、

1　在山东教会历史上有两个华北神学院，一个是长老会滕县华北神学院，地点在滕县（现枣庄滕州市）；另外一个是浸信会黄县华北神学院，地点在黄县（现烟台龙口市）。

2　《华北神学十七周年纪念》，刊于《通问报》，1936 年 10 月第 39 号，第 7 页。

山江区会以及一些美国热心的基督徒定期奉献支持。后来因为美南长老会苏北教区负责经费筹措，于是在 1922 年迁往靠近苏北教区的滕县。南长老会苏北差会有很强的基要派氛围，赫士本人也是基要派的重要代表人物，所以华北神学院的差会背景和创办者的办学理念，都带有很强的基要主义色彩。后来，华北神学院的经费主要依靠山东和苏北地区的自立教会奉献，部分接受差会的拨款支持，在很大程度上实现了自养的目标，这就避免了在经济上受到差会的过度影响，从而在自由派于差会中影响巨大的时候，华北神学院仍旧能保持自己的基要主义理念。

　　近代中国社会变迁的大环境为自由派提供了充分活动的舞台，无论在救国的阵营里，还是在教育医疗等社会事业的队伍里，都能看到自由派活跃的身影，他们以社会工作取代了福音传播。而同期的华北神学院则坚持直接布道和培养教牧人员的理念，逐渐汇集了大批的基要派人士。1936 年，成寄归因湖南圣经学院改组而离开长沙，应聘华北神学院教授。其主办的司可福圣经函授学校也随之迁入华北神学院。司可福圣经神学是典型的基要派神学。此时司可福圣经函授学校已经有学员一千多人，并且"遍于全国，海外侨胞学习该课程者亦为数亦多。并且有西国传教士加入学籍"。[3]司克福函授学校的加盟，壮大了华北神学院的影响力。这种汇集使华北神学院成长为基要派的大本营，成为中国基要派活动的基地。1937 年抗战开始后，华北神学院的一部分师生内迁至重庆，另一部分坚持留在滕县。但太平洋战争爆发后，神学院中的英美籍教员被关进了潍县集中营，学校也被改组称为华北神学院预科。日本人控制的华北中华基督教团在 1943 年与滕县华北神学院的预科实现了合作，"接受该预科为华北各级基督教学院之公共预科"[4]。1946 年初因滕县解放，华北神学院迁往徐州，1948 年又迁往无锡。1952 年 11 月华北神学院与华东地区十处神学院校合并，成立了金陵协和神学院。

一、华北神学院的招生情况

　　华北神学院持守基要主义办学理念，隶属长老宗教会支持和管理，但招收学生时并不拘泥于宗派，"本院创设之目的，在造就一般本圣经正义而传道之

3　知白：《司可福函授学校迁移》，刊于《通问报》，1936 年 9 月第 34 号。

4　周冠卿：《华北中华基督教团的使命》，刊于《华北中华基督教团成立周年纪念册》，第 7 页。

人材。故对学员之收入，不分公会，不分省分。凡正宗福音派之学生，皆可前来。"[5]虽然学校对学员的出身并不限制，但慕名来华北神学院的大多都有基要派的倾向，热衷于传播福音、救人灵魂。而且这些学员在入学前有的已经是传道人。当时贾子安在送任永林入华北神学院读书时，曾作古风诗一首，表达了对华北神学的认可和将来的期盼："炉为炼金鼎炼银，华北神学为炼人，单等数年毕业后，热心侍主救灵魂。"[6]华北神学院根据新学员的基础，将学员划分为"正科"和"副科"。"正科，需要大学毕业或神预科毕业，肄业三年。高中毕业者，须肄业四年。若长于汉文，富有阅历，为主作工成绩昭著，兼有特别保荐者，亦可收入正科，其学年与高中毕业者同。"[7]副科则是"指高中修业而未毕业者，有志肄业本院者，亦可随同上班，学完一切课程，予以副科证书。"[8]这种划分与一般神学院并无二致，但从"富有阅历，为主作工成绩昭著"这点，也可以体会到华北神学对传福音的重视。

华北神学院在潍县成立之初，仅仅18名学生，到1920年，学生人数也只有24人。1922年搬迁至滕县以后，随着学院经济状况的好转和管理措施的提升，学生人数不断增加，1923至1924年度，在校生迅速增长到84人，这些学生来自国内9个省和周边国家韩国，其中9人为女生。1925年"学生来自南北各省，及新加坡、韩国，公会达十余省。今季统计男女学生一百二十名"[9]。1925至1926年度，"有男学员百零五人，女学员三十四人，共计有学员，共计有学员百三十九人。"[10]1927年，华北神学院在校学生数达到历史顶点，为186人，其中女生51人。在二十世纪二十年代中期，仅从学生人数这个角度看，华北神学院的规模已经超过了金陵神学院，成为当时中国最大的神学院。有许多来自朝鲜和东南亚地区的学生在此接受造就。后来受到北伐战争的影响，招生出现萎缩，到1928年，学生人数就锐减至男生65人，女生13人。北伐战争结束以后，华北神学院又在三十年代迅速恢复，1933至1934年度，

5　张学恭：《华北神学院周年报告（一九三四至一九三五）》，刊于《通问报》，1935年4月第20号，第9页。参见本书。

6　贾子安：《送任永林弟去华北神学》，刊于《通问报》，1935年10月第39号，第24页。

7　张学恭：《华北神学院周年报告（一九三四至一九三五）》，第9页。

8　张学恭：《华北神学院周年报告（一九三四至一九三五）》，第9页。

9　李既岸：《华北神学院之新气象》，刊于《通问报》，1924年12月第25号，第3页。参见本书。

10　贾玉铭：《滕县华北神学之经过》，刊于《通问报》，1926年12月第30号，第6页。

在校学生达到男生 102 人，女生 31 人。到了 1935 年 9 月 16 日开学时，"男神学一百二十六名，女神学二十三名，学员的籍贯有十六省，隶属二十二公会，南至海南岛，北至哈尔滨，西至陕西，尚有四位，来自朝鲜。"[11]来自 16 个省，22 个不同宗派。即使是抗日战争爆发的 1937 年，仍然有来自 12 个省、23 个不同教会团体的 72 名男生。学生在未进神学院以前就已经从事一些传教布道的义工工作。"金陵女神学的学生，有百分之四十五曾教过主日学。华北神道院的学生有百分之三十六曾做过布道工作。"[12]华北神学院在全国教会的影响也越来越大，在国际基督教界声誉也不断提高，成为当时中国教会基要派神学教育的中心。

二、华北神学院的师资情况

华北神学院 1931 年毕业照，赫士位于第一排左五，张宝华提供。

华北神学院之所以能够坚持基要主义的办学方针，除了基要派差会、教会背景外，还因为它凝聚了一支持守基要真理的师资队伍。自创办至抗战后期，

---

11 张学恭：《华北神学院周年报告（一九三四至一九三五）》，第 9 页。
12 韦格尔视察团：《培养教会工作人员的研究》，中华基督宗教教育促进会，中华民国 24 年 11 月，第 92 页。

赫士一直任名誉院长，付院长依次是中国牧师丁立美，继任为贾玉铭，抗战前后为张学恭、丁玉璋（兰田）。在华北神学院任教过的美国人有道雅伯、申乐道、何赓诗、毛克礼、卜德生、卜有存、华以德等；中国人有丁立美、张学恭、宋道九、苗子九、丁玉璋、管耕汶，邓天锡、胡敬武、翁楚望、成寄归、高国桢等。赫士是在华传教士教义神学基要派代表人物之一，丁立美是奋兴布道型的基要派，贾玉铭是属灵的基要派，张学恭、丁玉璋等都毕业于华北神学院。从校长的选用来看，这支教师队伍都拥护基要信仰，在神学追求上与燕京大学宗教学院的自由派形成了对峙局面。

华北神学院虽然在招生规模上超过了金陵神学院，但该校的师资队伍与其它神学院相较却不占优势了。"民国十一年，在十三个校园中，共计有专任教授六十二人，平均计算，每一校园，佔四零十分之七。这些人员之中，有西人四十二位，华人二十位，大约的比率为二比一。用另一种平均法计算，每无零十分之九的神学院学生，即有教员一人。"[13] "民国二十三年，在十三个招收中学程度以上学生的校园中，专任教授副教授和讲师合计七十六人。平均计算，凡四零十分之四的神学院学生，即有专任教员一人。十三校共有专任西教授三十五人，专任华教授二十四人，大约比率，为三西教授比二华教授；十三校共有西国教授副教授和讲师四十二人；中国教授副教授和讲师三十六人。以比率技术，即为七比六，又有兼任西教员三十二人，兼任华教员十八人，以比率计算，不到二比一。"[14]在教师队伍中，中国基督徒扮演了重要角色。大多数时间，中国籍教员基本上占到华北神学院教员总数（平均7-8位）的一半左右。在1934年至1935年间，"本院教员共十一位，其中有七位（中四西三）完全负本院教职，有两位西教员，半担任本院教授，半担任弘道院教授，音乐教员两位，中西各一。"[15]由于师资力量的欠缺，在最初的几年里，学校不同层次的学员混在一起上课，以致"学员不得拾级而进，教员不得依程而教，殊感不便"，直到"一九二六年八月，每年级始得各自成班。"[16]以基要主义的立场和标准来延聘教师，是造成师资不足的原因之一。

---

13 韦格尔视察团：《培养教会工作人员的研究》，中华基督宗教教育促进会，中华民
　　国 24 年 11 月，第 59 页。
14 韦格尔视察团：《培养教会工作人员的研究》，第 60 页。
15 张学恭：《华北神学院周年报告（一九三四至一九三五）》，第 9 页。
16 贾玉铭：《滕县华北神学之经过》，第 6 页。

三、华北神学院的课程设置情况

华北神学院是一所专门的宗教学院，专为培养教牧人员与教师，四年制，课目内设专为研究《圣经》之多种学科，并设天文、地质、文学、哲学、希伯来文等课程。毕业后，成绩优秀者授予学士学位。华北神学院在一般课程设置上与其他神学院没有多大区别，但非常重视《圣经》的研究和教学。这与基要派追求《圣经》权威和圣经基本要道密切相关。学院"将圣经分为六部分，每部分皆有教员负责，如创世纪至申命记，高牧师负责，约书亚至撒母耳下，卜牧师负责，列王上至以斯帖，张牧师负责，约伯记至以赛亚，道牧师负责，耶利米至玛拉基，丁牧师负责，新约，赫院长负责。"[17]从教学规定也能看出华北神学院对《圣经》课程非常重视。学院要求所有学生在教师指导下通读《圣经》，并且要通过考试。这些课程都从正面引导学生重视基要真理，为塑造和培养学生的基本要道奠定了基础。除了从正面形塑，在二十年代华北神学院为了对抗自由派的新神学，还非常强调系统神学、教会历史和讲道法，重视引导学生学习《圣经》语言、英语、音乐甚至包括宗教比较学等课程，后来又增加了圣经神学、基督教社会学、旧约考古学、地理学和生物学等课程。开设这些课程的目的，是要帮助学生能够从理论和知识上更好地反驳现代派神学。

华北神学院鼓励老师和学生积极参与传福音的工作。这种工作不仅是传播福音，而且是让师生在实践中参与侍奉，坚定信念。为此，学院在学制上做了特别安排，每个学年只有五个半月的教学任务，通常从第一年的八月到次年的一月，其它时间由学生自主安排。主要目的之一是给予学生充足的时间从事传福音的工作，从而提高他们服侍教会的能力。学院还注重灵修活动，"每早晨五点半举行晨更祈祷，与会者平均四五十人，晚间九点三刻，举行个人私祷。每礼拜六晚间，有布道祈祷会。"[18]此外还有守望楼、自由组织之查经会、同乡祈祷会、工人祈祷会等。这些实践课程的设置不仅增加了学生的《圣经》知识和传道能力，而且使学生在潜移默化中形成一种宗教体验。这种宗教体验对于他们相信和持守基要真理至关重要。

此外，滕县华北神学院还设有研究科，是当时设有神学研究科的三所学校之一，但"滕县并不如燕京和金陵，正式开设研究科，不过备有特别功课，供

---

17 张学恭：《华北神学院周年报告（一九三四至一九三五)》，第9页。
18 张学恭：《华北神学院周年报告（一九三四至一九三五)》，第9页。

大学毕业生研习，以抵神学士科之课程。"[19]学校还设置了儒学经典课程，课时量基本上与《圣经》课程相等，并且采用汉语教学，体现了华北神学院本土化办学的诉求。从这些课程设置来看，华北神学院并没有走上基要主义者的"自我封闭"之路，而是在坚持基要真理的前提下，也注重参与本色化建设和自立合一运动。

四、华北神学院的活动

　　一般的印象是，基要派虽然属灵，但却保守封闭，为了不受新神学的影响，绝少参加一些社会活动。事实上基要派也参与一些社会事业，只是没有像自由派一样缺少基要前提，甚至在不知不觉中迷恋于社会工作，而取代或忘却了最初的福音目的。华北神学院开展的一些慈善等社会活动，都仅仅的围绕传福音展开。布道活动一般在学校周围开展，分组进行，工作的主题分为查经班、儿童主日学、男布道部和女布道部。起初并没有固定的布道区域，1934 年春，山江区会将滕南铁路两侧共 58 个村庄划为滕县华北神学院的布道区。学院也将师生分为 16 个组，上午 7 组，下午 9 组，在主日时外出布道训练。他们深入监狱、麻风院等地布道，为病痛中的人带去心灵的安慰。华北神学院还积极参与当地的慈善活动，如救助麻风病人，在 1941 年，麻风院布道组共向麻风病人捐助了"洋联币二千二百三十元四角九分"[20]滕县麻风院在此前有 130 多人需要救助，负责救助的麻风院董事长就是当时任华北神学院院长的张学恭。即便是后来因困难，救助董事会解散，但是救助并没有停止，神学院的师生通过劝捐等方式维持了对于危重病人的救助。[21]华北神学院在自身经济困难的情况下，积极救助麻风病人，其动机首先的遵从耶稣"爱"的教导，同时，也是希望通过这种社会活动，让这些处于绝望中的病人体会到福音的大能和慈爱。

　　华北神学院的教师不仅在院内培养神学生，而且经常到周围讲经布道。活动范围涉及鲁南、苏北、皖北、豫东等地，如"华北神学院副院长张学恭氏，

---

19 韦格尔视察团：《培养教会工作人员的研究》，第 57 页。
20 《山东滕县华北神学院麻风布道组收付救济麻病捐项报告》，刊于《真光》杂志，第 40 卷第 11 号。
21 《节录华北神学院布道组来函报告滕县麻风病院救济近况》，刊于《真光》杂志，第 40 卷第 7 号。

慨允淮安教会于该院寒假之暇，宰来淮安负责襄助查经事工。"[22]"怀远（安徽）教会，近年以来，甚有进步。去年夏令会，敦请华北神学院副院长张仲温牧师主讲。去冬退修会，特请李天禄博士讲，均获胜利。今夏复请华北神学院教授丁蓝田牧师主讲，教会同工，学校医院同道，五十余分堂信徒之代表，约四百余人，又得一番造就"[23]。由此可见，基要派兴办教育事业的目的不在于教育本身，而在于传播福音，从事教育只是传播福音的一个手段而已。这些基要派的教师们一刻也没有忘记自己传教士的身份，也从没有把自己仅仅定位在一个教师或者是一个社会工作者。他们的目的是要为上帝拯救灵魂，而并不如自由派那样醉心于社会事业的发展。

更能体现华北神学院基要派立场的活动是联络组织成立了中华基督长老教会和中华基督教会联合会。1929年11月，山东和江苏的五个区会、东北的加拿大长老会差会和基督教改革宗差会的代表聚集在滕县华北神学院内，商讨成立了中华基督长老教会总会，副校长贾玉铭当选为会长。同时，为了对抗协进会的自由主义神学影响，与会代表和另外来自美国南北长老会差会、美南浸信会、美国路德宗差会和门诺会等十几个差会、教会代表共同成立了中华基督教会联合会，下设执行、宣传、经济、奋兴、书报和教育委办会。贾玉铭在这些会议的组织和联络中起到了重要的作用，并且负责执行和书报两个委办的事务。1932年6月，中华基督教会联合会第二次大会于份再度在滕县召开。另外华北神学院还大力支持奋兴布道会，推动复兴运动，"宋尚节曾在滕县数次举办布道会，华神师生多有参加"。[24]这些活动都体现了华北神学院对中外基要派活动的支持。

华北神学院属于基要派的阵营，坚持神学的保守立场，反对自由主义神学。在1920年3月召开的华北神学院临时董事会会议上，该校的办学方针就规定：第一，教授建立在上帝之道中的基督教会的基本教义；第二，强调《圣经》是信仰与实践唯一有效的准则；第三，在神学、圣经评判学和释经学等方

---

22 《淮安冬季查经班预闻：华北神学院张学恭旧地重游》，刊于《通问报》，1935年12月第50号，第18页。

23 《怀远夏令会五十余支堂参加：华北神学院丁蓝田主讲》，刊于《通问报》，1936年9月第36号，第15页。

24 姚西伊：《为真道争辩——在华基督新教传教士基要主义运动（1920-1937）》，香港：宣道出版社，2008年，第173页。

面，坚持保守主张。这些规定充分贯彻了其基要派的神学立场。华北神学院非常强调《圣经》的权威，将《圣经》置于学院教学的核心地位。1924 年在发表的一份声明中，特别指出了《圣经》的权威地位：我们无条件地相信正统教会所接受的全部《圣经》，即新《旧约》所包含的六十六卷。我们相信，《圣经》中的所有纪录都是在圣灵的引导下完成的。我们相信，它所记载的历史是真实的历史，它所记载的神迹千真万确，先知的预言是确定无疑的预言，它的教训是信仰与生活唯一且至高无上的准则。针对当时流行社会服务的潮流，华北神学院主张，教会的唯一目的是传福音，传教士来到中国的目的就是让中国人认识基督，达到这个目的的最好办法是直接地宣讲福音。赫士甚至指出，主张社会服务、强调社会改革是基督教宣教事业面临的最大危险。华北神学院在礼堂祝文中还宣称："教会的兴衰，关乎牧师道心的冷热和道学的浅深，要想有兴旺的教会，必得先造就有热心有道学的牧师，但想有热心道学的牧师，又必得有讲真理重灵修的神学校。这几年来，教会上出了什么新思潮，立了什么新神学，在真理上有什么新观念，对于圣经有了什么新批评，本来愚拙，反自以为聪明，真是教会的一大患事。幸亏教会的元首我们的主耶稣基督，早有安排打算，使遣主持正义的华北神学，能立起来作为中流砥柱，校长教员都有纯正信仰，本着圣经真理，造就教会有用的人才。"[25]

华北神学院虽然属于基要派的阵营，但并非不关心国家政治。1936 年西安事变传到神学院，全体师生立即横切祷告："当次国家正向复兴道路迈进之时，而受此大挫折，怎不令人伤心。学校当局乃宣布停课一日，专为国家及蒋委员长祷告。"[26]华北神学院在抗战时期也积极的关怀抗战将士，鲁南大战时，华北神学院曾广泛组织发动师生为抗战的将士捐献衣物及日用品，这"乃要证实我们基督徒爱国并不落人后，而且我更敢相信凡真有基督精神的中国人，没有不各位爱护国家的，真有基督精神的外国人，也没有一个不十分同情中国抗战的。"[27]属灵派"超政治"的神学误区并没有在华北神学院流行。另外，神学院的基要主义倾向也没有演变成为对中国传统文化的盲目排斥。滕县距离曲阜较近，尝有学生以"曲阜为孔子故里，亦为中国文化发源地，中外人士，莫

25　《华北神学礼堂祝文》，刊于《通问报》，1924 年 3 月第 50 号，第 43 页。

26　《华北神学弘道两院停课为国哀祷 蒋委员长被围张学良叛国》，刊于《通问报》，1936 年 12 月第 49 号，第 5 页。

27　《鲁南大战时的华北神学》，刊于《田家半月报》，第 5 卷第 24 期，第 11 页。

不欣喜往游"[28]为由，组织同学春游，得到学校的支持并代办学生旅行半价票。在游玩的过程中，也没有发生文化上的隔阂。由此可见，华北神学院的师生在信仰上虽然接受基督真理，但在心理上也没有狭隘的排斥中国传统文化，基要派神学立场并没有必然导致极端的普世主义和自我封闭、盲目排斥。

（选自《枣庄学院学报》，2016 年第 6 期）

---

28 褚仲遂：《华北神学院旅行团春假日游曲阜志略》，刊于《通问报》，1935 年 5 月第 17 号，第 14 页。

华北神学院的北美风波（1946-1952年）

姚西伊

众所周知，华北神学院（以下简称"华神"）是中国近现代基督新教历史上一所影响极为深远的神学教育机构。近十余年来，历史学界对它的历史的发掘和研究取得了相当的进展。[1]今年恰逢华神百年华诞，更值得华人教会界和学界的纪念。

作为一所在国际基督新教基要主义运动兴起的大背景之下，由中国本土长老宗教会和美国南、北长老会合作兴办的保守派神学院，华神的历史比较深刻地突显了二十世纪上半期国际宣教运动和中国基督教群体之间的互动关系，也印证了华人教会乃普世基督教运动之有机组成部分的事实。

华神自 1919 年创校至抗战全面爆发是其历史当中最辉煌的时期。由于其创校院长赫士对学校的长期领导和掌控，这段时期又可称之为"赫士时代"。总的来说，学界对这段时期的关注较多，对其的梳理和研究也相对更全面和透彻。1944 年，赫士本人死于日本人在山东潍县办的集中营。次年二战结束，华神可以说进入了一个"后赫士时代"。在战乱的压力之下，华神虽在 1946 年年初在徐州复课，但两年之后被迫南迁至无锡，并终于在 1952 年年底并入金陵协和神学院。可以理解，这段短暂和动荡的时期迄今为止受到的学界关注相对较少。

---

1 参看拙作：《为真道争辩——在华基督新教传教士基要主义运动，1920-1937》，香港：宣道出版社，2008 年，第五章；"The North China Theological Seminary: Evangelical Theological Education in China in the early 1900s." In *Interpreting Contemporary Christianity: Global Processes and Local Identities*（Series: Studies in the History of Christian Missions），eds. Ogbu U. Kalu and Alaine Low，Grand Rapids，MI: William B.Eerdmans Publishing Company，2008；赵曰北编：《历史光影中的华北神学院》，香港：中国国际文化出版社，2015 年。

其实，在这短短六年左右的时间里，华神如同很多基督教在华机构一样经历了很多。一方面，它在中国大陆艰难求存，在西教士和中国教会的带领下力争完成其使命；另一方面，它在大洋彼岸的众多支持者为了它的浴火重生而殚思竭虑，甚至彼此之间发生了一系列的分歧，进行了一系列的磋商。而这所有的一切都颇有意义，颇能说明问题。透过它们，可以让我们再一次认识华神的办学初衷和异象，认识华神作为一个机构的特质、秉性和身份认同。从而可以帮助我们更好地关照和理解华神的全部历史。

正因为如此，本文把关注的焦点放在这"后赫士时代"华神历史中的北美部分上，通过梳理和分析华神美国董事会、美北长老会海外传教差会部和传教士之间的三角互动关系，来揭示他们所关心和争论的几个主要问题，来突显其中所涉及的神学和组织张力，以求说明当时在北美支持教会和中国传教工场中存在的对华神身份、未来道路及其与中国教会群体之关系的不同见解。在华神的历史中，就西差会的作用和角色来说，美北长老会要超过美南长老会。这种格局在"后赫士时代"没有根本改变，故本文主要聚焦在前者身上。

一、二战结束后华神及其北美支援系统的演变

在抗战全面爆发之前，华神的发展可以说处于最佳状态。1938 年春日军侵占滕县后，华神即处于日伪当局的钳制之下。1941 年年底太平洋战争爆发。次年春，在滕县的英美传教士全部被羁押，校区被日伪当局全面接管。教学虽未完全中断，但已大受影响。[2]部分校友和教授，包括美南长老会的传教士何赓诗（Martin Hopkins，1889-1964 年）纷纷聚集到西南大后方。[3]1945 年 8月日本宣布投降之后不久，华神部分师生即在时任院长张学恭的带领之下在滕县开始了复校的动作。[4]但因内战烽火又起，时局极其动荡，且华神校园已

---

2 参看赵曰北编：《历史光影中的华北神学院》，第 116-124 页。

3 关于何的宗派归属，参看"Foreign Missionaries of the Presbyterian Church in Active Service" in *The Presbyterian Survey*，例见该刊 1944 年 9 月号，第 367 页。但他有时也会被美北长老会列为华北神学院同工。例见 American Presbyterian Mission：*Tenghsien Station Annual Report*，June 30，1930-June 30，1931，Shanghai：Presbyterian Mission Press，第 1 页；Carroll Harvey Yerkes Papers，Yale Divinity Library，RG153，第 2-28 页。

4 参看"Foreign Missionaries of the Presbyterian Church in Active Service" in *The Presbyterian Survey*，第 125 页。

遭战乱严重毁坏，华神已无法再在滕县立足。何赓诗于 1945 年 11 月自重庆
辗转抵达江苏徐州，得到在当地宣教多年的美南长老会差会的大力支持。次
年 3 月，华神在徐州复课。不久，另一位曾在华神任教的美北长老会传教士
高晤生（Kenneth M. Kepler，1906-1999 年）也来到徐州。[5]徐州的条件虽然
很有限，且学生人数很少，但华神一直在徐州坚持到 1948 年夏。在这个过程
中，华神的董事会也恢复活动，从 1946 年 5 月之后，多次开会商讨。[6]美北
长老会差会部、中华总差会和山东区差会的负责人也曾与会。[7]随着内战战事
的发展，华神又被迫再次考虑南移，先是考虑过苏州，[8]后又曾考虑迁址上海
与江湾圣经学院（Kiangwan Bible School）或中华神学院（China Bible
Seminary）合并，[9]最终决定迁至无锡，并在那里购置了校园。之后，华神处
境相对稳定，师资队伍有所加强，美北长老会的毛克礼也于 1948 年 11 月重
返华神。[10]学生人数一度达到 90 位。1950 年曾有毕业生 15 人。[11]但这种状
况也未能长期延续。随着"三自爱国运动"的推进，华神在 1952 年年底成为
了金陵协和神学院的一部分。从此，它作为一家独立神学院的历史终于划上
了句号。

战前，华神的海外财务支援主要由赫士等人的独立筹款和美北、南长老会
差会部的补贴两部分组成。大战刚刚结束，这两个部分立即动员起来，开足马
力投入到支援华神重建的运动当中。当时总部位于纽约市的美北差会部立即
派人到中国实地调查各传教区的损失和需要，接着又设立了"战后重建基金"
（War Restoration Fund，以下简称"重建基金"），用于帮助饱受战乱的国家和
地区教会事工的恢复。美北长老会为此在本宗派系统内发起了筹款运动，各基
层教会都有为此项目捐款的目标和定额，该基金的总目标定在 2 千 3 百万美

5　参看 Donald MacLeod：*For One Brief Moment: A Chinese Reformed Seminary's Attempt to Re-establish and Prepare for 'Liberation,'1944-1950*（未刊稿），第 3 页。

6　参看 Martin Hopkins to Llyod Ruland, July 16, 1947, Presbyterian Church in the U.S.A. Board of Foreign Missions, Secretaries' Files（以下简称 PCUSABS）,RG82, 66-2, Presbyterian Historical Society，Philadelphia, Pennsylvania, U.S.A.

7　参看 Llyod S. Ruland to Richard N. Stroman, June 25, 1947, PCUSABS, RG82, 66-2; Llyod S. Ruland to Richard S.Stroman, September 2, 1947, PCUSABS, RG82, 66-2.

8　Kenneth Kepler to Edwin Walline, September 20, 1947, PCUSABS, RG82, 68-2.

9　Edwin Walline to Lloyd S. Ruland, January 23, 1948, PCUSABS, RG82, 66-14.

10　同上，第 5 页。但是高晤士与毛克礼均未能长期留在华神任教。何赓诗是唯一长期留守，坚持到最后阶段的西教士。

11　赵曰北编：《历史光影中的华北神学院》，第 131 页。

金。美南长老会海外传教执行委员会（以下简称"海执会"）的行动也相当迅速，其主要领导人都在 1946 年内亲赴中国实地考察。[12]

华神作为一家因着对自由主义神学影响不满而由中国教会和赫士等保守派西教士联合自行创立的神学院，在战前即很快在北美基要派阵营内名声如日中天，甚至获得了"中国的西敏神学院"的称号。而赫士等人长期地在北美保守派长老教会中的耕耘造就一个坚定支持华神的教会网络。[13]大战期间，这批教会初衷未改，始终关心着华神。战事尚未结束，这个系统就已经行动起来，在 1942 年 12 月 28 日正式成立了华北神学院美国董事会（以下简称"美董会"），总部设在费城。这个董事会成员包括一批美北长老会有影响力的牧师和平信徒，负责在战争期间和战后在北美教会内为华神推动和筹款。1949 年春，这个董事会共有成员 30 人，选举产生 6 位理事。[14]据说，至 1947 年年初，来自美国各地长老会给华神重建的捐款或认献金额已经达到十万美金。[15]差会部的"重建基金"成立后，各教会奉献指定支持华神的款项均交给该基金，由该基金分发调拨。按照当时的安排，这项奉献可以算作各教会完成"基金"奉献定额的一部分。[16]可见，华神及其北美支持者在战后的行动不可谓不快，力度不可谓不大。但是随之形成的组织系统也不可谓不复杂。总体来看，在决定华神的未来走向上的决策机制上，形成三大板块或三大势力。一是在纽约的美北长老会差会部，一是在费城的华神美国董事会及其背后一批支持华神的美国教会，一是在华主持华神日程运作的董事会和西教士。从 1946 年至 1952 年这短短的六年之内，这三大板块时有合作，时有摩擦，时有商讨，时有妥协，可谓度过了极为不平静的六年。而在这复杂的互动当中，华神从创校开始就陆续累积下来的一些深层次问题和矛盾，也再次浮上了台面。

---

12 G.Thompson Brown: *Earthen Vessels and Transcendent Power, American Presbyterians in China, 1837-1952*, Maryknoll, NY: Orbis Books，1997 年，第 289-290 页。

13 参看拙作：《为真道争辩——在华基督新教传教士基要主义运动，1920-1937》，第 138-143 页，第 164-165 页。

14 Horace G. Hill to Llyod Ruland, May 19, 1949, PCUSABS, RG82, 67-3.

15 Kenneth Kepler to Walline, February 22, 1947, PCUSABS, RG82, 66-2.

16 参看 Donald MacLeod: *For One Brief Moment: A Chinese Reformed Seminary's Attempt to Re-establish and Prepare for 'Liberation', 1944-1950*（未刊稿），第 4 页；Richard Stroman to Llyod Ruland, June 11, 1947, PCUSABS, RG82, 66-2.

二、不简单的财务纠纷和磋商

战后华神在北美引起的风波最初是由财务上的分歧而引起的，表面上也是始终围绕着财务上问题而展开的。1945-1946 年间，北美长老教会内为华神筹款的运动轰轰烈烈地起步。随着一些教会陆续开始向"基金"转交筹得的款项，在如何使用资金的问题上一些教会与差会部之间开始产生了分歧和争论。

早在 1947 年初春，美国明尼苏达州的 Kerrick, Union Church of Duluth Presbytery 捐款 405 美金，指定用于帮助华神。美北长老会差会部显然觉得有必要向该教会解释该项资金为何存在"重建基金"中迟迟没有交付给美董会，于是由负责中国事务的干事 L. S. 卢兰德（Llyod S. Ruland）于四月致信该教会。他给出的主要理由是差会部只有在华神制定出明确的重建和未来发展计划，而差会部在决定了是否继续参与华神未来的事工之后，才能把该款项转交给华神。但是，华神所服务的区域目前处于中共占领之下，当地教会和有关负责各方无法制定出任何明确的未来计划。而在徐州复课的华神只是应急措施，只能提供临时的服务，因此差会部拨款的条件尚不具备。卢兰德最后称："如果该项资金最终无法用于华北神学院的重建，则差会部会与捐款人商议把该项奉献用于差会在华重建工程内的其他项目。"[17]显然，差会部对华神现状的评估及其拨款政策机制决定了它无法迅速地把款项交到华神的手中。这与华神在北美那些坚定支持者的期待之间存在着明显落差。

果不其然，1947 年 3 月 26 日，差会"重建基金"收到了费城区会 Third Presbyterian Church of Chester 捐给华神的 1，200 美金。"重建基金"在复信中提到，在华神的未来计划明确之前，这笔钱款将会由差会保存。该教会对此此答复颇为不满，乃由其牧师 R. N. 斯特罗曼（Richard N. Stroman）于 5 月中旬致信差会部，要求立即把钱款转交给美董会。[18]5 月 19 日，卢兰德致信斯特罗曼，重申了差会部使用"重建基金"的政策："给重建基金的奉献，如果用于东亚经过战乱的地区基督教事工的恢复，就不能用于资助任何机构目前的运作支出，而是要保存下来，直到设施的恢复计划已经完备，差会部与该机构的合作决定已经作出为止。"卢兰德认为，以华神原来所在区域的状况，当地中国教会几乎不可能就华神的未来讨论和制定长远计划。而且华神原校区损坏严重，而华神是否在原址重建，或另择新址都无定论。徐州的临时性华神不符

---

17 Llyod S. Ruland to H.J.Borglund, April 15, 1947, PCUSABS, RG82, 66-2.
18 H. A. Dalzell to Lloyd S. Ruland, May 15, 1947, PUCUSABS, RG82, 66-2.

合"基金"资助条件。故该教会的捐款目前只能保存在"基金"当中。

同时，卢兰德又试图给该教会一线希望。他告知对方，南、北长老会差会的代表和当地中国教会派驻华神的董事即将开会，有可能就华神的未来提出一些意见。但他又称，以当地局势的混乱而言，重建的希望实在渺茫。按照差会的政策，即使华神董事会提出了明确的重建计划，也要经由差会在华的建筑设计师 R. L. 克雷顿（Roy L. Creighton）的批准，方能实施拨款。[19]

斯特罗曼收到卢兰德复信后与该教会领袖进行了讨论，结果大家对差会的反应极为失望。6 月 11 日，斯特罗曼写了一封信给卢兰德，不满之情溢于言表。在信中，斯特罗曼多次强调该教会与华神的特殊关系，称早在"重建基金"创设之前，他们就已经关注华神，并定期为之筹款奉献。他本人更是深受赫士的生命见证的鼓舞，渴望这家受人爱戴的神学院获得必要的资源和鼓励，以便继续下去。他并直截了当地指出，华神的恢复决定只能由中国的长老教会和董事会在中国作出，不应由纽约的差会部代劳。差会部也不需要作出未来是否继续参与华神合作的决定。他进一步指明，其实该教会与华神美国董事会和在华传教士保持着经常的联系。据他们的告知，华神的原校区并未遭到严重损毁，故卢兰德所言不实。斯特罗曼最后要求差会立即把该教会捐款转交给华神美国董事会，否则，该教会只能开出另一张支票直接送抵华神美国董事会。[20]

两周之后，卢兰德回复斯特罗曼。他除了坚持前述的立场和差会的政策之外，表白差会一向尊重华神，他个人一向视赫士为良师益友。他也承认华神处于在华的董事会的直接领导之下，差会部并不正式参与该机构的任何策划。但强调因为涉及差会部"重建基金"的拨款问题，所以差会部有权按照既定政策行事。他接着透露，差会部已经委任 R. A. 托雷（Reuben A. Torrey）为中国"重建基金"的驻华专员，一切在华的运作，包括重建基金何时发放均由托雷与一个中国重建委员会（China Restoration Committee）决定。明显针对美董会的特殊角色，卢兰德特别强调差会部的资金发放一向通过美北长老会中华总差会（China Council）驻上海的司库进行，再由该员转发给有关机构或个人。这样，差会部可以确保追踪资金的运用。但差会部并不放心授权给另外一个北美的单位来处理这类事务。[21]

19 Lloyd S. Ruland to Richard N. Stroman, May 19, 1947, PCUSABS, RG82, 66-2.
20 Richard N. Stroman to Llyod S. Ruland, June 11, 1947, PCUSABS, RE82, 66-2.
21 Llyod S. Ruland to Richard S.Stroman, June 25, 1947, PCUSABS, RG82, 66-2.

卢兰德的回答显然触及到一系列决策程序和体制问题。这引起了斯特罗曼的进一步反弹。在 7 月 11 日的复函中，斯特罗曼表明他从美董会得到的信息与差会部的说法有很大差异。按照美董会的说法，华神在行政上并非由差会部运作，因此华神的重建与克雷顿和托雷均无关。[22]几乎两个月之后，卢兰德才复信给斯特雷曼。在信中，他承认差会部目前只负责管理在北美筹得的华神重建资金。但婉转地坚持，克雷顿和托雷均有权提出建议。[23]

卢兰德与斯特雷曼之间的交锋并非孤立事件，而反映了当时围绕着华神重建问题在美北长老会内部产生的一个普遍矛盾。即支持华神的美国教会迫切希望把他们的捐款尽快交到华神手上，而差会部却以政策和形势为由迟迟不予办理，致使资金闲置在“重建基金”内。这自然招致了众教会的不满，而美董会在这场争执中站在众支持教会一边，对争执起了推波助澜的作用。在双方都不愿让步的情况之下，这场僵局在 1948 年和 1949 年均未得到解决。与此同时，美董会、差会部和在华传教士（何赓诗、高晤生和毛克礼）之间保持着频繁联系，就华神的运作和方向、政策、体制和经费等问题进行内部沟通。而差会部和美董会在各自权限范围内都有所动作。譬如前者在 1948 年年初决定为“重建基金”内可以接受的华神指定捐款设限，最高金额不得超过 4 万美元。[24]而后者则在华神迁校无锡时，曾动用它在以前为华神的日程运作所筹得的存款 2 万 5 千多元帮助华神搬迁，购置和修整新校区，添置设备等。[25]

多年来，华神美董会的司库 H. G. 赫尔（Horace G. Hill）一直是该机构的灵魂人物。至 1949 年春季，他主动造访卢兰德，试图打破僵局。他比较全面地了解了后者的看法之后，向美董会领导层做了详细汇报。[26]经董事会同意，他力邀卢兰德和美南长老会海执会的负责人 C. D. 富尔顿（C. Darby Fulton）

22 Richard N. Stroman to Llyod S. Ruland, July 11, 1947, PCUSABS, RG82, 66-2.
23 Llyod S. Ruland to Richard S. Stroman, September 2, 1947, PCUSABS, 66-2.
24 Chinese Letter of the Board of Foreign Missions #272, January 19, 1948, PUUSABS, RG82, 66-1.
25 Horace Hill to Llyod Ruland, November 10, 1949; Horace Hill to Llyod Ruland, December 12, 1949, PCUSABS, RG82, 67-3.同时期，华神也曾从其他渠道获得过资助。譬如美北长老会中华总差会曾多次拨出小额款项资助华神，特别是其奖学金。（参看 Minutes of the 34th Annual Meeting, China Council of PCUSA, 1948, p52, RG82, 66-10; Minutes of Meetings of April 5, 6.7, 1949, Ad Interim Committee of the China Council, p37, p74, RG82, 67-4）迁校无锡时，何赓诗也曾从美南、北长老会各收到一千元美金。（Hill to Ruland, December 12, 1949）可见外来支援力度之大。
26 参看 Horace Hill to C. E. Macartney and others, April 14, 1949, PCUSABS, RG82, 67-3.

出席美董会 1949 年 6 月 2 日在费城召开的年会。[27]这次面对面的沟通证明是双方关系的一个转折点。按照 Hill 的说法，这次会议澄清了很多误解，非常令人"鼓舞和振奋。"双方在华神的未来方向和组织架构上达成了共识，并委任赫尔带领一个特别委员会起草华神未来行政领导架构的重组计划。[28]之后，美董会与差会部的关系持续改善，卢兰德甚至应邀以个人身份成为了美董会的成员。[29]

这次会议之后，差会保留教会为华神所奉献的资金的问题并未马上得到解决。譬如纽约州 First Church of Schenectady 即向赫尔质询和抱怨为何他们捐出的 7，400 美元迟迟未得使用。[30]连何赓诗也直言对为华神指定奉献滞留"重建基金"的不满。[31]Hill 因此多次敦促差会部要改变做法，说"我本人并不喜欢让资金闲置，而我相信一定可以找到办法按照捐款人的意愿把资金为主的工作而用。"[32]这样的改变"将大大有助于恢复众教会对差会部的信心。"[33]然而，美董会与差会部总体关系的改善为捐款问题的解决创造了良好气氛。卢兰德和差会部的态度开始软化，1949 年年底和 1950 年年初，开始陆续向美董会转拨"重建基金"内积存的为华神捐款。这其中包括斯特罗曼教会所奉献的 1，200 美金。[34]至 1951 年初，何赓诗离华，华神已没有西教士参与工作。美董会的捐输也随之停止。但美董会继续鼓励美国教会关心和支持华神，继续为未来可能重返的机会捐助。[35]

至此，围绕着为华神所筹款项的争议可以说基本结束。值得注意的是，这场争端开始之初，是由美董会、美国支持教会和在华传教士为一方对阵美北长老会差会部。但到争端结束之时，美董会却与差会部走得很近。在整个争端中也暴露出了有关各方在华神领导权和未来走向上的微妙分歧，而这些分歧并未随着资金争端的化解而化解，反而有越演越烈之势。

---

27 参看 Horace Hill to Llyod S. Ruland, May 19, 1949, PCUSABS, RG82, 67-3.

28 Horace Hill to D. Kirland West, June 3, 1949, PCUSABS, RG82, 67-3.

29 Llyod S. Ruland to Clarence E. Macartney, November 24, 1950, PCUSABS, 67-14.

30 Horace Hill to Llyod Ruland, November 10, 1949, PCUSABS, RG82, 67-3.

31 Horace Hill to llyod S. Ruland, October 13, 1949, PCUSABS, RG82, 67-3.

32 Horace Hill to llyod S. Ruland, October 13, 1949, PCUSABS, RG82, 67-3.

33 Horace Hill to llyod Ruland, December 12, 1949, PCUSABS, RG82, 67-3.

34 参看 Hill to Ruland, December 12, 1949; Horace Hill to Llyod S. Ruland, December 20, 1949, PCUSABS, RG82, 67-3; Llyod S. Ruland to Horace Hill, January 19, 1950, PCUSABS, RG 82, 67-14; Llyod Ruland to Horace Hill, April 11, 1950, PCUSABS, RG82, 67-14; Ruland to Macartney, November 24, 1950.

35 Horace Hill to Llyod Ruland, June 12, 1951, PCUSABS, RG82, 68-2.

三、体制之争：谁来主导？

从华神创校伊始，该校的身份和地位就有些模糊和矛盾。一方面，华神是由中国教会和赫士等西教士自发创立的，未经纽约差会部的批准。"从建立之初，华神的正式身份便是属于山东和江北中国长老教会，并归其领导的神学院。"[36]华神的董事会也由中国教会推选，华人在其中占多数。而且，曾颇令差会部恼火的是，赫士等人越过差会部直接与北美一批北长老教会建立了关系，发展了一个直接支持华神的网络。[37]因此，华神无论从行政上和财务上都是独立的。另一方面，赫士作为创校院长，德高望重，是华神上升和全盛期的绝对灵魂和权威人物。加上因从北美筹款而在很大程度上掌握了学院经济命脉，故西教士和西差会实际上对华神的决策拥有较大的话语权。1922 年，华神迁入新校址后，赫士为了避免以后可能出现的校址遭受战乱等因素破坏的风险，在未取得华神群体和纽约差会部一致同意的情况之下，便以差会部的名义把华神向美国驻山东领事馆做了登记。[38]而差会部后来也默认了华神的存在，把他看作美北长老会山东事工的一部分。虽然差会部并不在财务上常规性地支持华神，也不干预华神的日常运作。[39]但却常年差派和支持赫士等西教士在华神工作。这一切都造成了华神与差会部的微妙关系，以及华神身份的重重疑团和潜在危机。

到了战后的岁月时，这些危机终于藉由"重建基金"的争议而再次爆发出来。当部分捐助华神的美国教会在 1947 年开始质询差会部为何迟迟不向美董会转交款项时，差会部列出了一系列理由，其中包括差会部必须先看到华神的长远重建规划，并作出继续与华神合作的决定之后，才可以发放所收的款项。这就触及到了华神的归属与控制的问题。所以马上招致了部分教会与华神美董会的反弹。

---

36 拙作：《为真道争辩——在华基督新教传教士基要主义运动，1920-1937》，第 158 页。

37 参看拙作：《为真道争辩——在华基督新教传教士基要主义运动，1920-1937》，第 168-169 页。

38 拙作：《为真道争辩——在华基督新教传教士基要主义运动，1920-1937》，第 167 页。

39 华神在整个差会系统中的地位类似于"编外单位"。它由一个独立董事会运作，差会除了支持个别传教士在那里工作和部分长老会神学生外，对其人事、财务、教学等基本从不过问。（Minutes of the Annual Meetings, Shantung Mission, Yale Divinity Library, Digital Collections。）

在斯特罗曼给卢兰德的信件中，即多次指出在向美董会咨询之后，他们认为华神原本是由美南、北长老会与中国教会一同创立，由设在中国的董事会管理的机构，而美北长老会差会部并无管辖权。因此，差会部不应插手华神未来的规划。[40]面对来自美董会和教会的不断质疑和批评，卢兰德不得不一再承认和澄清华神始终在它自己的董事会的控制之下，因此差会部严格来说并不参与华神的规划程序。然而，差会部所管理的"重建基金"毕竟有它自己的管理政策，差会部只是在按照政策来管理和发放资金。[41]从表面看起来，差会部与美董会似乎并无根本分歧，二者都承认华神属于中国教会的基本定位。卢兰德甚至说过华神由中国教会拥有"本该如此"。[42]但是，差会部借着资金管理和发放权实际上始终没有放弃，甚至放松对华神事务的干预。所以才有了在为资金发放设置种种前提条件之后，又设立了由 T 托雷带领的所谓"中国重建委员会"和克雷顿的建筑师审批权。

对差会部来说，华神作为一所自行创立，有自己的中国和美国董事会的神学院始终是一件令人警惕的事情。1930 年代初，美北长老会内基要派在梅钦（Gresham J. Machen）带领之下分裂出去，自行设立长老会海外传教独立差会部的历史可谓记忆犹新。[43]华神美董会深知此历史旧创，因此才一再向差会部表白："无意成为一个与我们的差会部竞争的独立差会，其唯一功能就是协助中国董事会筹措和保存资金。"[44]

与此同时，由何赓诗带领的在华西教士和中国董事会也在决定华神未来的问题上发出自己的声音。1947 年 6 月 27 日，何曾致信卢兰德，告知他当月10-13 日，华神中国董事会召开了自 1940 年之后第一次正式会议，有 10 位成员与会。美南、北长老会驻华差会的负责人均有出席。何此言的目的明显是为了证明当时已经在徐州复课的华神就是战前的华神。因为他听说有人在北美教会散布谣言，说徐州的"华神"是一所新校，并非滕县原初的那个华神。何对此十分不满，极力向卢兰德澄清。何接着指出，中国董事会打算只要条件许可，立即把华神迁回滕县。但目前当地的乱局使得华神近期内迁回原址几乎成

---

40 参看 Stroman to Ruland, June 11, 1947; Stroman to Ruland, July 11, 1947.

41 参看 Ruland to Stroman, June 25, 1947.

42 参看 Ruland to Stroman, June 25, 1947.

43 参看拙作：《为真道争辩——在华基督新教传教士基要主义运动，1920-1937》，第262-263 页。

44 Stroman to Ruland, July 11, 1947.

为不可能。最后，该次会议议决，要求教授团立即按照中国政府的法规寻求把神学院的财产登记注册，这样中国的教会才能真正成为合法的财产持有者。按照何的看法，当年赫士未经华神教授团和董事会同意就自作主张把华神财产登记在美国差会部名下是错误的，现在必须予以纠正。[45]从何与董事会的这个动作可以看出，他们的立场是要强化中国董事会的权威和地位，贯彻本土化的路线。在当时鲁南苏北，乃至全国局势动荡，西教士返华不易的形势之下，这个立场非常容易理解。这也反映在华神教授团的恢复和建设上面。据何赓诗所言，华神曾在 1941 年即决定资助一名华人教师赴美培训。但因战事爆发，迟迟未能实现。至此，何旧事重提，明确告知差会部他们准备派遣胡茂发（字敬武。何信中所列英文名为 Hu, Ching Wu 1898-1997 年）赴美。[46]同时，何还曾在 1947 年夏致信美北差会部，大声疾呼要求把高晡生和毛克礼正式派到华神任教。但未得差会部积极回应。[47]

　　1947 年年底至次年上半年这段时间，何赓诗与中国董事会加强中国方面控制权的努力进一步升级。这些努力的最终结果是华神董事会方面出台了一份改革和完善华神领导机制的重组草案。按照此草案，华神未来会成为一所的独立长老会神学院，"不受任何差会或中国教会组织的直接管辖。"而其董事会自我独立运作（self-perpetuating），其成员的提名、批准和任命之权只归属董事会。[48]非常明显的，这个草案把美北差会部系统和美董会统统排除在华神决策权之外，目的在于把华神的领导权牢牢地掌握在华神背后的当地教会和差会手中，减低华神受制于外来影响的风险。

　　毫不奇怪，草案立即引起了各方面的反弹。先是美北长老会中国总差会在 1947 年的年度会议上曾讨论华神的未来，鼓励华神继续在华北地区开展其事工，主张其董事会应由该地区参与的中国教会代表和任何出人或出钱的差会代表共同组成，这些代表直接或经由中国教会的机制推选出来。这样就等于否定了华神董事会自选自任的权利，而肯定了当地教会和差会的代表权。[49]到了

45 Martin A. Hopkins to Llyod S. Ruland, June 27, 1947, PCUSABS, RG82, 66-2.

46 同上。参看赵曰北编：《历史光影中的华北神学院》，第 133 页。

47 参看 Martin A. Hopkins to Llyod S. Ruland, July 16, 1947; Llyod S. Ruland to Martin A. Hopkins, September 3, 1947, PCUSABS, RG82, 66-2.

48 参看 Minutes of the 34th Annual Meeting of China Council of PCUSA, 1948, PCUSABS, RG82, 66-10, pp136-137.这其实是战前安排的继续。参看前注 39。

49 参看 Minutes of the 34th Annual Meeting of China Council of PCUSA, 1948, PCUSABS, RG82, 66-10, pp136-137.这其实是战前安排的继续。参看前注 39。

1948 年的年会，总差会在审议了华神的草案之后，明确表示此草案不可接受。主要理由是总差会认为，任何神学教育项目必须明确地与它服务的教会群体联系起来，而该草案却淡化甚至割断了华神与它的合作伙伴和服务对象的联系。华神办学的初衷是在长老会差会和教会的密切配合之下，立足山东，服务华北乃至全国。如果丧失了这个初衷，华神变成一个地处中国南方、独立自主的神学院，则美北长老会无法继续支持。总差会甚至呼吁，"重建基金"应暂停大笔资助华神，直到华神最终迁回华北旧地。[50]

总差会的意见得到了纽约差会部的认同和呼应。1949 年 4 月，赫尔造访卢兰德时，后者表示，何赓诗提交的这个华神重组方案自动地把华神置于与中国很多独立圣经学校一般的位置，而差会部一向不参与这类事工。他不认同华神董事会自选自任，排除外来权威的做法。而何赓诗并未与南、北长老会驻华差会的领导层合作，制定出一个各方都满意的切实可行的重组方案。卢兰德甚至认为，何是个有野心的人，他要篡夺华神的大权，成为当代的赫士。赫尔则力辩他个人和美董会决无意成为北长老会内自行其是的分裂因素，称也许何在没有明确得到指示和足够帮助的情况之下，不得不自行采取行动。[51]这次面谈让赫尔切身意识到差会部与美董会之间误解之深，有了危机感，因此呼吁美董会要有所行动，避免危机的出现。这就直接促成了美董会力邀卢兰德等人出席当年的美董会年。就在此次会面当中，赫尔提出，假如中国方面无法就华神董事会重组找到令各方满意的方案，则美国方面也许可以出手完成这个任务。卢兰德对此表示同意。[52]这就为后续的发展埋下了伏笔。

如前所述，美董会 1949 年 6 月召开的年会基本达成了与纽约差会部的谅解。这次会议的一个重要决定是由赫尔牵头组成一个委员会起草华神行政架构重组的计划。这样就实际上把华神重组的主导权由中国董事会转到了美国董事会和差会部。约四个月之后，美董会的方案出炉。该方案的核心是："为了保护华神在中国基督教世界的特殊地位，有必要要求其新任董事取得他本人所属教会或差会组织，以及神学院董事会的批准。为了实现这个双重控制，这两大机构可以彼此提出人选，后者经由在他所代表的教会或差会在选举前

50　同上，137 页。据时任山东区差会总干事的 K. 卫斯特（Kirkland West）称，如果华神变成了一所独立神学院，则山东差会很可能在本区另组神学院。（Kirkland West to Llyod Ruland, July 27, 1949, PCUSABS, RG82, 67-5.）可见差会内反对声之强烈。

51　Horace Hill to Macartney and others, April 14, 1949, PCUSABS, RG82, 67-3.

52　Horace Hill to Macartney and others, April 14, 1949, PCUSABS, RG82, 67-3.

所举行的非正式会议上联合提名。"[53]这个双重提名和批准的机制既防止了华神脱离长老会差会和教会系统的危险，也实际上保证了差会部和美董会对华神影响力的继续存在。赫尔深知这样一个否决何赓诗方案的草案很可能会招致何与毛克礼等人的反对。因此他在卢兰德表态之前，迟迟没有把此草案向何等人透露。[54]卢兰德看后，很快认可，同意转发给何及中国董事会。[55]

果然，何赓诗等人对来自美董会和差会部的方案相当不满。在华神运作当中保留差会的话语权和否决权明显有悖于他们把华神领导权交到中国教会手中的期待和打算。何曾把此事带到 1950 年 11 月在上海召开的南长老会中国总差会的会议上去讨论。据他说，该次会议支持经由中国教会和在华差会来推举华神董事会成员，而差会部没有否决权。[56]可见，何对美董会和差会部提出的方案的解读是该方案的目的在于维护差会部的最终否决权。但是，随着中国大陆政治局势的迅速变化，何本人在华立足困难，两个方案均已没有实施的可能。这场争论也就不了了之。

应该说，华北神学院属于中国教会，并由之掌控。这是在赫士时代即已经确立的共识。这个共识在后赫士时代也从未有人公开挑战。但是，在战后华神资金分配和行政重组问题上发生的这一系列争论说明华神的身份问题其实并未得到彻底解决，而中国教会自主权与西差会的影响力之间的张力也存在到华神历史的最后关头。

四、神学与异象的分歧

如果华神的这场战后争论最表层问题是资金配拨，那么制度问题就更深了一层。但华神的神学定位和未来异象则可以说是最深层的问题。

在二战前，华神的神学立场和定位就是一个相当敏感的问题。对于当时饱受基要派与自由派争端之苦的美北长老会及其差会部来说，它们一直煞费苦心地在两派对峙中尽量保持平衡。[57]而华神作为一家由美国和中国长老会中保

---

53 Hill to Hopkins, January 18, 1950.

54 Horace Hill to Llyod Ruland, October 13, 1949, PCUSABS, RG82, 67-3.

55 Llyod Ruland to Horace Hill, October 18, 1949, PCUSABS, RG82, 67-3.

56 Hill to Hopkins, January 18, 1950.

57 参看拙作：《为真道争辩——在华基督新教传教士基要主义运动，1920-1937》，第277-278 页。在当时得历史条件下，"基要派""保守派"和"福音派"这几个称呼是基本通用的。参看拙作：《为真道争辩——在华基督新教传教士基要主义运动，1920-1937》，第 277 页。

守派人士自行创办的神学院绝对是一个必须小心处理和拿捏的课题。差会部既想以各种方法对华神有所约束，但又不能过分强硬。否则，势必引起华神背后的大批中国与美国保守派教会的批评。实际上，华神在赫士时代与差会部的多次摩擦都已经使得差会部在保守派内的形象遭受重创。在保守派眼中，差会部明显偏向自由派，对华神排挤打压。赫士本人就认为，差会部其实一直不希望看到华神的存在和发展。"围绕着华神财产登记和筹款问题的争端不仅仅是纯粹的财政问题，而是华神与差会部深层的神学分歧的表现。"[58]赫士和他的保守派支持者的这类言论多次令差会部陷入窘境，倍感威胁，不得不常常表白差会部对华神并无敌意，十分友好和支持。[59]因此，差会部对华神的多年来态度可用摇摆和暧昧来描述。

到了战后时代，华神与差会部之间的这种微妙关系不但延续下来，而且持续发酵。当时华神百废待兴，资金的调配、人员的补充、架构的重整等需要都十分迫切。而所有的这些问题都与华神在新时代的身份定位和未来方向息息相关。因此，保守派的华神与中间派的差会部系统之间的旧有矛盾以更为复杂的形式再度浮现就绝不是一件令人奇怪的事情了。

这个矛盾首先是在资金调配的问题上初露端倪。差会部掌管的"重建基金"以各种理由迟迟不发放一些教会捐给华神的款项，开始令一些保守派的教会人士怀疑差会部又在刁难和打压华神，甚至要置其于死地。斯特罗曼多次代表他的教会强硬质疑差会部的做法之时，其潜台词可以说呼之欲出。卢兰德很快意识到这一点，于是急忙出来灭火。在 1947 年 6 月 25 日致斯特罗曼的信中，卢兰德开篇即说："让我向你保证，海外差会部对华北神学院并无敌意。我们对该机构在战前培养中国传道人的良好记录十分了解。赫士博士是我的良师益友，我对他非常钦佩。"差海部衷心希望华神重建工作的顺利展开。[60]在同时期，西教士返校工作的需要也日益提上日程。何赓诗为此曾多次与卢兰德沟通。高晸生与毛克礼也与中国总差会和纽约差会部保持着密切联系。而这几位曾在华神任过教的美籍教员，在神学上都非常保守，与相对温和的总差会和差会部之间明显存在隔阂与张力。在他们的通信当中，这些隔阂和张力显露无遗。

---

58 拙作：《为真道争辩——在华基督新教传教士基要主义运动，1920-1937》，第 170 页。

59 参看拙作：《为真道争辩——在华基督新教传教士基要主义运动，1920-1937》，第 170 页。

60 Ruland to Stroman, June 25, 1947.

在他们就华神和个人前途的交流当中，一个非常棘手和纠结的问题是中华基督教会（Church of Christ in China，以下简称"中基会"）。中基会是 1920 年代以一批长老会为基础而发展起来的一个跨宗派教会。[61]虽然其信徒总数曾达到全国信徒的三分之一，但却一直被基要派所诟病。主要是因为中基会更多地遵循自由派的合一理念，以稀释教义来换取对不同宗派传统大限度的包容，故神学基础和标准十分薄弱。结果，全国有一批长老宗教会决定不参加中基会，而自组总会（中华基督长老教会，Presbyterian Church of Christ in China）。其核心关怀主要是要维护福音基要真理和长老会的宗派传统。这样的教会在山东和江北地区（即苏北地区）为数不少，它们均以华神作为自己的神学壁垒和培训基地。[62]但是美北长老会内的主流，以及海外差会部系统（包括中国总差会和山东区差会）却接纳和认同中基会，不但与之多有合作，且鼓励教会加入。华神与差会部在此问题上的立场可谓泾渭分明。

1947 年 6 月，何赓诗致信卢兰德，要求差会派遣毛克礼、高晊生等人来华神任教。卢兰德在回信中详细地说明了差会部的神学立场和对华神的看法与期待，为了要消除一些"小圈子内流行的印象，即差会部对华神不甚友善。"除了重复差会部一向对华神所取得的成就极为欣赏的老调子之外，他进一步代表差会部说，"我们承认正如这个国家有普林斯顿神学院一样，中国基督教运动当中也应有一所神学上彻底保守的神学院。我们也看到这所神学院所服事的教会都是保守的。"而这些保守的教会不限于独立的长老会系统，其实山东和江北的中基会内也有。差会部非常希望一所神学院可以向其所在的整个地区提供服务，因此华神理应向整个地区的教会，包括中基会开放，让他们参与策划神学院的未来。他接着说：

> 我相信服务这个地区的神学院应当是真正保守的。但是差会部也非常关注在采取这样的政策时，需要避免一个严重的危险。那就是分裂与纷争的危险，不宽容中国基督教运动那些也许并不认同保守长老会或改革宗信仰的人们的危险。譬如说，这所神学院对中基会会采取什么样的态度？而差会部与中基会在基督的团契内有合作

61　参看拙作：《为真道争辩——在华基督新教传教士基要主义运动，1920-1937》，第 188-191 页。

62　参看拙作：《为真道争辩——在华基督新教传教士基要主义运动，1920-1937》，第 215-217 页。

关系。这所神学院是否会容许它的教授团当中的个别人正式或非正式地公开谴责中基会，试图在它的朋友和支持者中毁掉中基会的名声？[63]

卢兰德的这番话显然是有所指的。虽然他并未在信中点名，但他对正式派遣毛克礼等人返回华神的犹豫态度背后的一个重要原因已跃然纸上了。1947年年初，高晞生曾就自己未来工作去向多次与中国总差会主席 E. 沃尔兰（Edwin Walline）通信。他在信中透露的一些情况明确印证了卢兰德的看法，高透露卢兰德曾在和他面谈时，坦率地告诉他延迟批准他返回华神的原因之一是因为差会部不希望他回去以后，劝说当地教会拒绝加入中基会。并要求他一旦返回，不要这样做。高于是向沃尔兰表白，他从来没有四处游说，动员人们反对中基会。华神也不想变得好斗，它虽然曾屡次遭受攻击，但一直持守自己的立场，没有到处攻击中基会。而华神在任何情况下都不会与梅钦的独立差会部建立联系。他也警告纽约差会部要善待华神，不要化友为敌。[64]不过，高也承认华神的未来极不明朗。特别是当1947年秋中华基督长老教会江北大会以绝对多数议决加入中基会后，高认为其他教会可能纷纷效法，而华神可能最终解体。一旦华神成为中基会体系的一部分，教授团可能会集体辞职。即使中基会未来打算重组重开华神，那也只能是另一个齐鲁神学院而已。[65]应该说，高晞生的看法在华神西教士和教授群体中是有代表性的。

1948 年，随着华神董事会重组问题的逐步升温，华神与中基会的关系又成为新一轮较量的组成部分。何赓诗等人在此问题面对的压力在增大。不但纽约差会部一向主张发展和中基会的关系，美北长老会中国总差会和山东区差会的多数主流都与差会部站在一起，而且陆续有一些原属保守的中华基督长老教会的教会决定加入中基会。1949 年 6 月 1 日，山东区差会总干事吴克敬（Kirkland West）在给 Hill 的信中表达了他的有关看法，颇有代表性。他认为，越来越多的教会加入中基会是大势所趋，而中国的长老会教会也不可避免地要跟随这个趋势。因此，"我们反对现代主义的斗争只能，也必须从中基会内部展开。"我们必须接纳来自中基会的人，培训他们，然后差派他们回到自己的教会。华神需要一个信仰纯正的保守董事会，"但让我们不要切断与中国教

---

63 Ruland to Hopkins, September 3, 1947.
64 Kenneth M. Kepler to Edwin Walline, February 22, 1947,; Kenneth M. Kepler to Edwin Walline, March 3, 1947, PCUSABS, RG82, 66-2.
65 Kenneth Kepler to Edwin Walline, September 20, 1947, PCUSABS, RG82, 66-2.

会的联系。"[66]显然，吴克敬试图说服坚决支持华神的赫尔接受教会主流对中基会的立场。在当年 7 月 27 日，吴克敬在给卢兰德的信中确认，山东和江北的教会基本都已成为中基会的一部分，它们的神学教义可靠，完全可以为华神的传统所接受。因此，华神董事会未来可开放给来自中基会的代表参加。[67]不过，赫尔在 1949 年 4 月那场与卢兰德的关键会谈中，还是表达了他对中基会的保留。他认为，中国长老教会可能消失在中基会的大联合当中的前景令他深感忧虑。只要有一个长老教会为华神挑选保守的董事，那他们就毫不担忧。但是由一个各宗派的联合体来选出那些信仰有问题的董事，则是必须警惕的。卢兰德当然并不认同他的看法。[68]这次会见之后，吴克敬等人对赫尔的劝说工作大概产生了一定效果。在之后的讨论中，赫尔极少再提起这个话题。但何赓诗等老资格华神西教士的看法则很难改变。直到 1950 年底，何还曾向卢兰德表扬中华基督长老教会在山东和江北区的教会虽然数量不多，资源贫乏，但历经磨难，从未丧胆，充满活力。[69]考虑到何等人所承受的来自差会部系统的巨大压力，我们也就不难理解为什么他们当时推出的华神董事会组成草案非常强调它必须是独立自主运作，不直接受制于任何教会和差会。某种意义上说，它实在是何赓诗等人用心良苦地设计的一套在不利的大环境之下保护华神原初身份和异象的机制。

　　关于中基会的讨论实际上直接牵涉到华神的身份定位和未来异象问题。1949 年春夏之交，相关各方之间的讨论重点开始转移到了这个最核心的问题上来。在 1949 年 4 月赫尔与卢兰德进行的那场深谈当中，后者披露了他对何赓诗等人神学上的真实看法。他不但指责何在华神董事会重组问题上不合作，而且担心何会把华神带上时代论的路线。而赫尔也承认，其实在美董会内部对此神学问题有分歧，但是从未讨论过，因为他们的目标只限于保证华神传讲福音真理，教导改革宗的教义而已。其实，他本人曾多次提醒何赓诗避免这类有争议的议题，而何也表示认同。而何也透露他并不希望神学极其基要，态度非常偏激的道雅伯在华神工作。

　　赫尔还花了很多时间向卢兰德表白华神美董会是百分之百的长老宗，坚定持守"西敏信仰告白"从来无意从本宗派中分离出去。"我们确实保守，但

66　Kirkland West to Horace Hill, June 1, 1949, PCUSABS, RG82, 67-5.
67　West to Ruland, July 27, 1949.
68　Hill to Ruland, April 14, 1949.
69　Martin A. Hopkins to Llyod S. Ruland, November 12, 1950, PCUSABS, RG82, 67-14.

不狂热，我们只打算使华神像赫士博士的辉煌时期那样能够延续下去。"华神应该是一个教授"纯正长老会主义"之处。作为改革宗信仰的先锋，它的事工应该继续下去。R·卢兰德对这些并无异议。至此，这两人在华神的办学方向和异象上基本上达成了默契。对后者而言，问题只是在于如何为华神设立一个新的领导体制。[70]应该说，差会部的领导层在神学并不像华神那样保守，但他们作为整个宗派海外差传的领导机构，还是可以容许个别华神这样保守神学院的存在的。

在一个多月后召开的美董会年会上，双方在华神方向和异象上的默契得到确认。据 Hill 讲，"我们一致同意，继续办下去的华神应该明确是一所长老会神学院，真正保守，委身于神所默示的无误话语，传授我们'西敏信仰告白'所概括的教义体系。"[71]在向何赓诗解释美董会的华神董事会重组方案时，赫尔也花了不少笔墨强调，"华神从未，也不应随着当下教会机构中摇来摆去的流行教义风潮而起舞，而是扎根于神的话语，永远坚定不移。"而南、北长老会差会部均认同这一点。[72]在华神历史最后关头所出现的这个异象表述与华神在赫士时代公开的神学教义立场大致吻合，但更为突显改革宗的色彩和立场。这似乎与这个异象表述基本上是由北美方面主导有关。而北美方面的关怀之一是要制约在华传教士与教会内的种种保守、极端思想倾向，维系华神及其支持群体的共识与团结。美董会与差会部均接受这个表述，为双方在华神董事会重组问题上的合作提供了神学基础，使得双方在这两三年的越走越近成为可能。但是，赫尔与卢兰德的合作无间终究还是引起了有些保守派人士的侧目和质疑。据前者自己在 1950 年年底称，有些华神的老朋友开始指控他与差会部妥协，有些"不忠心"。[73]可见差会部，美董会与华神董事会之间的张力并未完全消失，只不过三者之间的组合发生了微妙的变化。

五、结论

从 1946 年至 1952 年，华北神学院在中国和美国都经历了很多。在美国发生的这些龃龉与讨论，多数是战前已经存在的问题的延续，但是在战后特殊的历史条件下，它们在短时间内爆发，力度大，涉及面广，而且颇能说明问题，

---

70 Hill to Macartney and others, April 14, 1949.

71 Horace Hill to D.Kirkland West, June 3, 1949, PCUSABS, RG82, 67-7.

72 Horace Hill to Martin Hopkins, January 18, 1950, PCUSABS, RG82, 67-14.

73 Horace Hill to Llyod Ruland, December 7, 1950, PCUSABS, RG82, 67-14.

有助于我们回过头来观照华神的全部历史。我认为，这一轮的讨论至少突显了以下几个问题：

第一，华神是一家旗帜鲜明的保守派神学院，在当时属于基要主义的阵营。从宗派的角度说，它以改革宗或长老会传统为基本底色。在当时中国的长老会教会内，它属于保守的一支。然而，华神自始至终是由基要主义阵营内温和的一派领导的，从赫士到何赓诗，虽然都坚持保守神学立场不退让，但都一直在体制内发言和活动，极少把争议带到体制外，公之于众，从而引发舆论风暴。

第二，华神始终处于与教会内的自由派与中间派的张力之中。它作为多年来中国规模最大，影响最大的保守派神学院，必然受到来自其他派别各种形式的挤压。华神战后在北美所面对的种种压力就是明证。

第三，华神理论上是属于中国教会的神学院。但在现实当中，它其实是美国南、北长老会与中国长老教会合办的机构。虽然它在实现自养的程度上超过了自由派主导的神学教育机构，[74]但从未能实现完全自养。特别是在战后的岁月当中，在华神因着战乱遭受重创，对北美教会的经济依靠程度有明显增强，所以美国差会部的"重建基金"和华神美董会在后期华神的生活当中作用才那样重要。

第四，在这段时期，差会部和美董会虽然常常把中国教会对华神的所有权和领导权挂在嘴边，但借助其经济强势一直没有放弃，甚至放松对华神的行政影响力。事关神学院未来方向的重大决定都不能完全从滕县做出，而必须看纽约和费城的脸色。对中国教会来说，经济上的无法自养必然导致行政上的无法自立，甚至在决定自己前途的关键讨论当中连声音都微弱得可怜。[75]当然，即便有来自北美的鼎力相助，华神也未能避开被并入金陵协和神学院的结局。美董会在资金输华的渠道被切断之后，只能资助陆续来到海外的毛克礼和何赓诗等人从事中文神学书籍的著述工作。[76]而在差会部一边，卢兰德于 1952 年春被调离纽约办公室，搬迁到了洛杉矶。他所负责的中国事工由他人接手。[77]

74　参看同上，159-163 页。

75　这也与华神未能培养出既在本地教会内有声望，又能够联结美国支持教会的本土领袖有关。以致于一旦何赓诗撤离中国，美国教会的联系与支持渠道立即中断。

76　参看 Martin Hopkins to the American Council of the North China Theological Seminary, February 29, 1952; Martin Hopkins to Chas B. Scott and others, June 24, 1952, PCUSABS, RG82, 68-14.

77　参看 J.L.Dodds to C.C. Van Deusen, April 4, 1952; J. L. Dodds to Horace G. Hills, May 1, 1952, PUCUSABS, RG82, 68-14.

令人感慨的是，华北神学院美董会在一切迹象都指向华神近期复校已经彻底无望的形势之下，竟然不离不弃，一直坚持到 1969 年。当年 4 月，在长达两年的商讨之后，美董会与赵天恩、周永健等人创立的"神学院计划委员会"合并，携手创立了后来设立在香港的"中国神学研究院（简称'中神'）"。新组成的董事会当中有华神美董会前任董事三人。[78] 可以说，美董会对中国神学教育的委身并未完全落空，而是在中神身上再结果实。而中神则可以说是华神所代表的中国教会神学教育追求的继续。[79]

华北神学院在战后所度过的这风雨交加的六年，其意义实在不限于这局促于中国北方一隅的一个机构，而是触及到了二十世纪中国教会史的一些重大议题：神学路线的分歧，中国教会的自立与西差会的角色，神学教育事业的发展，中国教会与海外教会的来往，以及政教关系等等。可以说，华神为这些议题的研究提供了一个有相当参考价值的个案。

当然，中国教会在战前早已经面对这些议题多年。但是在 1945 年之后外战方熄，内战又起的危局之下，中国教会与西差会突然不得不面对很多这些尚未解决的重大课题，更突显了这些问题严重性和迫切性，更暴露了在这些问题上累积起来的张力、矛盾和无奈。所以，1945 年至 1950 年代初这段历史时期之所以在中国教会史上有特殊的意义，其主要原因之一也正在于此。更不用说，在这短短的数年之中，中国教会不仅仅面对了诸多旧课题，还开创和产生了一些对后来中国教会在大陆和海外发展都产生了重大影响，或具有指向意义的新事工和新现象，譬如对边境少数民族的空前重视（福音派在大西北的传教活动和中华基督教会在大西南的服务项目），自由派阵营内的两极分化（赵紫宸之倾心于新正统，而吴耀宗之偏向于革命运动），福音派的校园事工的崛起，等等。这说明战后的这几年不应该仅仅被视为是一个匆匆而过的过渡阶段，而更应该被作为承上启下的一个关键时期而为学界所重视，并加以相应的研究。我们在看待这几年的时候，也不应该再仅仅聚焦于政权易手之际教会的艰难生存及其政教关系的困局，而要充分看到其内在的丰富性。仅举一例：组织机构内部的人事关系和派别互动往往是一个组织决策背后的重要因素，特别是当一个组织在乱世之中处理危机的时候，但在我们过往的研究当中极少

---

78 周永健等编：《中国神学研究院十周年院庆特刊》，香港：中国神学研究院，1985年。

79 参看赵曰北编：《历史光影中的华北神学院》，第 147-149 页。

对此给予关注。然而，如果我们忽略了此因素，我们就很难解释华神这样的机构在这几年间的艰难求存。在我看来，这也正是华神这段历史能够带给我们的另一启发。